当代
企业品牌策划与管理的
理论与实践研究

王保利◎著

中国水利水电出版社
www.waterpub.com.cn
·北京·

内 容 提 要

本书对品牌策划与管理进行了系统研究,主要内容包括品牌理念与品牌的核心价值、品牌策划模式、品牌传播策划、品牌营销新方式、移动互联网时代的品牌进化、品牌资产及资产评估、品牌危机管理等。

本书具有系统性、理论性和指导性,其内容不仅涵盖了品牌策划管理方面的基本知识,还对当前的一些新模式和新领域进行了研究,适合企业品牌管理人员及营销研究者使用,是一本值得学习研究的著作。

图书在版编目(CIP)数据

当代企业品牌策划与管理的理论与实践研究 / 王保利著. —北京:中国水利水电出版社,2017.6(2022.9重印)
ISBN 978-7-5170-5460-3

Ⅰ. ①当…　Ⅱ. ①王…　Ⅲ. ①品牌－企业管理－研究
Ⅳ. ①F273.2

中国版本图书馆 CIP 数据核字(2017)第 131166 号

书　　名	当代企业品牌策划与管理的理论与实践研究　DANGDAI QIYE PINPAI CEHUA YU GUANLI DE LILUN YU SHIJIAN YANJIU
作　　者	王保利　著
出版发行	中国水利水电出版社 (北京市海淀区玉渊潭南路 1 号 D 座 100038) 网址:www. waterpub. com. cn E-mail:sales@ waterpub. com. cn 电话:(010)68367658(营销中心)
经　　售	北京科水图书销售中心(零售) 电话:(010)88383994、63202643、68545874 全国各地新华书店和相关出版物销售网点
排　　版	北京亚吉飞数码科技有限公司
印　　刷	天津光之彩印刷有限公司
规　　格	170mm×240mm　16 开本　17.75 印张　228 千字
版　　次	2017 年 8 月第 1 版　2022 年 9 月第 2 次印刷
印　　数	2001—3001 册
定　　价	52.00 元

前　言

　　品牌是一个企业长期的战略性资产,是企业的竞争优势和财务回报之所在,更是一个国家和地区经济发展水平的象征。我国经济在不断全球化的过程当中取得进步,从中国制造到中国品牌,可以看出,我国品牌越来越受到世界各地消费者的喜爱和关注。在世界上,我国品牌的市场份额在逐渐加大。

　　但是我们也要清醒地看到,我国的经济处于转型期,经济下行压力增大,进出口下滑,工业生产放缓,一些企业面临生产和经营方面的困难。企业在这种情况下,更需要调整思路,在危机中发现机会,更新自己的理念,进行创新。拥有品牌就拥有市场,就拥有现在和未来。和欧美国家相比,我国企业品牌竞争力还比较薄弱,在品牌策划和管理方面还有很长的路要走。

　　本书共八章。第一章为品牌策划与管理概述,对品牌的概念、品牌策划和品牌管理的内涵进行了基础性的研究分析;第二章为品牌理念与品牌的核心价值,着重对品牌理念的开发和品牌核心价值的确定进行了研究;第三章为品牌策划模式,对品牌定位策划、个性策划、形象识别策划、品牌文化和品牌延伸策划进行了研究分析;第四章为品牌传播策划,主要包括品牌广告传播、公关传播和网络传播等内容;第五章为品牌营销新方式,通过分析品牌营销内外部环境,然后从 APP 营销和 LBS 营销两种营销新模式进行了研究分析;第六章为移动互联网时代的品牌进化,讲述了品牌价值重组、品牌打造方式的进化、新品类激发品牌活力和移动互联网思维下的品牌重塑四个方面的内容。第七章和第八章分别对品牌资产及资产评估和品牌危机管理进行了研究论述。

　　在本书写作过程中,参考了许多同行专家、学者的相关著作、论文,吸取了许多有益的成果,在此谨致诚挚的谢意。限于作者水平,书中难免有不妥之处,敬请同行专家、学者和广大读者批评指正。

作 者

2017 年 3 月

目　录

第一章 品牌策划与管理概述

当今，我国已经从"商品消费"进入"品牌消费"时代。品质和品牌已成为人们选择产品时的重要考虑因素。企业产品竞争不仅要比科技含量，比质量和服务水平，还要比品牌知名度、美誉度和联想度，品牌力已经成为企业的核心能力。因而了解、掌握品牌策划的内容、原则和方法，对企业或品牌主体（包括国家、城市、组织、个人等）品牌建设，促进中国自主品牌建设和自主知识产权发展，提升国际竞争力都有十分重要的现实意义。

第一节 品牌的概念

品牌的概念是由美国的大卫·奥格威在 20 世纪 50 年代《一个广告人的自白》中第一次明确提出的。由此，世界各国的专家学者和企业经营管理者开始对品牌现象和运行规律及其应用进行研究分析。

一、品牌的定义

品牌在英文中是单词"brand"或"trademark"，其原来的意思是指中世纪马、牛、羊身上的烙印，它的作用是为了对不同的饲养人进行区分。当前"品牌"一词已成为世界生活中最重要的关键词之一。关于品牌的定义有很多种说法，不同的时代、不同的人对品牌有不同的理解，其典型的定义有以下几种。

其一，在《牛津大辞典》中，品牌是"用来证明所有权，作为质量的标志或其他用途"，其作用是为了对品质进行区别。

其二，美国市场营销协会在 1960 年把品牌定义为：品牌是一种名称、一个符号或一种设计，或是上述三者的综合，用以区分某个卖方或卖方集团与其他竞争者提供的商品或劳务。

余明阳在其主编的《品牌学》一书中认为：品牌是在营销或传播过程中形成的，用以将产品与消费者等关系利益团体联系起来，并带来新价值的一种媒介。

李光斗在《品牌竞争力》中认为：一个完整的品牌定义应从两个不同角度来阐释。从消费者角度来讲，品牌是消费者对一个企业、一个产品所有期望的总结；从企业的角度来讲，品牌是企业向目标市场传递企业形象、企业文化、产品理念等有效要素，并和目标群体建立稳固关系的一种载体、一种产品品质的担保及履行职责的承诺。

二、品牌的特征和功能作用

（一）品牌的特征

1. 标识性

物质载体是品牌必须要有的，品牌不可能凭空体现出来，品牌在进行自我表达时需要由物质载体来呈现。品牌的拥有者通过对品牌进行整体规划和设计，赋予品牌符号以强烈的个性和视觉冲击力，使消费者可以在众多的商品中来辨识出本品牌。一个优秀的品牌会在这一方面表现突出，比如"可口可乐"的文字（如图 1-1 所示）以及麦当劳的黄色拱形"M"的形状（如图 1-2 所示），这些都会给人强烈的视觉效果。

图 1-1　可口可乐的文字

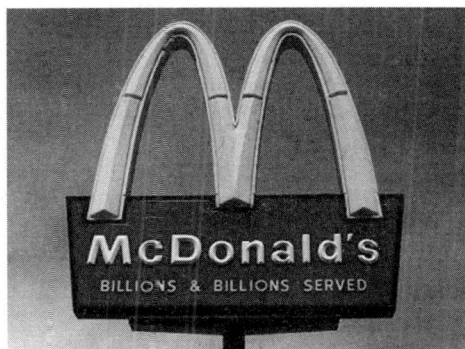

图 1-2　麦当劳的黄色拱形"M"的形状

2. 价值性

由于品牌的性能和服务都比较好,因此,在市场上,品牌可以快速占有市场,其拥有者可以借此来获得利益,增加本企业的市场占有率,塑造企业良好的形象。如浙江的"娃哈哈",青岛的"海尔"等知名品牌,它们都具有超高的价值性。

3. 专有性

品牌具有专有性是指品牌的外在特征,如名字、标识、设计等是其拥有者独家拥有的,它经过法律程序的认定,其他人和组织如果对品牌进行冒用和伪造,品牌的拥有者有权利对自己的利益进行保护。

4. 转化性

品牌创立后,其是不断发展变化的,由于市场需求是不断发展变化的,企业品牌需要根据当前的实际情况进行调整和转化。其转化原因是多方面的,有可能是因为品牌拥有者在进行企业并购或精简等原因使品牌进行整合,也有可能是因为企业在运营过程中运作不好。品牌在转化时会有一定的风险,在进行品牌评估时也会出现不确定性,品牌评估难度会比较大。

5.延伸性

品牌延伸包括两个方面,一是在表面上,品牌的延伸性使品牌得到了扩展;二是在内涵上,品牌延伸还有情感上的扩展。如果新产品在情感诉求方面无法丰富和降低品牌情感诉求方面的内容,该品牌延伸就会产生危机。

(二)品牌的功能作用

1.品牌对于拥有者的功能

对于品牌的所有者,无论是国家、城市还是企业或个人来说,品牌的功能作用都是多方面的。在营销专家们看来,当今及未来三十年内,拥有一个强势的品牌是快速占领市场的唯一途径。营销大师有再大的能耐,在进行市场拓展时也需要有品牌来依靠。品牌是其拥有者独有的,在进行市场竞争抢占客户时品牌是区别于竞争对手,获得消费者认同的关键。

一般情况下,当消费者对一种品牌习惯后,就会不太关注其他品牌。在消费者对品牌有一定程度的忠诚度后就会对品牌进行美誉度传播,使品牌拥有者和消费者之间的关系得到巩固和加强,进一步地培养消费者对品牌的忠诚度。当一个品牌成为强势品牌后,其品牌影响力会得到进一步的扩大,这样,在进行品牌扩张的过程中,它会得到不同国家法律及相关部门的保护。对于品牌的拥有者来说,品牌的无形资产还可以通过溢价的形式形成竞争优势,占领更大的市场份额。

2.品牌对于消费者的功能

品牌对消费者来讲,其最重要的功能就是识别功能。其作用就是让消费者明白这个品牌和其他的品牌是不一样的。当前来看,产品的同质化现象比较严重,品牌的重要作用就是帮助消费者进行产品识别,这样可以使消费者方便购物。当消费者对一个品牌认可的时候,他在进行同类产品的消费时,就会选择这个品牌,这样会使得消费者不用再浪费时间。消费者选择一个品牌,就是因为它代表了其一类产品的所有信息。

三、品牌的构成要素

一个完整的品牌除了名称,还内含许多方面的信息。品牌将信息在最大程度上进行了整合。总的来看,品牌主要由以下几大方面构成。

(一)显性要素

顾名思义,显性因素指的是品牌外在的因素,它具有具象性,在视觉上会给消费者以冲击。主要内容有以下几方面。

1.品牌名称

在品牌要素构成中,名称是最基本的要素,它有很重要的作用,它可以将产品的功能作用直接反映出来。除此之外,在品牌名称身上,还反映了企业的经营理念、价值观念、文化等。品牌的名称是品牌最重要的符号,可以说,品牌能否成功,品牌名称是最关键的因素。在进行名称设计时,要朗朗上口,简单、易懂易记,这样才会使消费者对品牌有一个比较深刻的印象。如比较成功的品牌名称有"联想""高露洁""蒙牛""王老吉"等。还有一些城市用一些简单而有特色的语言来作为城市的解释,如杭州——浪漫之都、沈阳——制造业之城等。这些名称有的用发明者的名字,有的是常用的词语,还有的是可以给消费者带来欲望实现满足感的词汇,再有就是对品牌功能的高度概括用语,等等。

2.品牌标志

这是品牌用以激发视觉感知的一种识别体系,它能给人以更具体、更清晰的形象记忆,帮助消费者更好地识别和记忆品牌。

品牌的图标是指文字的标识和图形的标识,这种标识往往代

表一定的寓意,并且具有个性化的特征。如天士力企业用"天人合一"组成的文字和图形图案、奥林匹克的五环、可口可乐的变形文字等。

品牌的标记是指代表品牌形象的特殊图标,往往会和品牌产品与品牌企业密切相连。如花花公子的兔子、蒙牛乳业的小牛、肯德基的上校爷爷、麦当劳的小丑叔叔等,这类标记是具有指代效果的,即出现产品会想到标记,而出现标记自然会想到品牌产品。

品牌标准字是品牌中可以读出来的文字部分,它常常是品牌的名称或企业的经营口号、经营理念、广告语等。

品牌的色彩是指某个品牌的拥有企业与品牌产品常用的有代表性含义的颜色,会将品牌产品的个性与文化寓于颜色之中。如柯达的黄色代表浪漫,可口可乐的红色代表激情,百事可乐的蓝白相间代表欢愉,等等。一般品牌要选择鲜明的色彩,把产品的理念抽象地传递给顾客。

品牌的包装一般指产品富于个性特色的外包装,往往代表了与产品一致的品质。如 LV 手包的木盒、带有商场标识的纸袋、喜之郎水晶之恋果冻的心形等。

3.品牌广告

很多品牌产品常常是通过广告深入人心的,富有特色的广告语、代言人、广告歌曲都会使品牌迅速传播。有些品牌的广告语是对品牌的深入解释,如李宁的"Make the Change";有些广告语是对产品品质的概括,如"肌肤保鲜就用谨泉"。而品牌的广告代言人选择一定要符合产品的定位并要有号召力,周杰伦代言的美特斯邦威品牌的各款服饰都受到年轻人的喜爱。而为产品专门谱写广告歌曲也成为近些年品牌推广的一种策略,这也是品牌外在要素的重要特色,从燕舞音响的"一曲歌来一片情"到英特尔的特色旋律及肯德基的"有了肯德基生活好滋味",这些旋律都与品牌产品紧密相连,并且成为品牌的象征。

（二）隐性要素

隐性要素指的是品牌内在的具有丰富内涵的因素。品牌的隐性构成要素消费者无法直接感觉到，它是在品牌形成过程中存在的，是品牌的精神和核心。品牌隐性要素主要有以下内容。

1.品牌理念

品牌发展的原动力就是品牌理念。品牌拥有者经营品牌的最终目的是为了服务社会且找到快乐。虽然企业经营是为了获得利润，但品牌要想获得发展的过程不仅仅是利润增长的一个过程，更是品牌拥有者报效国家和社会的一个过程。一个品牌以责任和快乐为理念，且不断创新发展，这样才能使自身得到发展壮大，成为一个优秀的品牌。

2.品牌承诺

品牌承诺是企业对消费者做出产品质量、产品理念等的承诺。对消费者来说，企业的品牌就是一种保证，是企业履行产品承诺的证明。虽然企业在生产经营过程中，其产品会不断发生改变，但他们仍然会受到消费者钟爱，其原因就是企业是随着消费者需求的变化将产品变化了，而灌注在产品中的经营理念、价值观始终保持稳定一致。

3.品牌定位

品牌定位是品牌拥有者希望品牌在消费者心中是一个什么样的位置和形象。所有的企业品牌都需要有一个明确的定位，这样才能使消费者的需求得到准确的满足。否则，企业的发展就会受到影响。不断寻找消费者的需求，对目标顾客不断进行分析研究，做好品牌消费者人群的确定，从而做出使目标消费者满意的产品，是企业品牌取得进步和发展的关键。

4.品牌体验

品牌体验是品牌和顾客之间进行互动的一个过程,指的是顾客对品牌的感受和具体经历。品牌体验包括顾客和品牌之间的每一次互动,是顾客认识品牌开始,到顾客选择品牌、购买品牌产品、使用品牌产品后坚持选择购买品牌产品的一个过程。

（三）引申构成要素

品牌的引申构成要素是品牌在传播与成长的过程中逐步形成的与品牌相关的延伸内容,主要包括以下内容。

1.品牌文化

品牌文化是指品牌拥有者在经营品牌的过程中形成的一种文化积淀,品牌文化是品牌组织和消费者的利益认知和品牌归属的代表,它是品牌与传统文化和组织个性形象的总和。品牌文化与组织文化是不同的,两者的功能是不一样的,组织文化是为了凝聚组织内部,使其形成一个良好的凝聚力。品牌文化则是对品牌组织外在的宣传和整合优势进行了突出,其目的是为了将品牌理念向消费者进行准确的传达,使消费者认可品牌,进而使品牌占领消费者的心智。总的来说,品牌文化的精髓是在品牌长期的经营和发展中逐渐凝结而成的,品牌文化成为品牌产品或服务进入社会、深入消费者内心的引申构成要素。

2.品牌的差异化消费群

品牌的差异化消费群是指在品牌发展过程中遵循品牌经营理念、锁定品牌定位、传播富有品牌个性特色的标识系统等环节积累的消费者群体,这些消费者群体是目标顾客群中大多数需求被品牌产品或服务满足的人群,而且是品牌的忠诚顾客群,为了巩固这些群体并且拓展顾客群,品牌产品要对顾客群的需求进行细化,开发新的需求,满足差异化的顾客需要。

3.品牌的销售渠道

品牌的销售渠道是指品牌从无到有、从小到大逐渐建立起来的销售渠道网络。品牌的销售网络不仅包括产品流通的渠道资源,更包括产品销售过程中积累的关系资源,这是品牌进入市场时被代理商和消费者逐步认可的过程。稳定的销售渠道可以使新产品顺利上市并且为更多的消费者接受。

4.品牌资产

品牌资产既包括有形资产如品牌进入市场的过程中积累的企业规模、盈利等,也包括品牌体现的无形资产。品牌资产既包括精明的管理团队、卓越的销售网络、有效的广告宣传、良好的财务管理、优秀的服务等内容,也包括与品牌相关的品牌知名度、品牌联想、品牌忠诚度等形式。品牌资产的价值可以被进一步得到开发,它也是衡量企业经营状况如何的重要指标之一。

【案例】可口可乐不倒翁

可口可乐公司是世界著名的饮料企业,其在此行业可称为知名企业,知名品牌。可口可乐在历史的发展中经历过一些挫折,但长期以来积极树立自身品牌不断提高企业及其产品的知名度、美誉度、追随度,可口可乐企业也给自己的品牌赋予了文化情感的内涵,给产品增加了附加值。目前"可口可乐"这一世界名牌,可以说已发展到一个良好的阶段。关于"可口可乐"曾经有这样一种说法,纵然可口可公司在世界各国的生产在一夜之间被大火摧毁,只要可口可乐这一品牌在,可口可乐的密方在,很快又会形成可口可乐王国。

第二节　品牌策划的内涵

一、策划

（一）策划的含义

策划是人类有史以来一直存在的活动，可以说是历史悠久，且在社会不断的发展和进步中策划也随之不断有新的内容。

在《后汉书·隗器传》中"是以功名终申，策画复得"最早出现"策划"一词，在古代"画"与"划"是互代的，"策画"也就是"策划"，这个词义就是指计划、打算。"策"最主要的意思是指计谋，如决策、献策、下策、束手无策。"划"指设计，工作计划、筹划、谋划，意思为处置、安排。

日本将策划叫企划。小泉俊一在《企划书实用手册》书中指出："在一定意义上，凡是人的思维都可以看作是广义的企划。但是，今日所指的企划，则是其中的特殊内容，即高度计划的有目的的企划。"

"策划"在现代，可以说是为了达到一定的目标借助一些素材来进行的设计和谋划，可以为具体的可操作性行为提供创意、思路、方法与对策。策划就是一种策略，它是个人、企业和组织机构为了实现自己的目标，在对市场环境进行充分调研的基础上，按照一定的方法，对即将发生的事情做出科学的预测，并做出可行性的方案，同时在发展中不断地调整以适应环境的变化，从而制定切合实际情况的科学的方案。

（二）策划的分类

策划按照不同的行业可以划分为以下几类。

1. 商业策划

商业策划是在近代商业制度出现后才开始形成的,在当代开始广泛应用开来,现已经越来越专业化。其策划主体是策划人或者策划机构,客体是策划指向或策划标的;商业策划主要包括策划过程、策划力和策划经费等方面的策划要素;其载体是策划方案。

在内容方面,商业策划涉及面很广泛,大到策划一个商业城市的空间布局,小到策划一个店铺的促销。商业策划有重要的作用,成功的商业策划既可以得到顾客的认可,也会给商业带来大量的利润。

2. 事业策划

事业策划指学校、医院等公共事业或机构的策划。如大学为了招到更好的生源进行的招生策划,医院为树立救死扶伤的形象进行的公关宣传策划,旅游风景区为提醒游客爱护花草进行的策划,等等。

3. 政府策划

政府部门进行的策划,也叫行政策划。比如,竞选策划、招商引资策划,为树立公务人员的形象进行的宣传等。在美国总统竞选时,有专门的公关团队进行策划,总统候选人的衣着、发式、演讲稿等都属于策划的范围。

4. 文化策划

为举办各种文化活动、文艺演出进行的策划,包括媒介策划。比如中国的传媒业目前正在时代的拐点上,既要从宏观层面改革传统体制,更需要从中观和微观层面制定媒介的战术方案,在生长方式、生产流程、运营价值链的建构、市场机会的把握等方面进行整合与操作。媒介策划可以提升资讯价值,开发注意力经济。

5.军事策划

军事策划指在军事活动中实施的各种策划,比如军事打击、军事突袭等。

二、品牌策划

品牌策划是策划的一种类型,是策划在企业品牌管理中的运用,是策划者智慧和心血的结晶,是成功的先导,是"运筹帷幄,决胜千里"的艺术。

(一)品牌策划的含义

品牌策划是指通过在品牌上对竞争对手进行一些差异化处理来对目标群体的选择进行引导,这是在与外部市场对应的内部市场(心理市场)上的竞争。品牌策划并不是无中生有,而是使人们对品牌的模糊认识变得清晰和明朗化。品牌策划就是将名字、术语、标识、设计及其组成的各种信息进行整合,为达到品牌拥有者特定的目的、目标而进行设计、谋划,为品牌拥有者提供创意、思路、方法与对策。

(二)品牌策划的作用

1. 策划是品牌生存与发展的纲领

当前是一个经济、政治、技术、社会变革与发展的时代。变革与发展既给人们带来了机遇,同时也带来了风险,特别是在争夺市场、资源、势力范围的竞争中更是如此。如果品牌拥有者在看准机遇和利用机遇的同时,又能最大限度地减少风险,即在朝着目标前进的道路上架设一座便捷而稳固的桥梁,那么,品牌组织就能立于不败之地,在机遇与风险的纵横选择中,得到生存与发展。如果策划不周,就会遭遇灾难性的后果。

2. 策划是品牌组织协调的前提

在现代社会中,各行各业的组织以及它们内部的各个组成部分之间的分工越来越精细,过程越来越复杂,协调关系更趋严密。要把这些繁杂的有机体科学地组织起来,让各个环节和部门的活动都能在时间、空间和数量上相互衔接,既围绕整体目标,又互相协调,就必须要有一个严密的策划方案,保证品牌目标的实现。

3. 策划是品牌运行的准则

策划是为了实现既定的目的途径和方法。因此,为了实现品牌组织的目标,在向这个目标前进的过程中,策划是在品牌运行过程中人们一切行事的准则。策划指导不同空间、时间、岗位上的人,以一个总目标为中心,来实现各自的分目标。

4. 策划是品牌反馈活动的依据

策划为品牌运行活动确定了数据、尺度和标准,指明了品牌的发展方向。未经策划的活动是无法控制的,更不可能得到确切的来自顾客的反馈信息。在策划的过程中,策划师不断通过反馈信息纠正偏离目标的偏差,使品牌运行活动保持与目标的要求一致。

(三)品牌策划的特点

1. 普遍性

品牌策划的普遍性有两个层次的含义:一是指社会各部门、各环节、各单位、各岗位,为有效实现品牌目标,都必须具有相应的策划方案;二是指所有品牌经营者,从最高管理人员到第一线的基层管理人员都必须从事策划工作,结合工作的范围不同、特点不同,所扮演的策划角色也不尽相同。

2. 系统性

品牌策划是一个庞大的系统工程,各个策划子系统组成一个大系统,缺一不可,密切联系,有机统一。在品牌策划中需要去做大量的工作,包括对各种信息的收集、对目标顾客的心理期望的掌握、对品牌形象的设计、对传播方式的选择以及对品牌营销的推广等,是一个集收集、分析、控制、反馈、决策等多项工作于一体的综合性的系统工程,面对这样一个复杂的系统工程,如果不进行科学的策划,就很难将具体的活动开展下去。

3. 科学性

品牌策划在进行策划时要按照当前的客观情况实际,按照品牌发展规律来做,不能不顾实际随意进行。品牌策划就是通过充分发挥策划者的主观能动性,使可能发生的事情成为现实。因此,从事品牌策划工作,一是必须要有求实的科学态度,一切从实际出发,量力而行;二是要有科学依据为支撑,要有准确的信息和数据来支撑策划;三是在进行策划时方法要正确,如科学预测、系统分析、综合平衡、方案优化等。这样才能使品牌的运行既富有创造性,又具有可行性。

4. 创造性

品牌策划要具有创造性,要追求创新。品牌的创造性主要表现在两个方面:一是概念新、主题新。在品牌中,主题概念是灵魂,它是品牌发展的指导原则,品牌的主题是否具有创新性,决定了品牌是否能够与众不同。二是要方法新、手段新。虽然在进行品牌策划时,手段和方法在一定程度上具有共性,但是在实际运用过程中,场合不同、地方不同,其效果是大不一样的。此外,还需要在进行品牌策划的实践过程中,不断对方法和手段进行创新。创新带来特色,其不仅意味着与众不同,而且意味着额外的价值。

5.有效性

品牌策划在进行策划时既要保证实现品牌目标,也要在方案选择时选出最优的方案,来保证资源的高效利用和效率的提高。不仅要用时间、金钱或者生产来衡量策划的结果,而且还要衡量品牌组织和消费者的满意程度。

三、品牌策划的流程

(一)品牌策划的十大步骤

国际品牌专家、奥美整合传播集团大中华区总裁宋秩铭,总结出了强势品牌的特征和建立品牌的步骤。笔者以其为基础,将品牌策划分为如下步骤:

1.决定产品品牌化

企业根据市场需要与资源特征给产品设计一个富有个性的品牌,并取得商标权,实行企业化经营,使产品在经营过程中不断得到消费者的认可,树立品牌形象,扩大市场占有率,实现经营目标。

2.制订品牌目标

企业需要按照自己的经营方向,将未来 5～10 年的品牌目标制定出来。这样才能保证实现品牌战略方向的最终实现。

3.建立品牌识别体系

企业要有自己的品牌识别体系,其主要内容包括品牌核心价值、品牌基本识别和品牌延伸识别等。

4.确立消费关系

消费者的种类有很多种,因此企业在面对消费者时,就需要确定品牌和消费者两者之间的关系,这样才能有一个准确的定位。

5.制订品牌策略

制订品牌策略是调整品牌识别系统的依据。只有确定品牌策略,企业是单一品牌还是多元品牌,是企业品牌还是产品品牌,才能更好地对品牌进行策划。

6.明确社会责任

企业的社会责任之一就是为社会提供良好的服务和优质安全的产品。企业需要不断提升自己的管理水平,保证企业产品的安全,保护消费者的权益,对消费者的消费进行引导,不断满足消费者的需求。这样,有助于企业品牌形象和竞争力的提升,促进经济发展。

7.品牌整合传播

品牌整合传播是指对品牌形象要素进行优化组合,通过媒体宣传推广的一站式等服务。包括广告传播、新闻传播、公关传播、销售促进传播、人际传播、网络传播等。以电子商务平台为例,它将品牌文化价值的核心诉求作为基点,将网络整合和数字营销充分利用起来,努力实现品牌与品牌之间的服务整合对接和需要。

8.培育品牌忠诚度

客户的忠诚度是指客户满意后从而产生的对某种产品与服务品牌或公司的信任、维护和希望重复购买的一种心理倾向,客户忠诚实际上是一种客户行为的持续性。实践来看,企业的80%的产品是由20%的客户购买的,在企业不断发展中,其中一个最重要的挑战就是如何不断吸引这20%的客户,做好客户维护,培育客户的品牌忠诚度。

9.健全品牌评估系统

品牌评估可以填补短缺财务评估和长期策略分析间的落差,

取得一个平衡点。主要内容包括：品牌寿命、品牌名称、商标、品牌个性和意象、品牌产品类别和功能、消费者态度和购买倾向、品牌媒体支持、品牌联想度和忠诚度、专利权等；评估方法大致可以从企业的成本、盈利、市值等方面去考虑。

10.品牌建设持之以恒

品牌的建设并不是一朝之功，它是一个日积月累的过程，需要时间的打磨。品牌建设是一个过程，那种短时间内建设的品牌，并不是完全意义上的品牌，仅仅只能说是一个符号。

(二)典型的品牌策划工作流程

品牌策划是一个系统化的工作体系，可用一个工作基本流程图表示，如图 1-3 所示。

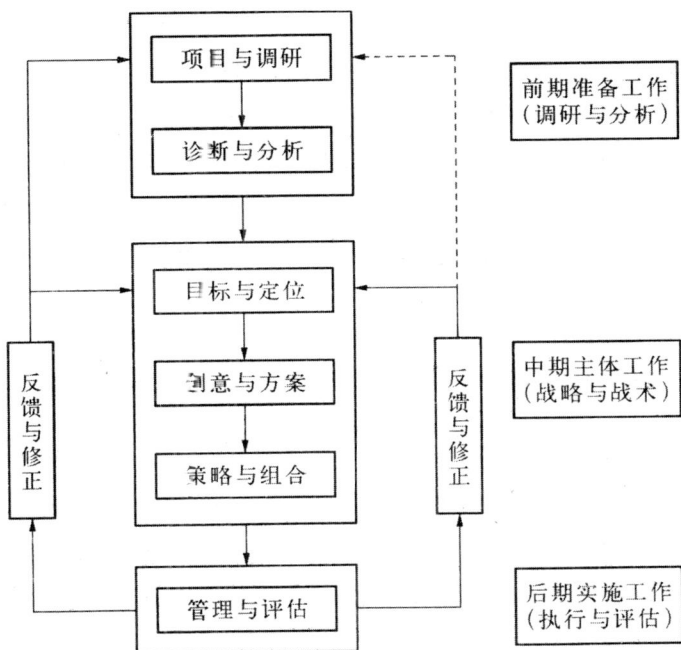

图 1-3　品牌策划工作流程

1. 项目与调研

这是进行品牌策划的一个重要的前提。在进行项目与调研时,需要做好以下方面工作:第一,要寻求品牌策划的项目,并通过品牌策划公司客户服务部来做好商务谈判工作,做好合约确认。第二,在第一步的基础上,品牌策划主管或项目负责人要与客户进行充分沟通,保证对客户对未来品牌策划活动的构想及要求进行准确的领会。第三,做好技术准备工作,主要包括进行相关项目调研、收集资料以及数据采集等。第四,初步对项目工作进行分析和做好任务拟定。

2. 诊断与分析

本项工作是品牌策划的基础。在进行诊断与分析时,主要对两方面要重点分析。一是市场的诊断与分析,例如宏观环境、行业动态和竞争对手等方面的诊断与分析。二是企业的诊断与分析。包括对原品牌名称、标志、色彩等基本要素的诊断与分析,对企业的理念、行为的诊断与分析,对营销的诊断与分析,对广告的诊断与分析等。在进行品牌诊断与分析的基础上,提交品牌分析报告,为品牌目标、品牌战略与品牌组合策略及措施的制定做好充分的基础。

3. 目标与定位

目标与定位是品牌策划的核心,在这一阶段,需要做好三方面的工作。第一,做好品牌目标的确立。召开项目策划组会议对需要解决的问题进行充分讨论,并以讨论意见为依据,择善而取,制订企业品牌资产目标与品牌定位。也就是要在品牌战略规划的指导下,建立品牌认同系统。然后是品牌定位即品牌策划者拿出来向消费者展示的那部分品牌认同。二是品牌量化目标:如提高品牌知名度、品牌美誉度和品牌忠诚度等。目标的量化处理,可以使品牌策划方案实施有数量的标准衡量,为开展品牌创意策划提供依据,为拟定行动方案提供基础。三是制定的目标要具有可行性。品牌策划的目标要符合本企业的实际情况,既要使企业的经营指标标准得到提高,又不能太简单,需要有一定的挑战性,这样才能保证企业员工的积极性,以真正产生品牌销售力。

4.创意与方案

创意与方案是品牌策划的灵魂和生命。在此阶段,主要做好以下方面工作:一是做好品牌策划线索的寻找工作。做好品牌策划目标与品牌定位等工作后,就需要对具体方案和品牌创意策划方案进行思考,还要思考品牌创意是如何提出来的。二是做好创意。在品牌策划中创意是必备要素,创意是将暗示、灵感、突发念头酝酿成可能实现的构想。三是做好品牌方案或品牌策划书的工作。品牌策划方案包括品牌的目标、战略、策略、规划与管理等方面内容。品牌创意与方案要多次征询企业以及有关方面意见,并修改、完善和最终确定品牌策划书。

5.策略与组合

策略与组合是品牌策划的关键。也就是说品牌策划的关键是有机组合策划的各要素,最大化使品牌资产得到提升。要想做好策略与组合工作,需要从以下三方面进行:一是在对品牌做好全面科学的调研,在此基础上,做好品牌识别系统的策划,从而促企业品牌可以与企业的营销传播活动有更好的对接。二是规划科学合理的品牌化战略与品牌架构。三是对品牌延伸的各个环节进行科学和前瞻性规划,实现企业的跨越式发展。四是创造性地策划低成本提升品牌资产的整合营销传播策略。

6.管理与评估

管理与评估是品牌策划的保证。品牌策划不是以建立一个品牌形象为工作的告终,而是要做好强势品牌的创建工作,强势品牌具有鲜明的核心价值和个性,品牌联想具有丰富性,知名度要高,溢价能力要高,品牌忠诚度和价值感都要高。在此阶段要做好以下方面工作:一是调整:按照客户要求分析研究当前存在分歧的问题,针对问题提出一些可以实行的建议;然后双方共同对当前的问题和难点进行分析研究,做好解决方案的商讨工作;再根据市场的反应随时对品牌方案进行调整。二是执行。以品牌策划要求为依据,实施各项推广方案及提升策略,包括差异化、延伸扩张、品牌叙事,以及加强企业内部管理等工作。三是评估。品牌的策划方案通过后,其实施效果怎么样,需要通过一定的方法,按照特定的标准来对实施效果进行评估研究。对品牌效果进行评估其主要工作内容包括了解品牌策划方案工作是否能够按时、保质量的完成,其预期效果如何。通过对品牌策划工作进行评估可以发现工作中的问题,对于是否需要进行二次工作进行确定。具体地说,品牌策划工作任务及步骤,可见图1-4。

四、品牌策划的技巧

品牌策划是一项复杂的工作,它综合众多的属性和价值,形成了一个复杂的混合体。其中许多是无形的东西。如何创建品牌,其方法与技巧主要有以下几种:

(一)精定位,巧命名

在品牌经营中,首要做的工作就是对品牌进行定位。品牌定位是品牌经营建设和成功的基础和前提,其在品牌营销中有重要的作用。品牌拥有者通过品牌定位确立好品牌与消费者之间的联系,它是战略定位的核心,也是其集中表现。

从品牌发展来看,品牌命名在品牌中占据着重要的地位。一个好的品牌名称,可以很快地赢得目标消费者的关注,使消费者对其产生认同感,从而记住品牌,再进行消费并选择品牌。

筹建项目小组

策划背景
时间、周期、目的、费用、营销策略等

市场概况
行业发展及竞争状况、相关政策、消费潜力分析等

销售和产品等情况　⬌　产品分析
市场同类产品概况、确立竞争品牌、竞争品牌分析、自身产品分析　⮕　得出优劣势、机会点，确立品牌及产品市场定位

消费者分析
锁定消费群、生活习惯、消费习惯、媒介消费习惯等　⮕　为媒介选择和广告定位提供依据

站点及品牌定位分析　⬅　网站商务推广策略
宣传手段及主题、诉求重点、品牌性格、目标对象、推广目标（短期和长期）

网络广告计划
广告创作和媒介投放目标、媒介分析、媒介组合、投放策略　⬌　竞争品牌广告投放分析

网上贸易推广计划
在搜索引擎、行业站点、贸易站点上发布企业信息和产品宣传资料　⬌　站点选择和分析

网上公关活动计划
根据客户活动情况或季节情况制订

预算（详细预算）

效果评估
对整个项目效果进行评估

调整完善后再度实施

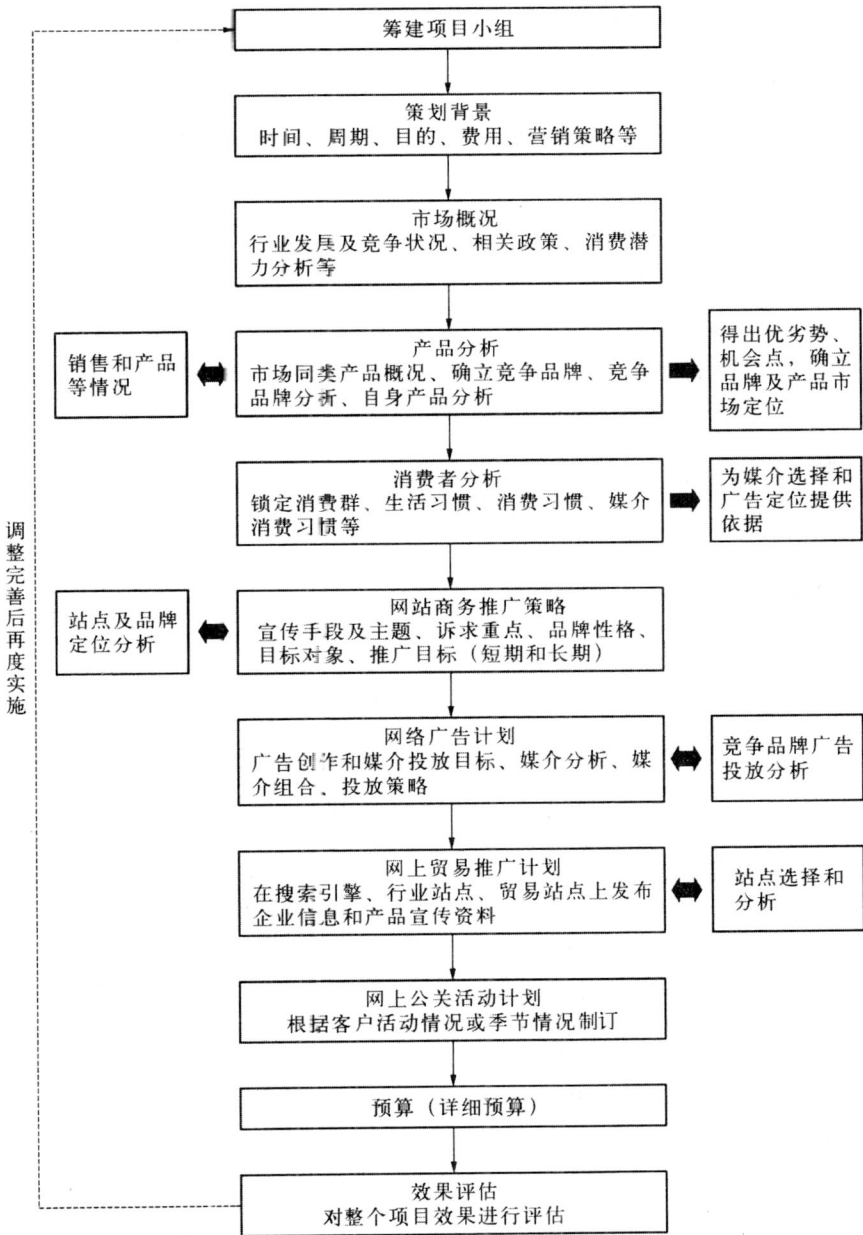

图 1-4　XX 品牌项目策划工作任务及流程

（二）设蓝图，筑平台

要设计出品牌战略蓝图，必须先进行品牌审计，来评估品牌的识别特征和资产价值，找出它的优势所在，目的是确定品牌战略重点。品牌战略蓝图的最重要方面是构建品牌战略平台。如果平台构筑有误，品牌战略蓝图就丧失了基础，结果会造成品牌战略的随意性，最终可能导致形象的失控。

构筑品牌战略平台，对品牌个性以及想要在消费者心目中占据的特定位置进行精心选择、悉心培养和精心管理。世界一流品牌始终能对顾客产生稳定的吸引力，这是因为它们拥有一个品牌战略平台作为行动蓝图，而所有的营销组合都尽量在这一平台基础上开展实施。

（三）讲故事，好形象

品牌的产生和成长的过程在本质上来看就是品牌故事。对所有的品牌进行历史追溯，会发现品牌都有自己的故事。品牌故事在品牌营销中有着重要的作用，它可以对目标消费者的思维产生一定的影响，可以让目标消费者更容易对品牌的价值观和文化观产生共鸣，从而会更容易认可该品牌，一旦消费者在心理上接受并认同该品牌，就对品牌产生信任，这种信任感使得消费者会在进行消费时选择该品牌且不容易发生改变。在进行品牌故事讲述的时候，要按照真实性、趣味性、独特性的原则来进行塑造。

品牌形象有广义和狭义之分，在广义上讲，品牌形象指的是品牌在消费者心目中的总体印象，狭义上来看品牌形象是指品牌的 BVI 系统，主要包括 LOGO、标准字、标准色、标准组合及 BVI 应用物品等。在进行品牌建设时，BVI 系统是必要条件，如果一个企业没有一个规范的 BVI 系统，品牌建设的实现会很难。此外，企业要想给消费者一个深刻的印象，就需要在品牌建设时以市场需要和消费者心理为依据，对品牌形象进行打造，打破思维定式，充分对品牌的价值进行挖掘。

（四）广传播，慎延伸

品牌在建立后需要传播来扩大品牌的影响力，使品牌得到广大消费者的认可。同时，企业品牌只有做好有效传播，才能使企业品牌与目标市场的关系建立起来，企业品牌才能迅速占领市场，拓展市场。品牌传播在品牌建设的过程中发挥着重要的作用，它是品牌个性展现的方式和手段，也是品牌文化形成的重要部分。在进行品牌传播推广时，可以运用多种宣传手段，如广告、公关等，也要善于利用名人效应，在宣传的过程中，也要注重品牌的质量和服务。

在进行品牌延伸时要慎重。因为从表面上来看，品牌延伸只扩展了新的产品或产品组合，但在实际上，品牌延伸还包括了情感方面的诉求。在进行品牌延伸时要注意考虑以下三个方面：一是要在品牌关联度高的产品范围内延伸；二是向品牌联想性强的产业延伸；三是品牌延伸不能稀释原有的品牌形象，不能引起品牌间的相互冲突。

（五）要创新，管品牌

事物的发展都会有出生、成长、成熟和衰老的过程，品牌的发展也是如此。为了更好地延伸企业品牌的寿命，就需要对品牌进行创新。企业品牌可以从以下方面入手：一是为品牌开发新的产品，使品牌不断有新的形象；二是对品牌的形象 LOGO 等进行升级改造工作；三是做好品牌广告语的不断创新。

在品牌创建过程中，管理是品牌创新的生命线。品牌创新不是一项简单的工作，它是包括产品、组织、技术、价值、文化等多种因素在内的复杂的工程。它涉及了品牌经营活动的程序化及其运用。品牌管理要既高于这些活动，又内含在这些活动之中，管理是品牌创新的基础，它贯穿到活动的全程。

第三节 品牌管理的内涵

一、品牌管理的内涵

品牌管理是一项重要工作,它贯穿在品牌创建、维护和品牌资产提升的整个过程中。企业需要应对市场环境、消费者需要和内部资源变化等,这些都会对企业品牌产生不同程度的影响。

品牌管理是管理者通过将企业战略做为引导,以品牌资产为核心,以品牌创建、维护和提升为主线,对各种资源和手段进行综合运用,达到增加品牌资产、打造强势品牌目的的一系列管理活动。品牌管理要以消费者的心理和行为规律为依据,最终形成品牌的竞争优势。

品牌管理的定义需要从以下三个方面进行重点理解:第一,品牌管理者是品牌管理的主体,在品牌管理中需要有一个责任清楚明晰的管理者;第二,品牌管理以品牌资产为核心,需要对品牌资产的各个方面都重视起来,要注重感知质量、提高品牌知名度和品牌忠诚度、强化品牌联想等,在进行管理时要以消费者的心理规律为对象;第三,品牌管理是一个过程,它包括品牌创建、维护和提升,在进行品牌管理时要按照一定的流程,因此,需要不断对品牌管理的模式、组织、机制等进行创新。

二、品牌管理的内容与流程

品牌创建、品牌维护和品牌价值提升是在企业战略引导下进行的,品牌战略是企业战略的重要组成部分。在企业战略下,品牌战略按其管理流程的步骤逐渐深化,并逐步积累品牌资产,在这个过程中,品牌管理的内容也细化开来。美国品牌管理学家凯勒教授在其经典著作《战略品牌管理》中提出了战略品牌管理流程的四个步骤。

（一）品牌管理流程

1.识别和确立品牌定位和价值

对品牌做好定位和确定好品牌价值是品牌管理的第一步,也就是让消费者对品牌的内涵有一个明确的掌握,知道品牌丰富的含义。这是品牌建设赢得消费者的开始。然后通过与竞争对手之间的差异比较来让消费者更加清楚品牌的价值优势,这样就会使得消费者在心中明确地给品牌做一个定位。然后对品牌的核心价值观用精练的语言做出准确的描述和定义,这就是向消费者做出品牌承诺。

2.计划和执行品牌营销活动

通过一系列品牌营销活动,使消费者对品牌有一个明确的认知,从而使消费者对品牌产生强有力、独特的品牌联想,进而建立消费者对品牌的依赖和忠诚。建立的思路有建设品牌元素、品牌整合传播和次级品牌联想三条。

3.评估和诠释品牌业绩

评估和诠释品牌业绩可以使企业对品牌营销计划的效率有一个明确的了解和掌握,在对品牌业绩进行评估的时候可以用品牌价值链来进行,它可以有效地对品牌价值的产生过程进行追踪,有助于企业对运营品牌的支出以及对投资的财务影响有一个明确的了解和掌握。

4.提升和保持品牌资产

对品牌资产进行保持和提升是品牌管理的一个重要内容,它涉及的内容很广,如品类品牌管理、延伸管理,等等,需要企业不断地对品牌进行长期的投资和关注。

（二）品牌管理内容

品牌管理在实际工作中,其流程和内容两者是相互协同的,品牌管理内容主要有三方面:品牌创建、品牌维护和品牌提升,如图1-5所示。这三个方面在事实上也是相互交叉和渗透的。品牌在创建时,首先要有一个容易被消费者记得住的名字,在形象设计上色彩要合理搭配,给消费者以很强的视觉冲击力,要以产品属性为依据给产品确定一个强有感染力的核心价值,在进行品牌定位时要做出一个有利于占据消费者心智的定位。品牌结构要个性鲜明、品牌结构要优化,然后通过广告策划等将这些内容明确向消费者进行传达。其次,要以品牌的核心价值为中心,对于品牌资产组成的显性要素和隐性要素要做出明确界定,在深层次与消费者进行沟通,在品牌认知的基础上,提高企业品牌的知名度和消费者的品牌忠诚度,丰富品牌联想,以品牌资产的目标为依据,对品牌资产进行不断积累,建立科学的品牌资产评估体系,对品牌资产进行准确的评估,树立企业良好的品牌形象。同时,对于消费者需求的变化也要进行持续的关注,从而做好对品牌的维护和创新,要做好危机应对方案,从而保证企业品牌的持续稳定的发展,要避免品牌危机,不盲目对品牌进行延伸,做好品牌质量管理。最后,在对品牌进行提升的过程中,对于品牌建立和品牌资产价值的积累成果要进行充分和合理的利用,以市场的实际变化和品牌的生命周期为依据,来对品牌进行适当的延伸、品牌授权和特许经营,通过对品牌进行并购和整合,实现品牌的资本运营,实现品牌的国际化运营。

三、品牌管理的组织形式

企业在对品牌管理的时候需要通过组织来进行。由于企业大小不一样,企业品牌管理组织的形式也各不相同。其基本的品牌管理组织形式主要有以下几种。

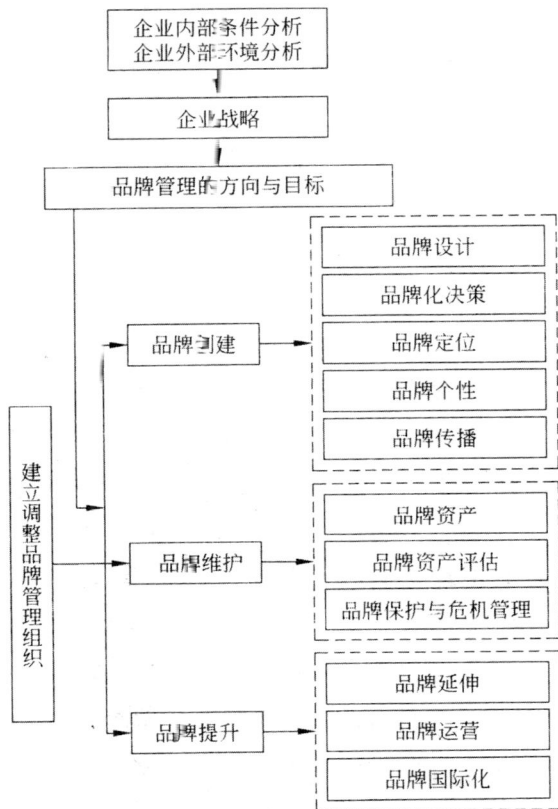

图 1-5　品牌管理的内容及逻辑关系

（一）业主负责制

业主负责制主要是针对公司规模小、管理人员少的创业阶段的企业，公司在进行品牌建立的过程中，业主直接对品牌决策、品牌沟通、品牌定位和传播的组织实施工作等进行负责，是一种高度集权的品牌管理组织模式。

业主负责制的优点主要有两个方面：第一，可以迅速做出决策，有利于资源的有效整合。可以根据当前的市场实际情况和消费者需求的变化对品牌定位做出迅速判断，并能快速传播到目标消费者群体中，在这个过程中，业主可以对企业资源和个人资源进行有效的整合来做好品牌管理。第二，业主可以为品牌注入企业家精神,使品牌个性鲜明。业主既是企业的主人,也是品牌管理的执行人。业主的执着、热情、诚信等美好的品德会使得消费者在接受品牌时很容易。

业主负责制的缺点是:如果企业的规模变大,业主由于工作众多,其对品牌的管理必定会受到削弱,会使品牌管理在权限上产生分化。

(二)职能管理制

职能管理制是将品牌管理的职责分配到各个职能部门当中去的一种品牌管理组织模式。例如,企划部负责品牌规划工作,市场部门承担品牌调研工作,宣传部门承担品牌传播推广工作等。这是品牌管理工作分化的结果,在企业发展到一定的规模,企业高层管理把工作精力重点放在战略、人事、财务等领域,就由职能部门负责品牌管理方面的工作。这种制度在20世纪20~50年代非常普及,我国现在仍有很大一部分企业采用这种模式。

职能管理制的优点是:第一,使高层管理者摆脱品牌具体事务的纠缠,分身出来做其他重大的战略决策;第二,将专业化的职能分工和科学管理引入品牌管理当中,使品牌在更复杂的环境下成长。缺点是:第一,各职能部门属于平行机构,缺乏一个上级领导来进行有效的协调和沟通,容易出现扯皮和推诿现象,产生品牌管理的"真空";第二,缺乏一个强有力的部门之间的协调人,各职能部门承担多项工作,不一定把品牌作为部门的重要职能,在与市场和消费者的衔接中出现失误或误判的几率增加。

按终端客户需求层次不同,把市场划分为多个层次,这就产生了客户管理中心。客户管理中心为弥补职能制各职能机构缺乏协调沟通提供了一种新的选择。这种顾客驱动型的组织也为品牌管理提供了一种新的组织形式——客户品牌管理模式。

客户经理负责制是一种以客户为中心的品牌管理形式。客户经理主要对市场的长期计划和年度计划进行负责,对客户的需求动向变化进行分析。首先分析企业新产品,然后协调公司各职能部门实现品牌管理计划。

(三)品牌经理制

品牌经理制最早出现在 1931 年的宝洁公司,是指每个品牌都有一名经理来对品牌进行负责的管理模式,品牌经理的工作内容包括品牌的创建、维护和提升工作。在这种组织中,品牌经理是品牌管理业务的主要负责人,在整个管理过程中,他对企业的各个部门之间的关系、职能部门与市场的关系以及消费者之间的关系进行负责。具体任务包括:第一,分析研究消费者、竞争者和市场环境,制订品牌管理具体方案;第二,制订品牌年度营销计划、预算和销售额预测;第三,确定品牌传播过程中的广告和销售代理商,共同策划广告方案和宣传活动;第四,激励品牌的销售队伍和经销商,激发他们的兴趣并给予支持;第五,不断对市场上有关客户、经销商、竞争者等方面的信息进行收集,不断寻找新问题和新机会;第六,组织产品的改进和创新计划,从而保证品牌可以长久地适应市场变化。

一个大的品牌除品牌管理外,组织中还要有几个品牌经理助理,以及财务、研发、制造、市场、销售等各职能部门的人员。品牌经理直接向公司的营销总监或直接向总经理负责,承担品牌几乎全部的管理与运营责任。品牌经理制是一种矩阵式管理,一方面,品牌经理要通过自己的品牌职能小组关注外部市场变化和消费者需求变化,把控外部信息与企业职能部门协调沟通,并适时做出决策,执行调研、规划和协调的职能;另一方面,又要关注品牌销售状况的变化、品牌产品的利润率等效益指标;同时还要把市场信息及时反馈给产品设计、生产和市场营销部门,确保品牌产品适应市场需求并持续发展,如图 1-6 所示。

品牌经理制对品牌经理的能力有很高的要求,尤其是品牌经理要具有高超的协调能力,品牌经理既要在公司内部与内部各部门协调沟通,得到他们的理解、信任和支持,也需要与经销商、广告代理商、消费者和社会公众进行沟通和协调。因此,品牌经理需要具备更强的耐心、领导能力,同时,品牌经理还需要较强的控制能力。品牌经理必须衡量计划的执行结果是否与计划存在重大的偏差,然后决定是否采取行动纠正偏差或进一步改进计划。

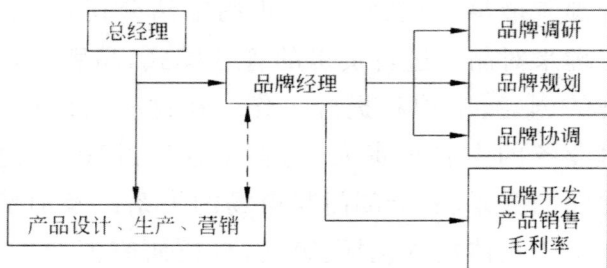

图 1-6　品牌经理制管理模式

　　品牌经理制的优点是:第一,为每一个品牌设置了专职管理者,负责品牌分析、规划和执行等全过程,从而为品牌的成长提供保障;第二,品牌经理为品牌建设进行有条不紊的安排,从而增强了各职能部门的协调性;第三,品牌经理制强化了与企业内部和企业外部的沟通,有利于形成以消费者为中心的品牌模式,培养消费者的偏好和忠诚;第四,为企业培养了高级的综合管理人才。"品牌经理制"的提出者麦克埃罗伊后来荣升为宝洁公司总裁,得到艾森豪威尔总统赏识,出任美国国防部部长。

　　品牌经理制的缺点是:第一,对品牌管理人员的素质要求很高,一个品牌经理必须能够全面应付品牌管理的各项工作;第二,品牌管理费用过高,由于同一家企业的每个品牌都需要独立投入,结果出现重复建设、资源内耗等现象。

(四)品类经理制

　　品类经理制是品牌经理制的演变,它又被叫作"品牌事业部制",是指为多个品牌构成的一个产品类别,设置一名经理,由其负责该品类的管理和赢利。从本质来看,品类经理制与品牌经理制两者是相同的,都是设置专职管理人员来负责品牌管理,而且都是由各职能部门人员共同组成的一种矩阵式管理组织形式;不同之处在于品牌经理制和品类经理制负责的品牌数量是不一样的,品牌经理制是负责具体一个品牌的管理,而品类经理制是负责几个同类产品的品牌管理。

品类经理制的优点是:第一,可以充分做好品类内各品牌关系的协调,做好品牌优势的整合,做好资源的有效整合和利用;第二,可以使品类经理的行业专业优势得到充分的发挥,提高工作效率。

品类经理制的缺点是各品类之间的整合会比较缺乏,公司品牌形象会出现不统一、个性不够鲜明等。

(五)品牌管理委员会

21世纪初,一些跨国公司的品牌管理组织又演变成一种新的模式。这种模式由高层管理者直接对品牌负责,担任品牌负责人,各职能部门和各品类负责人担任委员,各品类以及各职能协调等工作有了很大的改善和提升,称为"品牌管理委员会"。这种组织形式对品牌经理制和品类经理制的不足之处进行了弥补,主要是通过战略性的品牌管理部门或人员来完成。它是在品类经理制的基础上,多加了一个品牌管理委员会在管理高层。

品牌管理委员会三要的人员构成包括:企业的主管副总、品牌管理委员会委员(通常由各主要职能部门负责人担任)、品牌项目负责人、品类经理、品牌经理、技术人员、营销人员、财务人员等。此外,还要聘请品牌方面的专家学者作为"外脑"。一些企业设置了首席品牌官一职来主持品牌管理委员会的工作。

品牌管理委员会的职责和具体工作包括:第一,做好品牌管理战略性文件的制定工作,规定品牌管理与识别运用一致性策略方面的最高原则;第二,做好母品牌的核心价值及定位工作,并使之与公司的文化及发展需要相适应;第三,定义品牌架构与沟通组织的整体关系,并对整个品牌系统进行规划,使公司每一个品牌都有明确的角色和地位;第四,做好品牌延伸、提升等方面的工作;第五,做好品牌体检、评估品牌资产、品牌传播的战略性监控等工作。

　　具体的品牌管理工作有：第一，及时为决策层提供品牌的相关信息；第二，品牌的商标注册；第三、设计或参与设计品牌；第四，对竞争对手的品牌特点与竞争战略做好研究；第五，监控品牌运营；第六，加强品牌知识培训；第七，打假护真；第八，管理商家档案；第九，管理品牌标识的复制、领用与销毁；第十，处理品牌纠纷；第十一，品牌更新工作的展开等。

　　品牌管理委员会的优点是：第一，可以充分使各品类之间的关系协调发展，使企业的整体形象得到统一；第二，可以对各职能部门之间的关系做好充分的协调；第三，有利于全员品牌导向的建立。

　　品牌管理委员会的缺点是：第一，由于管理委员会的成员居于高位，他们对一线市场的了解会不够充分，难免出现一些决策过于主观的问题；第二，对高层管理者的品牌管理水平要求高，高层管理者的品牌专业水平有可能会低，在进行品牌管理时其决策有可能会出现低水平错误。

四、品牌管理的现状

　　我国企业的品牌管理，由于和西方的环境存在着较大的不同，品牌管理会出现特殊的地方。因此，应对我国企业品牌管理出现的问题进行研究分析，由此提出针对性的建议。

（一）品牌管理缺乏规划

　　虽然很多企业已经在战略上认识到了品牌的重要作用和地位，在企业内部也建立了一些品牌运营的规章制度，但是关于品牌的核心价值和品牌定位等方面的情况了解还不够充分。企业在进行品牌管理时，也缺乏规划，更多的是强化企业品牌形象的建立。

（二）品牌过度延伸

　　自 20 世纪 90 年代以来，我国企业在进行市场开拓时会经常使用品牌延伸这一策略。但是现实中由于品牌的过度延伸导致企业品牌失败的案例也不在少数。比如"娃哈哈"从果奶延伸至感冒药。尽管广大消费者对"娃哈哈"果奶已经产生高度的认同感,而对于"娃哈哈"感冒液的宣传广告无动于衷。这种盲目性的品牌延伸不利于企业品牌的发展,也不利于企业品牌的维护和品牌资产的提升,它破坏了企业在消费者心中原来的地位,同时也没有建立起一种新的形象,非常不利于企业的发展。

(三)品牌维护不够

有些企业对品牌的维护度不够,"三株"就是如此。在品牌出现危机时由于没有采取恰当的措施而失去了市场。而一些优秀的名牌由于做好了品牌维护工作使自己的产品经受住了市场的考验而取得了更大的成绩。如1999年6月9日发生在比利时的"可乐门"事件,虽然让可口可乐损失了6000万美元,但通过企业的努力仍然维护了品牌的形象。没有任何一个品牌可以终身成为名牌的,它需要品牌创立者和拥有者不断努力地维护。在当今世界,品牌面临的危机无处不在,企业要做好企业的危机管理等方面的工作,做好品牌的维护与发展工作。

五、品牌管理的误区和挑战

我国的经济发展起步和西方相比相对来说较晚,在品牌管理方面还存在着许多的误区和挑战。主要表现如下。

(一)品牌＝商标

品牌与商标两者很容易被混淆。在有些人看来,商标进行注册后就成了品牌。这种认识是错误的,事实上,二者存在很大的区别。根据世界知识产权组织(World Intellectual Property Organization,WIPO)对商标的定义,商标是指用来区别某一工业、商业企业或这种企业集团的商品的标志。而世界贸易组织《与贸易有关的知识产权办议》(简称 TRIPS 协议)第十五条第一款规定：任何能够将一企业的商品或者服务与其他企业的商品或者服务区分开的标记或者标记组合，均能构成商标。由商标的定义可知，商标是一个法律概念，是公司、产品或服务可以拿到工商管理部门申请法律保护的工具，是一种知识产权，是有形的，拥有者是企业。而品牌是一个营销和战略方面的概念，是产品或服务在消费者头脑中形成的一种烙印，是企业满足消费者需求、进行市场竞争的战略性工具，它的拥有者是消费者，是无形的。在品牌经济学理论对品牌的概念界定中，尤其强调"商标不等于品牌，商标是法律符号……品牌是利益符号，是由物质利益和情感利益构成的，因此，只能被消费者所认可。法律保护的是商标，市场接受的是品牌"。

（二）做品牌＝做名牌

国内有很多企业认为，名牌就是品牌。还有一些企业甚至将企业的最终发展目标制定为成为名牌。这种认识归根来说是因为对于品牌的认识不够全面。在这种思想的认识指导下，企业认为只要做好广告传播就可以了。于是，对企业产品进行大量的广告炒作和商业炒作，在品牌经营上没有一个战略性的规划。企业品牌的建立、维护和提升是一个系统工程，它包括多方面的内容，诸如品牌的整体战略规划、品牌视觉形象设计、确定品牌的核心理念，等等，一个好的品牌需要长时间的精心经营，而不是一朝一夕之功。

（三）做品牌＝做销量

在企业的实际工作中，也有很多企业常常看重产品销量的提升，他们将产品销量的提高作为企业追求的目标和动力。他们之所以会如此认为是有一个不正确的理念：做品牌就是做销量，只要企业产品的销量提升上去了，企业品牌自然就会得到提升。这种理念会使得企业在追求销量的路上越走越远，最终不利于企业品牌的建立、维护和提升。片面地对销量的追求会使企业对于品牌的其他要素如忠诚度等不太关注，会忽视品牌其他要素的建设。诸如哈药集团曾凭借铺天盖地的广告赢得了销售额的增长，但哈药在公众中的品牌形象如何呢？从盖中盖"捐赠"希望工程事件和大大小小的报刊质疑文章中，就不难得出结论。一些为了销量提升而做出不利于品牌形象的事，会使品牌贬值。

（四）做产品＝做品牌

通常情况下由于人们在接受企业产品和服务时会与企业品牌的名字相同，于是有些企业就会认为做产品就是做品牌。产品只是品牌的一种物质载体的传达，做产品＝做品牌这种理念也使得企业容易忽视对于企业品牌的其他要素，不利于企业品牌的建设。

（五）做品牌＝做 CIS

虽然 CIS（企业识别系统）可以使企业品牌得到更好的塑造，但它只是塑造品牌的一种方式。本质上来看，CIS 是服务于企业形象的，但是企业形象和品牌形象两者是不一样的，企业形象只是品牌形象的一个重要组成方面。就算是做企业识别系统，我国企业也通常只是更注重视觉形象的表达，而对于理念识别等不太重视，通常情况下只是流于形式和表面，只是被挂在企业的大厅的墙上进行展览。

（六）过分迷信广告

在我国，很多企业认为品牌是叫得响亮的一个名称，它与产品的质量、形象等一系列有形资产和无形资产没有关系，是单独存在的一个名称和口号，加上广告的宣传效果使得企业过分看重广告而对品牌建设比较忽视。一些企业过分迷信广告，在品牌宣传上花费的费用过多，导致企业的品牌建设成本大大增加，这些使企业界形成一种错误的认识——"品牌需要大投入"。近年来，中央电视台每年的黄金资源广告招标会都会吸引大批企业前来投标，各路诸侯都想中标，"标王"价格更是不菲。2012 年茅台广告投入超过 5 亿元，夺得央视标王，而 2013 年，剑南春以 6.03 亿成央视整点标王。但在实际中,一个品牌的成功并不仅只表现为一个响亮的名称,它体现在多个方面,广告只是其中一个重要的环节,品牌还体现在产品性能、包装和分销渠道的优越性上,只有通过这些优越性品牌的核心价值才能被表现出来。广告做得好并不能保证企业品牌拥有长久的生命力和长久的品牌忠诚度。

(七)品牌大肆扩张

为了做好风险规避,很多企业都会对企业品牌进行扩张,实行品牌的多元化经营。虽然品牌的多元化经营有助于企业品牌形象的加强,如,宝洁公司仅洗发用品就有海飞丝、潘婷、飘柔等品牌,不仅扩大了宝洁的产品线,还使得宝洁的品牌价值得到了大幅度的提升。但是需要指出的是,品牌不能盲目地进行大肆扩张,例如,在消费者心目中,威露士是洗手液方面的专家。但威露士推出威露士漱口水,显然是没有对消费者的这一心智加以重视,这种不以市场需求为出发点,盲目以自己主观的想法进行扩张的品牌最终会以失败告终,不仅企业的新产品做得不好,还使得企业原来的品牌形象在消费者心目中地位减弱。

六、宝洁的品牌管理之道

自从 1931 年率先推出品牌管理制度以来,宝洁一直是品牌管理制的忠实支持者,并十分坚持品牌的价值。品牌是宝洁立足市场,领先群雄的坚实基础,对宝洁的全球领导地位具有无法取代的重大影响力。

宝洁目前的品牌管理制度之所以能够顺利运作,且持续在市场上领先群雄,主要原因在于其以行销为基础、以团队合作为基础、以产品类别为基础、以消费者洞见为基础、以研发为基础,以及以品牌资产为基础。

(一)以行销为基础

宝洁在行销运作上所累积出来的多年 know-how 与优秀品

牌经理,乃得以在品牌管理上领先群雄。宝洁行销能力所重视的是专职行销人员的行销本事,而行销文化则化阻力为助力,引导非专职行销人员前来共襄盛举,使专职行销人员得以在非专职行销人员的鼎力相助下,将一身的行销本事发挥得淋漓尽致,不用担心非行销部门的掣肘。在目标一致、携手合作的情况下,行销运作与品牌管理自然能够顺利进行,且展现出傲人的整体成绩。

(二)以团队合作为基础

在宝洁里,品牌管理以产品类别为基础,并由品牌经理出面号召相关部门的专家,组成产品类别小组,作为制订品牌相关决策的讨论机制。由于宝洁行销文化的熏陶与其他相关配套措施,宝洁非行销部门的小组成员都乐于支持及参与,产品类别小组可以在友善的气氛下顺利运作,并发挥群策群力的重大效果。产品类别小组的顺利运作,正是宝洁的品牌管理制度之所以能发挥强大威力的关键,也是其他竞争者想要模仿,却心余力绌的地方。

(三)以产品类别为基础

就以产品类别为基础而言,宝洁目前的品牌管理制度已更新为以产品类别为管理基础,而非各个品牌为基础,放任品牌人员各自为政,互相抢夺资源,避免各品牌目光如豆,只关注品牌本身的利益,而忽略(甚至牺牲)公司整体的利益。借由产品类别管理的机制,产品类别的总经理与行销副总更可以有效整合旗下品牌,将焦点引导至市场的竞争上,而非内部资源的抢夺,让资源做更有效的运用与整合,枪口对外,避免品牌经理成为"内斗内行,外斗外行"的斗鸡。

(四)以消费者洞见为基础

宝洁的品牌行销是以其对消费者深入的了解为基础,而非仅凭行销人员主观判断或灵光乍现而做的。对消费者的洞见,是宝洁很重要的竞争优势之一。因为其他竞争者在这方面的能力远远不如宝洁,宝洁的讨论与决策,一向以事实与数据作为主要依据,而非个人的经验或主观判断。因此,消费者洞见就成了品牌人员必备的武器,一方面可以借此驰骋沙场,令竞争者瞠乎其后;另一方面可以当作内部讨论与决策的有力支持,这也是宝洁的行销人员个个都非常把消费者洞见当成一回事来看待的原因。

(五)以研发为基础

就以研发为基础而言,宝洁除了以品牌管理与行销操作闻名之外,对于研发的投入也是不遗余力的,只不过常常为人所忽略而已。事实上,宝洁在研发投入上手笔之大、资源之多,是竞争者难以匹敌的。宝洁相信优异的产品是品牌在市场上与人竞争的基本要件,有优异的产品为基础,品牌行销将会如虎添翼,事半功倍。宝洁既然重视长期获利,奉行消费者至上原则,就不会在产品品质与创新上落于人后,相反地,会持续推出令消费者满意的优异产品,并以此作为品牌行销的基础。很多人都以为宝洁完全是因为其行销功力方能名扬国际,但事实上宝洁如果没有研发部门作为其坚强的后盾,并持续推出令顾客满意的优异产品,行销部门也是英雄无用武之地。

(六)以品牌资产为基础

就以品牌资产为基础而言,宝洁以长期的观点管理品牌,因此,非常重视品牌资产的建立与维系,所有行销活动都必须以能够对品牌资产产生正面的增强作用为前提,不会因为短期考量而做出对品牌资产不利的举动。对于宝洁的品牌人员而言,其最主要的任务就是建立与强化品牌资产,让品牌永续经营。宝洁对于品牌的经营是有长期承诺的,因此,如何维系品牌的生命力,让它充满活力与创新,持续迎合消费者不断改变的需求,维系高人一等的竞争力,都考验着品牌人员的智慧与能力。经过持续的品牌行销努力之后,才会产生品牌资产,并成为与竞争品牌之间有所差异的主要来源。

第二章　品牌理念与品牌的核心价值

品牌理念的创造是为了能够使消费者对产品产生兴趣,从而使产品能够立足市场,建立品牌的信任度,客户与产品之间建立忠诚度。品牌意味着信任、可靠,消费者追逐品牌的深层次理由是品牌能带给他们情感的交流和个人生活品味的彰显。企业塑造品牌不仅仅是提供一个具有独特功能价值的产品,更多的是在为目标顾客营造情感的栖息地、心灵的慰藉所。

第一节　品牌理念的内涵及构成

理念是一种哲学名词,在柏拉图的哲学中将"观念"通常作为理念翻译,康德、黑格尔等人将哲学观念中的对理性领域内的概念也在通常情况下译作"理念"。《辞海》中对"理念"一词的解释有两条,一种是"看法、思想以及思维活动的结果";另一种是"观念"。通常指思想,有时亦指表象或者客观事物在人脑中留下的概括形象。

通常人类用自己的语言来诠释现象、事与物时,所归纳总结的思想、观念,概念与法则,可以称之为理念,如人生理念、哲学理念、学习理念、时空认知理念、成功理念、办学理念、推销理念、投资理念或教育理念等。

一、品牌理念的内涵

(一)品牌理念的定义

品牌理念是品牌的拥有者在与消费者建立关系的过程中针

对品牌所提出的观念。能够使消费者在市场上对不同的产品进行区分对比,使消费者所认可和接受。这就意味着在创建品牌理念的过程中需要深刻地理解认识消费者的兴趣所向,通过这一点来创立品牌理念。价值主张则来自于企业本身的愿景和使命。因此,企业的品牌理念不是凭空提出的,必须符合相应的使命和愿景。

品牌理念在建立的过程中要考虑是否能够吸引消费者,消费者对一个品牌的出现是否会产生信任感,进而能够以客户为中心创造品牌优势地位的观念。品牌理念是应当包括核心概念和延伸概念,必须保持品牌理念的统一和完善,具体包括品牌的行业、主要产品等业务领域,品牌的跨国形象和本土形象,针对不同的文化体现出不同的风格,产品的定位、产品的风格等一致。

品牌理念是指能够体现出品牌的特性,也能够得到社会的认可,从而使品牌能够长期在社会中发展生存下去,能够充分展示品牌的价值体系。

品牌理念是一种由长期不断发展总结所产生的主导意识,是从思想上面、观念上面以及心理等各种因素方面所影响产生的,表现在群众的信念、价值观、道德标准、心理等方面;只要产生,则不容易发生改变,具有相当长久的稳定性。品牌理念是代表了品牌组织的深层次的精神结构,是品牌的精神寄托。

品牌理念是品牌统一化的识别标志,但同时也要表现出自己独特的个性,突出本品牌与其他品牌之间的不同之处。要构建属于自己独特的品牌需要实现以下的目标:首先,设计的品牌必须与产品的行业特征相符合,与行业所特有的文化相契合;其次,品牌的设计必须要具有品牌自身原有的理念,并在本身的特点上面加以辅导和引导,使其成为能够推动组织品牌经营发展的强大内力;最后,创立的品牌要有属于自己的特点,能够与其他的竞争对手区分,体现自己的风格和特点。

(二)品牌理念的功能

确立和统一完整的品牌理念,对于品牌的整体运行和良性运转具有战略性功能与作用。具体而言,品牌理念具有以下主要功能。

1. 导向作用

品牌理念起着引导的作用,能够正确地引导员工对价值目标的追求,从而决定了员工是行为方式。所以,强大的品牌具有强大的力量能够指引员工为之奋斗。品牌理念贯穿品牌组织的全部活动,能够指引品牌为之发展的方向,影响组织全体员工的精神面貌,决定组织的素质和竞争能力。先进的品牌理念被组织采用,以及被大多数人们所认可和接受,就会成为每个人为之奋斗向上的目标,可以形成合力,从而对整个品牌起到推动作用。

2. 激励功能

品牌理念是指品牌组织经营的宗旨、经营方针和价值追求,也是员工行为的最高标准和目标原则。因此,品牌理念与员工在价值追求上的认同,就会构成员工心理上的极大满足和精神激励,这是物质上的激励所无法满足与达到的,具有深刻性和持久性。品牌理念更多的是精神上对员工的鼓舞与支配的力量,能够正确地指引员工的行动方向,引导和推动整个组织朝着既定的目标前进。

品牌理念也是一种道德力量,能够促使成员遵守一定的道德标准和行为准则来规范自身的习惯,并且能够转换成为员工的内在品质,改变和提高员工的素质。品牌理念还是一种心理上的力量,这种力量能够使品牌组织成员在各种环境中,有效地控制和把握自己的心理状态。在竞争激烈的市场和艰苦的环境中,组织人员能够具有旺盛的斗争精神,具有坚定的信念、顽强的意志力,才能在不断发展和完善的过程中始终处于优势的地位。

3. 凝聚功能

一个品牌的形成是需要很强大的向心力和凝聚力的,需要有所有员工的认同和接受。具备这种凝聚作用是品牌所运用的一种凝合方式,团结起员工的目标、理想、信念、情操和作风,并且能够激发员工的群体意识。品牌组织是员工在行为和价值追求上所具备的原动力,因而品牌理念一旦被员工所认同、接受,员工自然就会对品牌组织产生强烈的归属感,品牌理念具有强大的向心力和凝聚力。

品牌理念是通过共同的价值观和基本信念,使其来自不同层次、不同地区的员工能够统一起来,品牌的建立是为了使整个成员之间能够结合成为一个有机的整体,共同为品牌目标的实现而奋斗努力。不仅如此,一个好的品牌,能够对员工产生一定的指引作用,使员工对品牌产生认同感,一个良好的品牌会带来一个好的环境,使员工具有归属感,员工之间能够和谐相处,人与人之间产生了感情,互相帮助,在品牌的创作过程中能够更好地和组织人员之间进行沟通,共同体验辛苦、相互理解包容,增强群体的凝聚力。在这种工作环境中,人们的心情始终是愉快的,充满斗志的,工作是具有前途的。

4.稳定功能

一个具有强烈信念的品牌,是可以保证在品牌受到外界打击的情况下,不会因为竞争或者环境因素的变化而有所衰败,从而使品牌组织能够稳定有效地发展。为了使品牌稳定有效持续的发展,保持一种持久性,就要增强品牌理念的认同感和整合力,稳定品牌组织的技术发展。

(三)品牌理念的特征

1.时代特征

品牌理念不能脱离品牌运行所处的时代,时代在不断变迁,不同时代具有不同的特征。品牌理念要与时俱进,不断更新,才能满足消费者变化的需求。

互联网服装品牌 VANCL 凡客诚品自从 2007 年 10 月上线，目前已经成为国内遥遥领先的服装品牌。凡客诚品 2010 年提出的"人民时尚"这一品牌理念，其使命就是"让每个人都买得起的时尚"，无论是大明星还是普通的消费者，凡客注重的是大家都能够消费得起。凡客做到的是能够紧扣时代主题，在情感上引起消费者的共鸣。凡客在销售的过程中开启了全民创意的先河，在营销史上创造出一个奇迹，凡客所做到的就是紧扣时代的要求，遵从消费者的意愿，处于激发消费者，能够刺激消费者的心理因素。凡客在品牌营销上内容和创意都有把控的能力，在国企中属于佼佼者。

2.民族特征

品牌拥有者应着眼于中国各民族的传统文化、民众心理、宗教信仰来制定与本民族传统相吻合的品牌理念，以使品牌的经营思想能迅速根植人心。

一直以来都致力于中草药日用化妆品的研发、生产和销售的霸王集团，近年来快速崛起于中药日化版图，成为中国民族日化品牌的翘楚，目前霸王集团已经连续五年蝉联中药类洗发水和防脱类洗发水的双料冠军。2012 年以来，霸王集团选择以"中药日化工业园"的开业投产再次显示出对中药日化市场的强大信心，而该项目主要生产中草药洗发水、护肤品等产品，产量将会达到年孵化量 30 万吨、年罐装量达到 2000 万箱。2013 年霸王集团推出了新型的针对女性的防脱发系列，传承了祖传的《养血荣发方》里面的精髓，目的是帮助女性解决在洗发过程中出现的脱发掉发的问题，可以激活头皮活力，其中的防脱复合原液都是来自霸王有机中草药种植基地的，在使用过程中，注入营养液。在此基础上，霸王的产品阵营进一步被扩大，也在满足不同消费群体的需求。

3.行业特征

品牌理念要立足于品牌组织所处的行业，针对行业技术状况、市场状况、产品特征、人员素质、消费者的偏好等来设计自己的理念。

消费市场的不断扩充促进了乳业市场的不断细分,这在全球乳业市场中已经达成了一致的共识。尽管牛奶产业曾经被称为"最不可能做出花样"的产品,但是蒙牛集团却在不断挖掘市场上的需求,创造出新的花样,持续地推出新的产品。一直到蒙牛推出了新养道,蒙牛所作出的新养道是经过大量的资料查询以及相关专家的推荐,结合中国传统的食材功效,将牛奶中加入红枣和枸杞以及阿胶,构成了具有营养价值的新品类,可谓东方 5000 年的养生智慧与西方现代科技的结晶,为功能性乳品树立了新的标杆。

4. 拥有者偏好

品牌拥业者偏好是理念开发最直接的依据。它再现了品牌拥有者的个性特征和对品牌特色的理解或希望,是拥有者对品牌在市场中的定位,表现为品牌组织从上到下在经营活动中的一贯性总体倾向。

七匹狼男装是中国男装行业的开创性品牌,是致力于满足消费者现在多元化生活需求的高品质的服装产品。七匹狼始终瞄准的是商务休闲男装的定位,在创立七匹狼的时候,董事长周少雄认为一个品牌的传播需要的是一个响亮的口号,使人们能够很快认识,记住这个口号,所以他提出了励志的品牌风格。周少雄认为,七匹狼不只是能够穿在身上的衣服,更是可以给人们共享的价值观和激励奋斗的动力,所以用过"奋斗无止境""做强者"等朗朗上口的口号来吸引人们注意。在 2005 年的时候,七匹狼更换了新的广告语:"男人,不止一面,今天你要秀哪一面?"由于品牌对不同消费者的价值观需要的影响,产品的品质也在不断提升,逐渐开始注重功能性产品的领域,用高性能的面料制造高品质的产品,变得更加时尚,色彩上面也更加绚丽。2011 年、2012年,周少雄身着他的"七匹狼"频繁现身于中国的娱乐圈、时尚圈,在其认证的新浪微博上,王中军、王中磊兄弟,以及黄晓明、李冰冰等娱乐明星,都与之互相关注。周少雄解释说:"我们必须要保证七匹狼要受到高端人群的影响,才能使品牌带动人们的需求,通过品牌来传达一些话语权。"2012年3月,七匹狼牵手华谊兄弟,推出高端定制系列,并在中国国际时装周盛大发布,七匹狼宣布升级"品格男装",并邀请冯绍峰、李晨作为新代言人,与张涵予、孙红雷一起对"男人不止一面,品格始终如一"的品牌内涵进行宣传。

二、品牌理念的构成

品牌理念由品牌愿景、品牌使命、经营思想和行为规范几个部分构成。

(一)品牌愿景

1.品牌愿景的含义

"愿景"(vision)是指愿意看见的景色,在20世纪90年代曾经盛行一时。所谓愿景,就是指由内部组织所有的成员所制定,然后通过团队的共同讨论,最后获得一致的认可,达成共识,形成大家愿意全力以赴的未来。麦当劳的愿景是"成为世界上服务最快、最好的餐厅",福特汽车公司成立时的企业愿景是"让每个美国人都能拥有汽车"。

品牌愿景是指品牌拥有者为自己确定的未来蓝图和终极目标。品牌愿景代表的是整个公司、整个品牌的所有工作人员的共同愿望和目标,并不是单一的由公司的董事或者高层领导决定而产生的,更是对品牌的所有潜在目标上受到大众的使用,以及使这类品牌的终极欲望得以描述和表达。

2.品牌愿景设计

品牌愿景是在设计的过程中能够得到很多人的认可和支持,

是一个集齐很多人思路和方法与交流的过程。品牌分析的基础是愿景设计的基础。

首先,阐明品牌所需要的宗旨。品牌是为了什么而存在,一种品牌存在的意义是什么,品牌的宗旨就是品牌存在的理由。品牌的产生是为了服务大众,目的是为了给大众提供便利,以及生活所需,从而给人们带来更好的生活方式。从愿景的分析中,发现目前生活中所存在的不足,然后告诉大家,一种品牌的存在是为了给人们带来更好的生活方式。例如,欧莱雅化妆品的品牌宗旨就是要把美丽带给每一位女性,娃哈哈童装就是致力于为儿童生产健康的童装。

其次,是确定品牌的价值观。品牌价值观是致力于确定品牌的价值取向,是品牌在经营过程中的灵魂。要明确品牌的价值观念,表明品牌在经营过程中应该支持什么或者要做什么,以及哪些是不能做的。在明确品牌价值观的时候,应当思考,哪些因素是应当重点考虑的,能够促进品牌的长效发展。在品牌的发展过程中,不但需要考虑品牌的当下发展因素,更要考虑品牌的长久发展性,如何才能保证品牌在未来的成功。例如,海尔品牌的价值观为"真诚到永远",IBM 品牌的价值观为"IBM 就是服务"。

再次,描述品牌的文化。品牌文化是在品牌的产生过程中包容各种文化理念的体现。品牌文化的竞争就是各种文化之间产生的竞争导致品牌之间产生了差异性。当品牌文化与消费者内心所认同的文化或者价值观不一致时,就会导致消费者对这个品牌不感兴趣。任何一种成功的品牌文化都有其独特的品牌文化所支撑发展。

比如风靡全球的可口可乐,之所以能够在饮料品牌中站稳脚步,就是因为受品牌文化魅力的影响。可口可乐在创建品牌的时候融入的是美国文化,消费者在享受饮料的时候,就是在感受美国文化的过程。在品牌愿景的分析基础上,要体现的是不同地区的文化所特有的色彩,不同地方的品牌文化是不同的。因此,中国的品牌中应具备中国文化的特色。例如孔府酒家对外宣扬的就是中华民族所独具的"家文化",突出的是家的温馨和团聚的特点。

最后,制定品牌目标。品牌目标是品牌建立后要实现的目标,是为了引导品牌的发展。通过不断对品牌发展的战略环境进行分析,整合修整意见和方法,制定出品牌发展的目标,朝着这个制定的目标继续努力。

(二)品牌使命

1.品牌使命的含义

"使命"(mission)是指派遣人去办事的命令,比喻重大的责任。品牌的使命是指品牌拥有者依据一种使命来开展经营的活动,是品牌理念最基本的出发点,也是品牌活动的原动力。品牌使命就是品牌主体在社会历史和现实生活中所承担的重大责任,品牌使命是品牌在发展的过程中对社会发展的某一方面做出贡献的陈述,品牌使命不仅陈述的是品牌组织未来的任务,而且要明确这个任务完成的目的是什么,以及完成任务的行为规范是什么。

一般而言,品牌使命是在品牌愿景的指引下,品牌的拥有者需要承担的责任。品牌使命是品牌能够长久存在下去的理由,能够为组织起到决策的作用,为决策提供依据。现在越来越多的品牌开始注重品牌使命的规划,关于能够创造价值、服务社会、丰富人们的日常生活、增长知识、保护环境、陶冶情操等都是很好的关于品牌使命的选题。

2.品牌使命的特征

(1)应该明确生存的目的

品牌使命的形成和存在具有一定的存在意义。品牌使命的影响力是在社会上对社会能够做出的贡献,以及满足社会责任感。

（2）应该陈述品牌的发展方向

陈述是比较宽泛的使命要求，一种品牌的存在需要很大的市场要求，过于狭窄的创造性宗旨会限制品牌的发展，在宽泛的市场中充足的余地会帮助品牌选择更多的机会。品牌使命的陈述应该要从品牌发展的各个方面来考虑、定义品牌的发展，要综合反映各个利益团体的要求，目的是为了对制定的目标和战略提供有效的指导。

（3）应该区别于其他同类品牌

品牌在创造的过程中应当考虑自身未来发展的市场，以及是否能够长久地存在，所以在确立品牌的过程中应当创造出属于自己、区别于其他品牌特色的品牌形象。品牌形象反映的是一个品牌在存在的过程中不只是品牌的价值，更包括的是在品牌使用过程中的服务态度，不能与同类型竞争对手有共同点，要体现自己的特色。

（4）应该作为评价现在和未来活动的框架

品牌使命是为了实现根本目的，在从事经营活动的范围中。这一内容能够使品牌在一定的范围内经营或者发展。框架的目的是规范品牌的基本行为准则和使品牌在经营过程中具有的原则，这将成为评价品牌现在和未来活动的标准。

（三）经营思想

1. 经营思想的含义

"经营"（management）是指个人或团体为了实现某些特定的目的，使某些物质发生运动从而获得某种结果的人类最基本的活动。在实践的活动中，所发生的各种关系之间的总和就是经营的思想。经营思想和经营活动是一样的，可以将经营思想划分为政府经营思想、企业经营思想、家庭经营思想和个体经营思想。管理学大师德鲁克认为，顾客是企业得以生存的基础，企业的目的是创造顾客，任何组织如果没有经营或经营只是其业务的一部分,则不能称为企业。德鲁克强调,企业存在的目的在于"引导消费、创造顾客"。

品牌的经营思想是指导品牌经营活动赢得顾客市场的观念、态度。经营思想直接影响着品牌组织对外的经营姿态和服务姿态。不同品牌的经营思想会产生不同的经营姿态和服务理念,会给消费者留下不同的印象。

品牌的经营思想是指经营哲学,是指品牌在经营过程中遇到的各种经营问题,然后做出的正确指导,它主要反映的是品牌组织对客观世界认识的总和。品牌组织无论是否已经认识到,都客观存在着自己的经营思想。这种思想观念的形成,一方面是由于社会环境改变给品牌的经营理念所带来的改变;另一方面是品牌组织自身所进行的调节,如经营理念的改变。领导人思想的改变,以及企业品牌发展道路上所出现的挫折,都是会影响企业经营思想的特性。

2.经营思想的构成

经营思想的构成如下。

(1)守法观念

对于品牌的守法观念就是要求品牌在解决组织经营问题的时候,能够严格以国家的法律法规为准绳,将品牌组织思考的问题以国家的法规为出发点考虑,能够使结果相一致,不破坏国家政府机关的相关规定。

(2)效益观念

效益观念就是在处理品牌经营的问题时,首先要注意的是品牌在发展过程中所获得的效益,要将效益作为品牌组织的核心,品牌所获得的经济效益是检验品牌在经营过程中成效的基本标准,是品牌经营的出发点和总结点。

(3)用户观念

用户观念是要求品牌在建立的过程中,首先站在消费者的角度考虑此产品是否会得到大家的认同,仔细地去市场观察,思考、分析和解决生产经营问题。对于市场的发展需求来讲,用户就是决定市场如何发展、一个品牌能否在市场上长足发展的关键,是可以控制整个市场运作的。所以品牌需要抓住的是用户的心理,能够和用户处理好关系,与用户和谐相处,成为自己的朋友,从而建立起用户观念。

(4)创新观念

创新观念就是指品牌在开发的过程中,所创造出的包含自己的理念,不同于别的品牌,寻找消费者市场,发掘潜在的市场需求。针对不同的用户,所产生的需求是不一样的,要想使这些潜在的消费者能够变成自己忠实的客户,产品品牌组织就要集中地、明确地、具体地、主动地去发掘用户的潜在需求,并且将具体的产品形象体现出来,从而创造性地满足用户的需求。

(5)竞争观念

竞争是在一定的环境中或者在一定的发展条件下,对相同物质之间的追求,是市场发展过程中的必然产物。这就要求企业在发展的过程中,不能只具备敢于参加竞争的精神,更主要的是要在竞争的过程中,发现自我的优点,改善自我的缺点,应当建立自主信心意识,不能面对挫折就倒下,只有坚持不懈,才能在竞争的激流中前进,从而取得胜利。这要求品牌组织在发展的过程中,能够正确地面对问题,不断完善自我,勇于竞争。

(6)战略观念

战略观念是指品牌在经营过程中,对品牌的全局发展提出的战略性规划以及意见,从而使品牌在建立的过程中,树立战略观念。战略观念的树立是一个品牌组织长期发展的重要生存手段。一个品牌从创造出来,就想长久地发展下去,不断壮大、不会消亡,但是从组织赖以生存的主要手段来看,任何产品在生存的过程中都有一定的寿命周期,这是由这个产品在商场上受人们欢迎程度所决定的,随着时间的不断演变,一种品牌将会面临被市场淘汰的局面。一个品牌想要被人们记住并能够长久地存在下去,需要不断面对社会市场上的竞争而做出决策,只有更好的产品才能立足市场。

(四)行为规范

1.品牌的行为规范

任何一个社会都必然存在各种形式的具体约束规则来制约和控制个人和集体的行为,人类为了更好地生存和发展,必须对每个人、每个集体或整个社会的各种行为进行有效的约束,使其产生最大的价值效应。行为规范就是个人、集体或者社会的行为所服从的约束条件。

品牌行为规范是指品牌组织或其内部员工在品牌经营活动中所必须奉行的一系列的行为规范和准则,对员工具有约束和规范的作用。品牌行为规范是一种规范品牌在对外回馈、参加活动以及对内组织管理和教育时所遵循的标准,是品牌组织经营理念和创造品牌文化的准则。品牌的行为规范基本上是由两大部分构成的:一种是品牌内部约行为规范准则,包括员工的教育以及行为规范准则,品牌内部环境的营造;二是品牌外部行为规范系统,包括对市场调研、产品的分析、各个行业之间的服务质量对比、各种广告活动、促销活动以及文化活动等。

2.品牌内部行为规范

品牌内部行为规范是指对全体员工进行组织性管理、教育培训以及创造良好的工作环竟,目的是为了使员工能够对品牌理念产生一定的认同、加强品牌的塑造以及组织上的凝聚力,从根本上改善品牌经营机制,为客户提供更好的服务。

(1)工作环境

工作环境的构成因素有很多,主要还包括以下两个部分的因素:一是物理环境因素,包括视觉、嗅觉、湿度、营销装饰等;二是人文环境因素,主要包括有精神面貌、人与人之间的合作氛围、竞争环境以及领导的作用等。创造一个有利于员工身心健康的企业内部环境,是能够正确树立良好的企业形象的重要方面。品牌组织在创造环境的过程中需要注意的是营造一个干净、整洁、独特以及积极向上的内部环境。

（2）组织管理

组织管理是对员工在公司进行管理与培训的过程中,提升每位员工的素质,目的是为了帮助员工提升自己形象,能够更好地宣传品牌,认识到自己的一言一行都是与品牌相关的,只有将这种品牌与员工之间进行相互结合,才能在根本上形成一种良好的风气和习惯,得到消费者的认可。

（3）教育培训

如何才能够将品牌传递给外界,这是一个重要的问题、所以员工的作用就是将品牌传递出去,在此基础上,员工如何将品牌传递出去是一个值得思考的问题。员工需要在组织内部进行培训,提升员工的知识素养,才不会损害品牌的形象。在对员工进行培训的过程中,需要的是专业的、规范化的培训内容,可以将员工教育分为干部教育与一般员工教育,两者之间存在内容上的不同。干部教育是对员工政治、理论、法制以及决策水平和领导作风的教育过程。一般的员工教育是指与日常的工作相关的一些内容,如经营宗旨、企业精神、服务态度、服务水准、员工规范等。品牌组织培训教育的方式很多,包括企业领导人制定企业品牌的战略发展目标、目标定位,使全体员工能够对企业品牌的标志、品牌的理念以及员工行为规范所进行培训的教育,之后可以在全体员工中举办培训班,促进自我启发;制作对员工教育使用的电教说明,即利用影视工具说明品牌行为规范的背景、经过及具体的理念内容。

（4）员工行为准则

行为规范是品牌组织员工共同遵守的行为准则。行为规范化,是指员工在工作的过程中,所出现的不规范的方式逐渐向规范化转变的过程,最终指员工的行为达到规范的结果。它包括职业道德、仪容仪表、见面礼节、电话礼貌、迎送礼仪、宴请礼仪、舞会礼仪、说话态度、说话礼节和体态语言等。

（5）编唱品牌之歌

可以借助为品牌编写品牌之歌来增强品牌组织的凝聚力。品牌之歌的编写一方面可以从歌曲方面宣传品牌的理念，使人们认识品牌，了解品牌；另一方面，又可以振奋员工的精神，缓解员工在工作中的紧张感与压力，特别是对于青年员工来说，可能更容易接受这种方式，所以越来越多的品牌组织将品牌的理念与员工的心理结合，创造出企业之歌，并取得良好的效果。

3.品牌外部行为规范

品牌组织外部行为规范是通过开展市场调查、广告方面的宣传、对员工服务质量的宣传等活动向公众宣传品牌形象，从而提升品牌组织的知名度和信誉度，从品牌整体上来塑造品牌的形象。

市场调查：通过将一种产品投放在市场上，经过一段时间的观察，查看该产品的市场需求度，是否会得到很多人的认可和购买的需求，从而在这个基础上对产品进行不断的完善，并设计新的市场上所需求的产品，在市场中定位好品牌的位置，查看是否会出现同类型的产品，考虑如何与同类型的产品之间进行区分，创造出属于自己的特色，满足消费者的需求。

服务水平：一种品牌在创造出来到进入市场销售，这个过程中会出现很多的问题，那么就需要很多专门的人员来解决这个问题，才能博得消费者的好感。对于服务的内容来说，可以包括服务态度，服务质量和服务效率。服务的过程可能会出现很多的问题，但是总体来说有三个方面，售前服务、售中服务以及售后服务。服务的过程中必须真诚，能带给消费者实实在在的利益。

广告活动：广告可以分为产品广告和品牌形象广告。品牌形象广告更为重要，以此可以获得社会各界人士对品牌以及对服务的认可。品牌形象广告在设立的过程中主要的目的是为了增强品牌的号召力、品牌的支持率以及在品牌内部的组织内聚力。品牌形象广告不同于产品销售广告,它不是一种产品简单的再现,通过商标、标志的本身来代表产品的形象,会给消费者留下深刻的印象以及影响,从而促进合作。

公关活动:在建立品牌形象的过程中,需要进行有必要的公关宣传活动,这也是品牌组织行为规范的重要内容。通过公关活动的宣传,可以提升品牌的信誉度,消除公众对品牌产生的误会,更能得到社会的理解和支持。

第二节　品牌理念的开发

企业品牌或公司品牌是以企业(公司)作为品牌整体形象而被消费者认可的。产品品牌同样是企业品牌的基础,但企业品牌高于产品品牌,它是靠企业的总体信誉形成的。企业品牌与产品品牌可以是相同的,比如海尔、索尼等;也可以是不相同的,如宝洁公司、通用汽车等。企业品牌化,是指品牌的核心不是个别的产品,而是企业组织。企业组织在此演变为与消费者保持长久而亲密关系的主要载体,消费者根据企业的利益承诺及其行为,判断它是否理解自己的需求,是否与它建立或继续保持这种排他性的关系。

一、品牌理念的开发模式

(一)目标导向模式

品牌组织将其理念规定或描述为品牌在经营过程中所要达到的目标和精神境界。它可分为具体目标型和抽象目标型,大多数的品牌是把这两种类型相结合的。

自 2008 年起,丰田汽车公司逐渐取代通用汽车公司成为全世界排名第一位的汽车生产厂商,旗下品牌主要包括雷克萨斯、丰田等系列高中低端车型等。丰田公司的具体目标型品牌理念为"以生产大众喜爱的汽车为目标",同时丰田公司也有一些具体与抽象相结合的品牌理念·如"遵守国内外的法律法规精神,通过公开、公正的企业活动争做国际社会信赖的企业市民","遵守各国、各地区的文化和风俗习惯,通过扎根于当地社会的企业活动为当地经济建设和社会发展作出贡献","以提供有利于环保的安全型产品为使命,通过所有的企业活动为创造更美好更舒适的生存环境和更富裕的社会而不懈努力。在各个领域不断开发和研究最尖端的科学技术,为满足全球顾客的需求提供充满魅力的产品和服务"等。

长虹是全球家电优秀品牌,1958年创立于中国绵阳。长虹不断向延伸产业价值链,构建起以软件和芯片为代表的六大核心技术能力,成功培育出面向大数据时代的智能基因而努力。2013年6月26日,长虹以品牌价值827.58亿元继续领跑西部,稳居世界品牌500强。长虹的抽象目标型的企业理念秉持"员工满意、顾客满意、股东满意"的核心价值理念,恪守"责任、坚韧、创新"的企业精神。长虹的具体目标性品牌理念为"快乐创造C生活"的品牌主张,打造科技、时尚、快乐的国际化品牌形象,致力于提供3C信息家电,为消费者创造聪明(clever)、舒适(comfort)、酷(cool)的生活,矢志成为C生活的创领者。

(二)团结凝聚模式

品牌组织将团结奋斗作为品牌理念的内涵,以特定的语言表达团结凝聚的经营作风。

成立于1985年的上海大众汽车有限公司是一家中德合资企业,是国内规模最大的现代化轿车生产基地之一。基于大众、斯柯达两大品牌,公司目前拥有帕萨特、波罗、途安、LAVIDA(朗逸)、TIGUAN(途观)和Octavia(明锐)、Superb(昊锐)等十大系列产品,覆盖A0级、A级、B级、SUV等不同细分市场。大众汽车公司的德文VolksWagenwork,意为大众使用的汽车,标志中的VW为全称中头一个字母。标志像是由三个用中指和食指做出的"V"组成,表示大众公司及其产品必胜—必胜—必胜。2010年,上海大众集团在完善企业的价值观体系上面,开启了"卓越企业形象"的战略目标。在实现企业规模和造车实力上,上海大众又迈上了一个新的台阶,继续巩固了在中国汽车市场的领先地位,并为下一个全面发展的阶段提供可持续发展的动力。打造出"卓越企业形象"的战略目标就是为了明确历史使命、立足市场未来的发展,致力于打造企业在品牌、研发、技术、产品、市场、销售等方面的核心竞争能力,实现企业新的跨越。

上海大众的品牌愿景是"保持在中国轿车市场的领先地位,参与并赢得国际竞争",上海大众的品牌使命是"对用户:不断提高产品和服务品质,持之以恒地改进创新,满足用户的需求,超越用户的期望。对股东:以良好的效益回报股东,保障中德双方股东的长期利益。对员工:积极为员工提供合理的报酬、学习培训的机会、多元化的发展道路、良好的工作氛围。对社会:不断提高产品的节能、环保性能,积极拉动汽车产业链及相关产业的发展,关爱社会、关注环境、支持公益事业",上海大众的核心价值观是"追求卓越,永争第一"。

(三)开拓创新模式

品牌组织以拼搏、开拓、创新的团体精神和群体意识来规定和描述品牌理念。

海尔是全球大型家电第一品牌,1984年创立于青岛,连续12年蝉联中国最有价值品牌榜首。在互联网时代,海尔实施两个战略转型:企业转型,从"卖产品"转变为"卖服务";商业模式转型,从传统商业模式转型为人单合一双赢模式。海尔组织在发展结构上面根据人们的需求不断发生改变,从传统的"正三角"结构转变为"倒三角"结构组织,又根据发展将"倒三角"结构转变为创新的"节点闭环动态网状组织"。世界著名的管理学家分析指出:海尔在发展的过程中不断进行创新,打破传统的管理理念,实现了全球性具有创造性和颠覆性的决策,很有可能突破更大的管理难题。

海尔在开拓创新上面所采用的人单合一双赢模式提升了在互联网时代用户的需求,创造了盈利的一种能力。人单合一双赢模式是具有跨文化融合的能力,更多地吸引人才不断加入。

(四)产品质量模式

品牌组织的理念是通过质量第一、注重品牌的质量、注重开创名牌等含义来定位描述的。品牌的质量理念是指企业在制造产品的过程中,注重产品的质量,不断提升品牌的服务和客户的满意度,加强对产品的质量要求建设和追求。科学的质量理念是支撑企业在市场竞争中可以取胜的关键。

海尔的质量理念是"优秀的产品是优秀的人干出来的";新汶矿业集团的质量理念为"质量在我手中,满意在你心中";紫金矿业集团的质量理念是"金的品质";首钢集团的质量理念是"树立以顾客满意为宗旨,以持续改进为手段的质量理念,用科技进步和标准化管理,创出用户满意的产品"。

(五)技术开发模式

这种类型的企业是以尖端技术的开发来代表企业的精神,主要是建立在企业的技术开发的观念上。技术开发模式与创新型是不同的,后者是在开创一种新的理念精神,而前者是对技术方面的整改,这种创新渗透于企业技术、管理、生产和销售的方方面面,而技术开发则立足的是产品的专门开发,相对创新型来说是比较窄的。

雷士照明灯在创造的过程中,遵循的理念就是能够为客户提供舒适、安全、优美、节能的光环境,雷士照明品牌的核心理念是"光环境专家",致力于为客户解决一些照明方面的问题,推动照明产业的健康向前发展。雷士正是沿着"品牌发展"之路成为中国照明行业的领军行业。2000年,雷士的第一家专卖店在沈阳出现,开辟了一条"品牌专卖"的道路,至今,雷士已经在全国拥有

3000 多家品牌专卖店。正是因为雷士具有的高效的品牌形象提升了雷士的品牌价值,雷士品牌被社会各界所认知、赞同和喜爱,雷士高端品牌的形象,更是在很多国际国内的大型展览会上吸引了社会各界的目光。

(六)市场营销模式

品牌组织强调的是对顾客的服务,能够满足消费者的需要,消费者的需求满足就是自己经营的理念。典型案例是,麦当劳的"顾客永远是最重要的,服务是无价的,公司是大家的",施伯乐百货公司的"价廉物美"。

(七)优质服务模式

品牌组织突出理念就是以顾客、以为社会服务的意识、以"顾客至上"作为经营过程的理念。这种服务理念在任何行业都是备受人们欢迎的,尤其是服务行业。

华润万家是中国最具规模的零售连锁企业之一,其所遵循的使命就是通过坚持不懈的改革和发展,将华润建立成为一家实力雄厚的企业集团,在建设的过程中,注重企业品牌的竞争力和领导的主导地位,成为国有控股企业,实现股东价值与员工价值的最大化。华润的定位是做与大众生活息息相关的多元化企业。华润万家的服务理念是"顾客是有选择的,唯有顾客的认可,公司才能得以生存和发展;顾客永远是首要的,我们的一切经营活动都要从顾客的需求出发;想顾客之所想,急顾客之所急,真心为顾客考虑,才能赢得顾客的信任"。

二、品牌理念的开发原则

(一)个性化原则

个性化就是出现在大众眼中的东西能够给人们呈现出耳目一新的感觉,品牌增加了独特的、另类的、属于自己的特质的需要,能够呈现出与众不同的效果。个性化原则是指品牌组织所设计的理念必须使自己能在同行业中拥有特色。作为一个品牌的理念,需要具备的就是能够与其他的品牌区分开的特点,不管是哪一种品牌,在理念的设计过程中,需要的是自己的个性。理念是指导行为的工具,理念无特色,必然行为无特色,产品无特色,因而也就无树立形象可言。任何一个占有一席之地的品牌,都应该观察市场的需求,顺应时代的变化,尽可能地创造出属于自己的、并且是别人不能模仿的品牌。只有具有独特品牌理念的产品才能在消费者心中留下深刻的印象,只有致力于创造个性化品牌的企业,在创新、提升品牌档次和开拓更大市场空间上才能取得更大的成功。

(二)社会化原则

人的社会化过程是通过名字来标签化自己的,这个名字,最开始是依附于具体的人而存在,但当名字随着这个人完成了社会化过程之后,它又可以超脱于肉体而长存,例如历史名人。品牌也是如此,它就像人的名字,代表了具体的产品或者服务,而产品或者服务则像人的肉体,具有各种功能。当对某个事物或者产品或者政党组织烙印上一个名字,然后让其他人看到并记忆下来,使人们通过这个名字就知道了这个事物是谁,这个事情就被社会化了。

品牌理念的创新过程是需要了解社会的需求,顺应社会的发展,被社会所认可。因此,理念的开发和设计都是需要得到消费者和公众的认可,与消费者的价值观、道德观和审美观之间相互吻合,在社会大众对品牌的产品或服务形成印象时就会自然而然地认同了。

(三)简洁性原则

品牌理念在创建的过程中,需要的是能够在人们的心中留下不可磨灭的印象。那么这个品牌理念的确立就是要充分展示企业品牌的特点,能够使人们看到就可以想到品牌的特点、功能特性等,所以在创新的过程中就是要将品牌理念设计得简单、明确,使人们读起来朗朗上口,又清晰易懂。简单性原则就是对客观世界本身所具有的秩序性、规律性和统一性的主观反映。品牌理念在创立的过程中就应该找到属于自己的清晰又简洁的理念,不仅在创造的过程中能够高度的概括,在实行的过程中也会用一种新颖的形象深入人心。

(四)人本原则

人本原则就是以人为中心。品牌策划管理过程就是一种将人的心理特征融入品牌理念中去的过程。一个组织的形成离不开人的作用,一个品牌的策划离不开人的主创性,一个品牌的传播离不开人的积极性,所以,各种资本物质也会因为没有人的组织而成为废弃之物。

品牌组织的开发和研究需要运用此种观点来探索,开发和创立品牌理念的过程中离不开员工的积极努力,才能在市场上得到消费者的认可,满足消费者的需求。所以,用以人为本的理念原则来实施管理,会使员工得到尊重和信任,从而更好地为品牌发展做出贡献。

(五)市场原则

市场原则就是品牌组织在以市场需求为中心原则指导下来推行营销活动,目的是为了满足广大的消费者,更重要的是将品牌更好地推广出去,获得更大的利润价值。

品牌市场原则的开发必须体现的是用户的市场需求以及与其他的品牌产品进行竞争的过程。对于品牌组织来说,理念是能够引导品牌正确发展的路线,策划则是指为了满足消费者所进行的活动,以及如何面对竞争者的挑战。品牌理念都需要满足这一条件。

以餐饮市场品牌为例,品牌理念随着时代的变迁在不断发生变化,与环境互动赢得消费者的喜爱是品牌理念成长的关键。2013年,餐饮行业品牌理念在基本开发原则的指导下随着政策的调整,呈现新的发展趋势。在未来十年,大众主题式休闲餐厅将成为餐饮市场的新宠儿。

"80后""90后"的成长,为西式简餐带来了生机。各种咖啡馆内的一杯咖啡、一份西式简餐成为这群人的主要餐饮消费。西式简餐的升温又一次给中国餐饮业带来了灵感,中国的餐饮完全可以按照简餐的模式进行复制,于是,真功夫、一茶一坐、绿茶、外婆家、蒙兰西等一系列以"主题式休闲"为经营理念的中式简餐开始崭露头角。

主题休闲餐厅能够崛起的原因,有如下几点。

首先,"80后"的社会中坚力量角色越来越凸显,"90后"已经开始进入社会,这些人喜欢自由、简单,不同种类的中式简餐契合了这群人的心理。

其次,主题休闲餐厅的环境幽雅。这些餐厅不同于大餐馆,基本保持在300~500平方米,如外婆家、绿茶、蒙兰西这些近年来比较火爆的主题餐厅基本都是在400平方米上下;同时,干净的环境、特色装修让人吃饭的同时如同在观景,蒙兰西的西北风情、外婆家的小桥流水都让人在吃饭之余进行了一次身心的旅游。

再次,主题休闲餐厅的价格实惠,这是城市小白领们选择这类餐厅的主要原因之一。精致的菜品加上时尚的品牌都是质量的保证,再加上实惠的价格,绿茶3元的麻辣豆腐、蒙兰西3~8元的西北小吃,20多元的蒙兰西烤鱼都使三五小聚的白领们一顿饭超不过400元,这样的价格使得主题休闲餐厅成为小白领们逛街后最好的聚集地。

最后,主题休闲餐厅的特色菜品。这些餐厅都主打了一种特色,如蒙兰西的西北特色,它不同于西贝的西北大菜,蒙兰西烤鱼、非你莫属、大汗烤羊腿、蒙兰西酸奶都是精致的西北菜,让顾客在西北菜中吃出时尚。

所以,品牌理念的开发,一定要与环境互动,与政策配合,不违背基本原则。

三、品牌理念的开发程序

(一)完善调研报告

在开发品牌理念时,必须对品牌理念进行调查研究,实事求是地反映和分析客观事实,组织调研报告。调研报告主要包括两个部分:一是调查,二是研究。调查就是通过对事情的发展过程进行事实真相的调查,从而了解事物发展的本来面目,详细地进行材料的分析判断与研究,在掌握客观事实的基础上,认真分析,透彻地揭示事物的本质。调查报告中,可以针对品牌理念的一些看法提出建议,完善调研报告,以发现品牌理念定位的方向和目标,有助于解决品牌组织所面临的形象问题,避免品牌理念规定的随意性和单纯的联想。

(二)激发理念创意

创意是传统的叛逆,是打破常规的哲学,是破旧立新的创造与毁灭的循环,是思维碰撞、智慧对接,是具有新颖性和创造性的想法。品牌创意的目标在于:引导消费者到一个全新的观念,让消费者去品味其中新颖、含蓄、深沉、厚重、巧妙或者是曲折、诙谐、风趣的韵味,令消费者认同品牌主张,从而改变消费者的价值观念,从而实现商业利益。

品牌理念的创意来源主要有以下几个方面:品牌组织管理者、专业人员、一般员工,外部专家和社会公众。品牌创意产生的理念是组织内部为了满足顾客要求所产生的解决方案以及对待问题的补充处理,目的是将以一种视觉冲击的能力展现给消费者,用这种生活方式与生产方式来传递品牌价值。品牌这种创意会在人们的心中产生潜移默化的作用,影响人们的生活方式,改变人们的价值观念,长此以往,品牌价值就会留在人们的脑海中,形成一种商业价值。

（三）比较筛选创意

创意筛选是指品牌理念的开发人员以实用性、美誉度、传播效果等为标准开发创意,在多种备选方案中选择最佳的方案实施的过程。很多的品牌在设计与创意方面都有一定的人员与系统来评定和筛选这个品牌设计得如何,再结合品牌发展的理念将其运用到这个产品中去。在开发的过程中,应当选择立意鲜明、识别性强的标志来对品牌进行科学有效的管理。

绝大多数品牌组织要求管理人员用标准的格式写出品牌创意,以便提交给相关委员会审阅。通常书面报告上会对品牌的价格、功能价值、品牌所拥有的思想以及品牌发展的目标,并对品牌在投入市场时所推出的价格、时间上的开发以及成本与收益等做出调查估计。

（四）构筑理念内涵

对现有品牌的理念创意方面,首先要给予认可,以便能够很好地传递与实施,而且将理念做成报告,在实施的过程中可以查询。所规定的理念内涵首先要从科学的方面来解读,也可以通过比喻与联想,使内涵观念能够饱满,树立将理念观念相结合的目的。最后,明确在品牌发展的过程中,员工与管理者之间相互的职责。建立在上述内涵基础上的品牌企业理念,所必须具有的能够渗透、凝聚员工的核心·使员工保持积极的心态,在对品牌的创意上具有其作用。

第三节　品牌核心价值的确定

是否拥有核心价值·是品牌经营是否成功的一个重要标志。一个公司能够长久地存在下去,不是依赖于当前环境、竞争条件,而是依赖于品牌的核心价值。

一、品牌核心价值的含义

品牌的核心价值是品牌的主要构成部分，是为了使消费者在认识并识别产品品牌的过程中，能够正确地认识和分析产品之间的差异，是驱动消费者认同和喜欢一个品牌的力量。核心价值是一个品牌追求发展传播的动力，企业在消费者面前所展开的一切传播活动，都是要围绕产品的主要价值来展开的，总的来说是体现了品牌的核心价值观，不断丰富和完善企业品牌的核心价值观念。

很多的西方学者曾对于品牌核心价值给予了很多不同的名称，如"品牌精华""品牌咒语""品牌精髓""品牌代码""品牌主题"等很多的词汇来表示对品牌的核心价值。不同的学者对于品牌核心价值的认识是不同的，品牌精华只是品牌在传播创造过程中的一部分，品牌精髓也可以作为品牌传播的核心来体现，品牌咒语是概括体现了品牌的灵魂，是精神的中心，决定了品牌的特性和能够体现品牌其他方面的主体。

品牌核心价值是为了给人们能够展现出一种可以代表品牌特色，能够象征品牌形象的思想观念。品牌核心价值是帮助消费者区分品牌与品牌之间的不同，品牌与品牌之间的差异存在的区别又有哪些？能够驱动消费者购买的意愿是什么？核心价值观都是可以体现出来的。核心价值观是品牌营销活动传播的中心，所有与品牌相关的活动都是围绕这个核心价值来进行的，所以核心价值是品牌特色的体现与演绎的结合。

二、品牌核心价值的构成维度

品牌具有功能性利益、体验性利益与象征性意义这三种不同的利益体现。所以，品牌价值核心也可以由三个维度构成，从物理维度上面、情感维度上面以及象征价值维度上都是可以体现的。

（一）物理维度

物理维度就是指产品的使用价值以及效果，通常就是指产品的功能，从产品的功能上面以及产品所具有的属性、产品的质量、产品能够给人们带来的作月等方面，物理维度就是消费者对产品的第一印象。很多消费者对产品的选择都是通过第一印象产生好感之后，进而对此品牌产生一定的信任感，所以产品在推出的时候起重要作用的是物理维度。（物力维度如何维持下去就要靠产品的价值，产品是否会象人们所想象的那样具有此功能，让消费者感觉是自己发现了此种品牌，从而传播开来。）

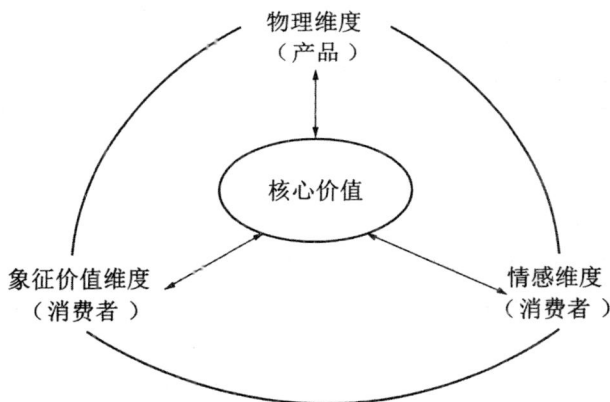

图 2-1　关于品牌核心价值的构成维度

通常，产品需要物理维度来维持自身的价值，这在产品刚上市以及产品所被人们熟识之后的阶段，都是非常重要的，一般企业都会选择用物理维度来吸引消费者的眼球，增加产品销量。但是，在创造一个产品的时候，产品所具备的物理属性是很容易被其他的品牌所模仿的。所以在消费者对产品产生一定的认识度之后，应当加强产品的核心价值，赋予产品更多的情感和价值主张。

（二）情感维度

情感维度在于顾客对产品是否产生了兴趣，然后在试用过程中感受产品的好处,进而购买产品后产生的感觉。是指通过消费者对此产品所产生的感情,以及产品能够满足消费者的心理所需,使之对产品产生依赖。

情感维度是要构建一种生活格调、文化氛围或精神世界,为消费者拥有和使用品牌赋予更深的意味,引导人们通过移情作用在产品消费中找到自我和获得慰藉。同时,当将感情维度注入品牌中,就会使品牌具有了生命力,变得富有活力、有性格、有魅力、有风格,并能与消费者产生"心心相印"的精神高度。

(三)象征价值维度

人们在选择某一产品或者商品的时候,往往是为了能够体现自己与其他人的不同之处,所能代表自己特有的个性。所以人们在选择品牌的时候就会选择一些能够代表自己特性的品牌,来加强自身的形象,这种象征价值就是消费者向人们所流露出来,展现自己的同时也是为了别人能够认可自己。

象征价值维度向人们展现的就是一种对价值观、生活态度以及个性化的追求所形成的具体表现,从而使消费者产生印象并影响消费者的价值体系。例如:Google 在价值方面所追求的就是"永不满足,力求更佳"的态度,迪士尼所呈现的就是"梦想+信念+勇气+行动",体现了一种积极向上的价值观;可口可乐的"快乐与活力",体现的是一种生活的态度;劳力士的"尊贵、成就、完美、优雅",将品牌形象化,赋予这一形象一定的特征,从而体现了自身的核心价值。

(四)三个维度之间的关系

核心价值的三个不同的维度像是一个有秩序的整体,相互依赖、相互匹配、协调发展,共同为品牌的核心价值发挥作用。不过,由于品牌的不同,所具有的核心价值会不同,导致三个维度对品牌的支持强度不一样。

总之,一个品牌核心价值的提炼既可以是三个维度中的一个,也可以是三个维度的组合。实践证明,有效的品牌核心价值组合更有利于培育消费者的忠诚。

三、品牌核心价值的提炼

品牌核心价值的提炼应该坚持以下几个方面的原则。

(一)有鲜明的个性

就像独特的人会给人留下深刻的印象一样,个性越鲜明的品牌核心价值越能吸引人们的眼球,深入人们的内心。例如,可口可乐的"你每饮一杯可口可乐,就增加一份热情"、百事可乐的"新一代的选择"、Lee 牛仔裤的"体贴的、贴身的"、沃尔沃的"安全"、奔驰的"做工精细"、SK-Ⅱ 的"高雅贵族"气息、万宝路的"西部牛仔、粗犷豪放"、555 的"绅士的风度"等品牌核心价值无不个性鲜明,栩栩如生,让人印象深刻。

(二)能触动消费者的内心

品牌核心价值只有贴近消费者的内心,才能拨动消费者的心弦,使其喜爱上该品牌。所以,品牌理念与核心价值观的建立一定要符合消费者的内心追求,揣摩消费者的心理活动,弄明白消费者需要的是什么,拥有的爱好和观念。例如,1992 进入中国市场的舒肤佳香皂与 1986 年进入中国的力士香皂,二者之间产生了对比,力士先于舒肤佳进入中国市场,但是舒肤佳却成为领头者。

究竟是什么原因能够使后来的舒肤佳赶超力士呢?论品牌的持有者,力士背后是实力比保洁强的联合利华;论品牌的宣传和产品包装,力士一直是请国际影星演绎的"滋润、高贵"的核心价值,产品和包装上都是很好的,但是舒肤佳产品色泽灰暗、缺少美感;论产品品质,力士芳香滑爽,舒肤佳遵循的是"除菌",但是很多的日化厂也能够生产出这种功能的产品。经过人们的深入研究发现,舒肤佳具备的"除菌"更高、更好地满足了消费者的心理,人们认为除菌比滋润更加贴切,这也是力士败北的根本原因。人们所关注的"除菌"这个效果是对人们的生活健康有益的,所以力士的"滋润"不具备此功能,因为相比"滋润",人们更加关心的是健康。

(三)有包容性

品牌核心价值还应具有包容性。包容性体现在空间上和时间上两个方面。在空间上,品牌的核心价值应包容企业的所有产品,并且为日后企业的跨行业发展留下充分的空间。例如,海尔的"科技领先、人性化与个性化的功能"适用于旗下大多数电器;在时间上,品牌核心价值应能长久延续,例如,海飞丝的"去头屑"自海飞丝品牌诞生以来就从未变过。

以情感和自我表现利益为主要内容的核心价值往往有很强的包容性。例如,海尔的核心价值是"真诚",能涵盖所有电器,因为任何电器的购买者都希望产品使用方便、技术先进、服务精良,而这正是一个真诚的品牌所应做的。

四、探究苹果的品牌核心价值

想购买一台电脑或数码产品时,我们会想到什么品牌?苹果?联想?或 IBM 等,但想到这些品牌时,又会想到什么?苹果最优秀,苹果是最好的产品,这是老少皆认为的苹果品牌联想效应。而这些都源自苹果企业的品牌定位:伟大的用户体验产品。

"在苹果公司,我们遇到任何事情都会问:它对用户来讲是不是很方便?它对用户来讲是不是很棒?每个人都在大谈特谈'噢,用户至上',但其他人都没有像我们这样真正做到这一点。"乔布斯说。那么他是如何重视用户体验的呢?从中又如何看出苹果品牌核心价值呢?

(一)什么是用户体验

20 世纪 40 年代在计算机人机交互设计领域,研究者越来越关注以人为本开发计算机。苹果电脑 Macintosh 的发明者杰夫·拉斯金 Jef Raskin 是一位卓越的计算机科学家，也是一位杰出的认知心理学学者。曾著书阐述界面如何以用户体验为中心，他强调计算机作为一种工具要针对人们心智能力上的特点，即根据人类的能力和缺点设计产品，不仅能帮助用户完成工作，而且能让用户工作起来愉快而高效，充分体现出以人为本的思想核心，所以用户体验就是以研究人的体验来指导产品设计与开发的学问。这也是苹果品牌定位的来源。

苹果电脑 Macintosh 于 1984 年 1 月 24 日发布。Macintosh 是苹果电脑继 LISA 后第二部使用图型用户界面（GUI）的电脑。Macintosh 首次将图形用户界面广泛应用到个人电脑之上，苹果至此走上以用户为中心的产品创新道路。

（二）体验对人生的意义

对于用户而言，他们的体验是最真实的，他们购买的往往就是一种体验，他们的情感与需求得以满足与肯定，甚至得以发挥，产品真正吸引他们的是体验。如果他们感觉这一产品很容易使用，很可靠，就会经常使用它，并形成品牌信誉度。如果他们感觉到理想的美好的体验，他们便喜爱这个产品。

iPhone 能成为许多苹果迷的最爱，甚至形成疯狂排队购买的局面，正说明了 iPhone 重视用户的程度，满足了用户的心理预期，它的创新之道是将移动电话、可触摸宽屏以及具有桌面级电子邮件、网页浏览、搜索和地图功能的突破性因特网通信设备这三种产品完美地融为一体，是一个互联网人的期望得到大大的释放。iPhone 多触点界面让用户用手指即可控制 iPhone，在操作性上与其他品牌的手机相比占有领先地位，从而 iPhone 开创了移动设备软件尖端功能的新纪元，重新定义了移动电话的功能。但是，其实苹果并没有创造全新的东西，而是实现了人们的体验愿望。所以正如《苹果软件界面设计的奥秘》一章中所说的那样，苹果从界面开始悄然改变了世界。

　　这就是苹果在用户体验中产生的产品创新。而乔布斯的伟大就在于他的远见并坚定地走上用户体验与产品创新设计道路，开创了一个新的纪元。因为没有任何一家公司可以和苹果公司相竞争，只有苹果公司可以既开发软件产品，又开发硬件产品，并且有着乔布斯这样一位热爱数码产品、具有前瞻性并且以市场为导向的事业型领导。

　　在乔布斯逝世后，苹果的设计师乔纳森·伊夫和现任 CEO 库克都异口同声地说，"我们的目标是创造伟大的产品。"他们也强调了苹果的品牌定位：打造伟大的用户体验产品来产生品牌差异性，这是乔布斯带给苹果企业的品牌定位，他们坚持不懈。由此我们可以确定苹果的品牌核心价值为追求用户体验与产品创新设计的完美个性，独一无二，开天辟地，承上启下，并形成商业生态圈，既而塑造伟大的用户体验产品，直至改变生活。

第三章 品牌策划模式

品牌作为一个企业营销与传播的概念，一个全面开放的全球市场逐渐形成，而一些跨国企业凭借其所拥有的知名品牌在国际市场上的攻城略地，取得了骄人的业绩。针对这一现象，关于品牌策划理论的研究逐渐出现在大家的面前，各个企业更加重视品牌在营销战略中的角色和地位，成立关于品牌的研究中心，使品牌研究成为多学科、多领域互相渗透的新兴学科。

第一节 品牌定位策划

品牌定位是从品牌的内容和形式层面出发，使品牌能在目标消费者心中占有一个独特的、有价值的位置，它是品牌建设的基础，是品牌经营的前提，是关系品牌战略成功与否的重要因素。精准的品牌定位对于企业品牌发展具有十分重要的意义。

一、品牌定位概述

品牌定位是品牌战略的核心。品牌定位战略就是旨在建立新秩序，确立新价值，从更长远的角度实现长久占领市场的目标。目标定位决定品牌特性以及品牌未来发展的动力。

（一）品牌定位的含义与实质

1. 定位

1969 年，艾·里斯和杰克·特劳特在美国营销杂志《广告时代》和《工业营销》上发表了一系列文章，首次提出了"定位"这一概念。他们认为"定位是你对未来潜在顾客心灵所下的功夫,也就是把产品定位在你未来顾客的心中"。营销定位从一件商品、一项服务,甚至一家公司、一个机构开始,但它并不是要你在产品上做什么重大改变,而是要你在产品的名称、品牌、价格、包装、服务上下功夫,为自己的产品在市场上树立一个明确的、有别于竞争者产品的、符合消费者需要的形象,其目的是在潜在消费者心中得到有利的地位。简言之,"定位就是如何在预期顾客的头脑里独树一帜"。

20 世纪 70 年代以后,他们又相继出版了《定位》《营销战》《营销革命》等著作。定位理论日趋成熟,从而宣告了一个营销新时代——"定位时代"的到来。2001 年美国营销学会被评选为有史以来对美国营销观念影响最大的组织。

2. 品牌定位

在对品牌定位下定义之前,首先区分一下市场定位、产品定位和品牌定位三个概念。

(1)品牌定位的基本含义

品牌定位是在对特定的品牌在不同的商业价值上面的文化差异以及个性差异之间的决策,是能够建立一个与目标市场相关的过程与结果。换言之,就是帮助一个品牌确定它的市场位置,以及在消费者心中所占据的位置。

(2)品牌定位是品牌经营的首要任务

品牌定位是一个品牌在经营过程中的基础环节,是能够引导产品取得成功的前提。品牌定位在品牌的经营和营销的过程中都占有很重要的位置。品牌定位是指在消费者之间建立的一种内在的关系。

(二)品牌定位的内容、目的和意义

1. 品牌定位的内容

今天,品牌定位已经从"产品功能诉求""品牌感性诉求"过渡到"品牌文化诉求"。品牌定位一般包括以下基本内容：

（1）品牌区隔。建立品牌区隔就是要让品牌在消费者的心中实现区隔，抢占消费者的心智资源。简单来说，定位就等于区隔。一个商品拥有一个特性是建立品牌区隔最好的方法。

（2）品牌定位以产品定位为基础，以消费者需求为核心，以差异化为标准。企业应选择与竞争对手不同的品牌定位，包括功能定位和诉求定位，这样不仅有利于塑造个性化的品牌形象，而且可以规避与竞争对手的简单竞争，更可以保证自己的品牌能够成为顾客的"第一选择"。

（3）企业品牌之所以需要重新定位，是因为出现了需要重新定位的一些客观情况。这些情况大致可以归纳为以下几个方面：一是扭转原有定位存在的问题。二是出于市场竞争的需要。三是目标人群的消费观念发生了变化。

综上可以看出，品牌定位内容极其丰富，并且完全不同于市场定位或产品定位。

2.品牌定位的目的

（1）在消费者头脑中占据一个有利的位置

品牌定位的目的就是将产品转化为品牌，帮助顾客正确地判断和认识产品。一个成功的品牌都是坚持的始终如一的形式将品牌传递给消费者，体会消费者的心理活动，能够准确地把握消费者的心理需求，将品牌传递给消费者。在做一种品牌的时候，首先是要把握消费者的需求，挖掘消费者所感兴趣的地方，当消费者对这一方面产生了兴趣之后，首先会想到的就是它的品牌定位，即将自己的品牌在市场上推广，并建立起与竞争对手所不同的、符合消费者需求的形象，目的在于在潜在消费者的心中留下一个有利的品牌位置。

（2）使一个品牌成为领导者品牌

领导者品牌的含义具有两个层次：一是消费者在不同品牌中进行选择的时候，所能想到的第一个品牌；二是领导者品牌与同类品牌相比,在市场占有率上要处于第一位置。成为领导者品牌对一个企业有以下意义:"最大"一般也会被认为是最好的;领导者品牌意味着恒久不变的竞争优势。

3.品牌定位的意义

品牌策划的首要任务是品牌定位,而后继的品牌识别设计、品牌传播诉求、品牌形象塑造以及品牌延伸等策略都是基于品牌定位展开的。品牌定位战略的意义如下:

(1)创造品牌核心价值

一个成功的品牌定位能够充分地展示品牌的特点、与其他品牌的差异化优势,这就是品牌的核心价值所在。

(2)与消费者建立长期的、稳固的关系

当消费者被一种品牌所吸引,并且开始购买使用这个品牌的时候,消费者在消费中感受到品牌的优势,消费者与品牌之间就会产生长期稳固的关系。

(3)为企业的产品开发和营销计划指引方向

一种品牌的准确定位可以使企业实现资源的聚合,产品开发从此必须实现该产品向消费者所作出的承诺,在不偏离品牌定位指向的情况下对产品进行设计和营销,企业要根据自身的品牌定位来塑造。

二、品牌定位的过程

对品牌进行定位,可以分为找位、选位、提位、到位、调位、评估六项来完成。品牌定位和市场定位密切相关,品牌定位是市场定位的核心,市场定位的扩展和延伸是实现市场定位的手段。因此,品牌定位的过程也就是市场定位的过程,其核心是STP,即细分市场、选择目标市场和品牌的具体定位,它们之间的关系可用图 3-1 表示:

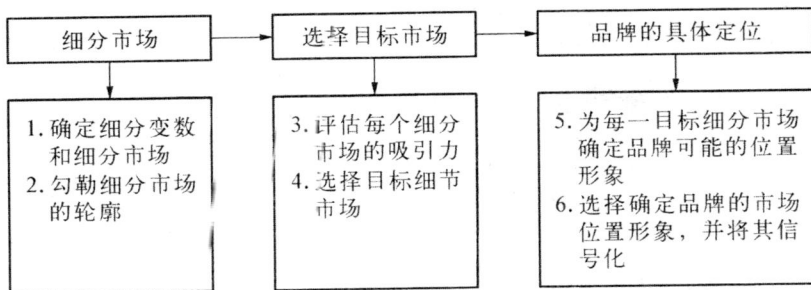

图 3-1 品牌定位策划流程图

（一）市场细分

1.市场细分的含义

市场细分就是指策划者按照消费者的欲望、需求和购买习惯及行为等因素，把整个市场细分为多个子市场，以确定品牌在市场中的位置。

2.市场细分的依据

在对品牌的定位策划过程中，会遇到很多的问题，如所创造的品牌应该是满足哪一类的消费者所需？在考虑这个问题时就需要按照一定的基础和标准将市场划分成若干个部分，根据消费者的需求来确定品牌的市场地位，然后再分析其特征所具有的较高程度的同质性，而各个部分之间的消费者具有较大的异质性，然后选择一个或几个品牌产品中有市场机会的部分作为市场目标，这样的过程就是市场细分的过程。

（二）目标市场选择

怎样选择最有吸引力的目标市场？策划思路与技巧：评估细化市场、选择目标市场模式和选择目标市场策略。

1.评估细分市场

一般来讲,细分市场的评估主要内容见图 3-2:

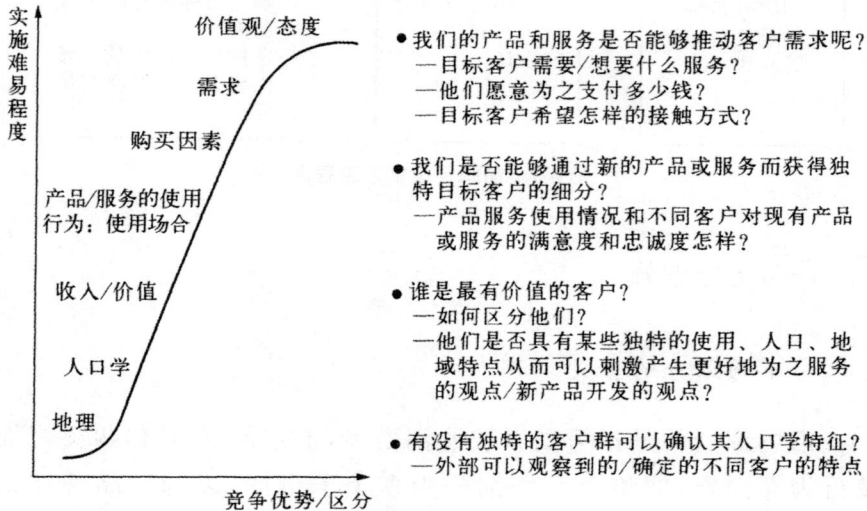

实施难易程度

价值观/态度
需求
购买因素
产品/服务的使用行为:使用场合
收入/价值
人口学
地理

竞争优势/区分

● 我们的产品和服务是否能够推动客户需求呢?
　—目标客户需要/想要什么服务?
　—他们愿意为之支付多少钱?
　—目标客户希望怎样的接触方式?

● 我们是否能够通过新的产品或服务而获得独特目标客户的细分?
　—产品服务使用情况和不同客户对现有产品或服务的满意度和忠诚度怎样?

● 谁是最有价值的客户?
　—如何区分他们?
　—他们是否具有某些独特的使用、人口、地域特点从而可以刺激产生更好地为之服务的观点/新产品开发的观点?

● 有没有独特的客户群可以确认其人口学特征?
　—外部可以观察到的/确定的不同客户的特点

图 3-2　市场细分评估

2.选择目标市场营销模式

(1)密集单一市场

企业在生产的过程中,应当注重专门向某一类消费者提供该产品。企业在创立品牌初期,更应当区分清楚市场的所需,但是要考虑单一产品所产生的风险。

(2)有选择的专门化

选择市场的过程中,应当适当的区分市场是否符合公司的需求,每个公司都有细分的市场,之间联系较少。如广播电台,在吸引年轻人的同时也想吸引老年听众,所以在创立的过程中会有符合年轻听众的节目,也有老年听众喜欢的节目。

(3)市场专门化

市场专门化就是专门为了满足某一群体而所作出的服务,例如大型的教学器材、学校所需的各种器械等,但是会产生一定的风险因素,当教学财政预支消减时,会给公司带来危机。

（4）产品专门化

产品专门化是指公司只集中创作一种产品,来主要向各个行业销售。例如某公司只生产一种仪器的某一部位零件,并销售给其他各种所需要的公司等,但是只要出现新类型的产品,就有可能出现被取代的风险。

（5）完全覆盖市场

完全覆盖市场是指想用各种产品满足各种顾客群体需要,只有大公司如通用、IBM、可口可乐等集团公司有实力采用。

3.选择目标市场营销策略

目标市场选择策略应该根据企业资源情况、产品的特点、市场的特点、产品的寿命周期和竞争对手等。主要有三种营销策略。

（1）无差异性营销策略

企业只推出一种产品,采取单一的市场营销组和手段,去吸引所有顾客的市场策略。

（2）差异性营销策略

企业将整体市场细分为多个市场后,选择其中的两个以上甚至全部市场作为目标市场,为细分市场制定不同的营销组合策略。

产品实体差异化包括产品特色、产品质量、产品样式等方面,见表3-1。

表3-1 产品实体化差异

	内 容	举 要
产品特色	产品功能、技术含量、包装、服务	牙膏的防蛀、增白;IBM就是服务
产品质量	使用效果、耐用性能、可靠程度	A牌汽车更平稳、操作更容易、速度更快;不磨损的××手表
产品式样	产品特有的样式、风格,对产品的展示方法	多面剃须刀;平面电视、超平电视

（3）集中性营销策略

企业只选择一个或少数几个细分市场为目标市场，实行集中营销。

上述三种营销策略对比，可用表 3-2 表示：

表 3-2　三种营销策略对比

整体（无差异型）	集中（密集型）	差异（细分型）
单一产品 整体市场 统一营销组合 经济性好 风险大、难适应差异需求	少数性质类同产品 少数、高占有率市场 专业（产品）营销组合 专业经济性较好 风险较大、在专业竞争对手之间展开	细分多样化产品 细分市场 差异、针对性营销组合 经营成本高 风险小
相差性：整体————————集中————————差异		

（三）品牌定位

品牌定位过程的四个阶段主要如下：

1. 查明当前品牌状态

这一步骤的主要任务是要回答三个问题：一，公司在面临机遇和挑战的时候如何应对？这有助于帮助企业来正确地认识自己，当前企业和品牌如何才能更好地进行商业识别和评估。二，企业的品牌如何？企业的品牌是企业在创立这个品牌的初期所遵循的目标是什么，在品牌发展的过程中，品牌所面临挑战时的应对措施，以及品牌能够长期保存的意义是什么。三，针对竞争者的品牌定位和潜在顾客的真正需要的利益要求企业该做出的反应是什么？包括是什么让品牌在众多的产品中能够脱颖而出，吸引人们的目光。驱动品牌发展和前进的动力是什么？在将企业和品牌资产信息传达给客户群时，以往都有哪些做法？

2.确定品牌象征意义

策划人奠定一个坚实的企业品牌基础之后,需要了解消费者对于当前企业品牌的看法。这将会是品牌展开定位策划工作的一个主要的出发点。首先,企业策划人需要了解市场的发展,收集各种数据,了解各个行业在市场和行业中增长的关键区域。观察市场的需求时,审视品牌定位,衡量当前的品牌资产,识别哪些品牌是能够在市场中快速发展的。建立一个明确的目标:首先,了解消费者的需求,了解消费者对品牌存在着一种怎样的态度。其次,在满足消费者的需求下,对本品牌能够改变多少,才能不会疏远客户。其三,确认如何对品牌进行定位,以便吸引住新用户并最终让他们成为忠实的购买者。

3.开发品牌定位平台

这一步骤的主要任务是找到品牌的增长空间,即如何能够扩展、延伸品牌。利用营销调查过程,能够对品牌重新定位以及对品牌的意义进行分析。这么做的目的是:能够重新定位品牌以及制定出战略对品牌进行重新估算价值,有助于留住现有的客户和获取新的客户。当策划人开始对品牌进行策划与定位时,必须记住一点,就是在这个过程中能够带给消费者一种什么样的印象?才会使消费者能够需要这项品牌产品。

4.提炼品牌定位报告

品牌定位的最后阶段,就是策划人必须将品牌定位的策划方案或者报告做出来,然后将相关的信息以及制定的方案传达给高层领导人和管理者,所传达的信息应当包括对产品开发定位的所有意见以及方案,包括品牌建设团队的介绍和开发情况等。在通过品牌定位战略方案时,还有很多的工作需要做,但是主要的焦点已经从原来的调查开发转移到现在的品牌地位的巩固以及市场营销和沟道上面。二是在定位品牌的过程中对品牌加以完善。

其中要解决和考虑来自很多方面的客观的、不客观的、正面的、负面的问题以及意见,以确保最终品牌定位和预期品牌定位的工作保持一致。

三、茅台品牌营销

1999 年是茅台发展史上的分水岭。这一年,面对急剧下降的市场占有率,茅台终于按捺不住,举行了第一次大规模的围绕茅台酒的营销策划活动。茅台痛下决心,斥资百万邀请国内某知名策划人为茅台做策划,并推出新的定位主张,即"国酒喝出健康来"。暂且不论这次策划是否成功,新的定位能否赢得更多的支持,但是就策划事件本身而言,可以看出茅台已经不再是原来的那个茅台,一个时刻关注市场的新茅台诞生了。紧跟其后的是大规模的改革,这些改革都紧紧围绕着"新型的市场和顾客"。无论是营销策略的创新,还是日趋成熟的资本运作,都体现了观念转变以后的茅台具有无与伦比的巨大潜力和力挽狂澜的坚强决心。

(一)产品与价格

(1)品种变身:彻底改变 1997 年以前全靠 53 度茅台酒在白酒市场上打拼的"单兵作战"营销模式,经技术人员反复试验,攻克了低度茅台酒的技术难关,相继推出 43 度、38 度、33 度几种规格的茅台,以适应消费者对低度高档白酒的需求。

(2)包装变身:彻底改变以往茅台酒仅有 500 毫升一种规格的局面,调整和增加了茅台酒的包装规格。500 毫升、375 毫升、100 毫升、200 毫升、50 毫升,种种规格都是为了满足不同消费者多样性的消费选择。

(3)论年卖酒:为了满足人们对于茅台酒更为高档的消费需求,茅台酒厂推出了按年论价的"年份酒",15 年茅台、30 年茅台、50 年茅台、80 年茅台,用年份的概念拉开了产品的价格档次。

(4)个性定制:在"年份酒"之外,茅台酒厂又推出了庆祝纪念申奥成功、男足出线、加入世贸的收藏纪念酒,与此前推出的 50

年国庆、香港与澳门回归收藏纪念酒遥相呼应。

(5)平民茅台：茅台酒厂为了满足人们对中低档酱香型白酒的需求，推出了风格和质量与传统茅台一脉相承的茅台王子酒和茅台迎宾酒，被誉为"平民茅台"。茅台王子酒的价位在80元到100元，茅台迎宾酒则在40元左右。

(二)品牌

1.品牌维护

一是技术打假。联合全国各地的技术监督部门，协同作战对付假酒，一旦消费者对喝的酒有疑问，酒厂会派人协同当地技术监督部门对有疑问的酒进行鉴定。

二是包装打假。茅台酒厂近年来花巨资数次更新茅台酒的防伪包装，采用了先进的激光防伪技术、印钞防伪技术等，并且在每瓶酒中都配备了专用的识别工具，只要用它一照，酒的真假立马就能知道。

三是渠道打假。在有茅台酒销售的地区，茅台酒厂会通过当地有影响力的媒体，把茅台的经销商、特约经销商、专卖店、专卖柜的地址和电话公布于众，让人们知道到什么地方能够买到真茅台，从渠道上把假酒拒之于外。

虽然这几招并不算新招，但是在净化茅台市场、维护品牌上，发挥了明显的作用。

2.品牌培植

第一，率先在白酒行业推出了"年份酒"概念，并借此开展增值销售。其做法是，从2001年开始，所有面市的53度茅台酒都将明显地标上出厂年份，从出厂后第二年起，市价逐年上浮，从而不断提高茅台酒的市场价值。公司2001年开始每年储存30～50吨产成品，以满足消费者未来对年份酒的消费需求。

第二，推出"陈年茅台"系列酒，力推高档茅台酒的市场开发。

借鉴葡萄酒的营销策略,在继续稳定发展现有的高档消费的茅台酒之外,加大对 15 年、30 年、50 年、80 年等高档茅台酒的市场开发力度。

第三,推出低档酱香型酒,以满足不同层次消费者的需要。从品牌塑造角度看,低档茅台酒品牌是否会冲击国酒的品牌形象存在一定的不确定性,虽然此举措存在一定的风险,并且受到业界的质疑,但从"国酒"是全中国人的酒去解释,茅台此举尽了社会责任,照顾了大众消费群体。

第四,建设专卖店营销网络,建立营销的第二渠道。茅台公司为打击假酒,除防伪等措施之外,设立专卖店也是重要举措,目前,茅台酒厂已经在全国设立了 500 多家专卖店,形成了流通和批发之外的又一大销售体系。

第五,开发专用产品,进行"个性化"消费设计。在 2004 年,茅台已经逐步开始了产品"个性化"的尝试,先后开发了神舟酒、名将酒、青铜酒、750 毫升贵州茅台酒、珍品王子酒等新产品,还针对个性化团体消费进行产品设计,开发出了一些大企业和大集团的专用产品。这些产品不仅丰富了茅台酒及系列产品的规格,也让茅台更加贴近了消费者,更加符合当今白酒消费的潮流。

第六,开展"国字号"营销,时时处处为茅台做中国酒界第一品牌的定位。2004 年 3 月,趁洛阳牡丹花会召开之际,茅台斥资 100 万元冠名花会开幕式的压轴戏——万人太极拳表演。在人们心目中,牡丹是"国花",茅台是"国酒",太极拳是国粹。花会开幕式上,3 个"国字号"优秀品牌联袂出现,进一步提高了各自的知名度、美誉度和影响力,从商品角度去看,"国酒"茅台更是首受其益。

(三)渠道与促销

1. 抓销售创新,建营销网络

近年来,茅台集团高度重视销售工作,采取有效措施,切实加大销售力度。本着"把最好的网络嫁接到茅台酒系列产品的销售网络上来,选取最优秀的经销商来销售茅台酒"的指导思想,茅台通过建立销售总公司,大量招聘营销人员,加大对产品形象和企业形象的宣传力度,不断完善销售体系,壮大营销队伍,构建了新的营销网络。

2.注重人员管理,促进队伍成长

茅台集团进一步强化对营销人员的管理和培训力度,提高营销队伍的思想素质和业务素质,转变营销观念,降低营销成本,提高营销质量。

3.重视环境保护,实现持续发展

茅台集团高度重视环保工作,认真贯彻"全面规划、合理布局、综合利用"的方针,坚持茅台酒生产与环境协调的理念,加大环境治理的力度,尽量减小生产过程及管理各环节对环境的影响,提高员工的环境保护意识,实现了经济效益、社会效益、环境效益的统一。

4.实施国际化战略,塑造世界品牌

在国内众多白酒中,茅台应该是最有资格问鼎世界品牌的。茅台酒是我国传统民族工业中拥有自主知识产权和悠久历史的最优秀的民族品牌之一。茅台酒给予人们的认知感觉,是一种鲜明的极富社会人文精神的"世界名牌"感觉。在外国人的眼里,"贵州茅台"就是中国名酒的代名词,代表着中国酒业整体品牌的形象。

以上,是简单总结出的茅台酒业 1999 年以来的营销策略。茅台酒有"国酒"之称,有其名,是由其悠久的历史、独特的工艺、上好的质量、深厚的酿造文化,以及历史上在中国政治、外交、经济生活中所发挥的无可比拟的作用,但更是由其不断改革创新、不断完善的营销策略决定的。

茅台这头"睡狮"的觉醒,正是从意识观念和营销理念上开始的,并且在纠正这些方面的落后因素的同时,适应新形势下的销售转型,走出了剑指终端、领先酒界进行"个性化产品定制"、实行"大客户公关"、推行"情感营销"和"服务营销"等重要几步,因此它才能够取得连续 6 年的高速增长,并且其市场爆发出现了加速之势。

第二节 品牌个性策划

企业在进行品牌形象规划的过程中,最关键的是要为品牌塑造出与众不同、独具魅力的个性特征。只有如此,品牌才可能被目标受众所关注和记忆。因此,目标越来越多的企业已经深刻地意识到塑造品牌个性特征的重要性。

一、品牌个性的基本概念

品牌个性的理论研究的是品牌在传播的过程中表明一个明确的问题,最早是由精信广告公司(Grey)提出来的一种广告策略理论,认为广告诉求不仅仅是"说利益""说形象",更重要的是要向目标消费者"说品牌的个性"。因此,只有掌握和提炼品牌所具备的个性,才能够在明确的目的中使品牌不断前进。其实,大卫·奥格威早在 20 世纪 60 年代提出的品牌形象理念当中,就多次提到过"个性""性格"等概念,并认为"最终决定品牌市场地位的是品牌总体上的性格,而不是产品间微不足道的差异"。只是限于当时的认识水平,奥格威并发有对品牌个性的内涵做出明确的界定。

(一)品牌个性理论的提出

品牌个性理论是精信广告公司在 20 世纪 80 年代对当时大行其道的品牌定位理论进行反思,并进一步深化和发展的一种品牌策略规划的操作模式。

自从艾尔·里斯和杰克·特劳特提出定位理论之后,营销界便纷纷使用定位理论开展各自的市场营销与传播活动。当时人们普遍认为,只要企业能够在市场上寻找到一个合适而独特的位置,即可以保证企业的商品在市场上占据有利的地位。然而,到了 20 世纪 80 年代,随着市场竞争的日益加剧,产品同质化现象日趋普遍,市场细分和区隔的空间也就越来越小,这就必然导致同类商品的品牌之间的定位也越来越相似,其结果是企业仅仅依靠定位理论开展营销传播活动所产生的效果日渐式微。定位理论在实际的操作过程中遇到了难以逾越的瓶颈。

针对上述情况,精信广告公司对同类商品的上百种品牌进行了深入的分析,发现在几乎所有相对应的品牌中,都有一个相似的品牌定位,但是,其中总有一个品牌在市场上处于领先地位,而另一个品牌在市场上则处于相对落后的位置,如万宝路和云丝顿就是典型的案例。在对大量影响品牌的因素进行研究之后,精信认为,导致品牌成功与否的关键在于两者的广告诉求有着本质的差异:不成功品牌的广告诉求大都侧重于向目标消费者描述商品是什么(东西);而成功品牌的广告诉求则更倾向于向目标消费者描述商品是谁(人)。也就是说,成功的品牌源自成功的广告赋予了品牌以生命。被赋予生命的品牌商品,就不再只是一个物品(东西),而是一个活生生的人,一个有着自己独特性格的、你我都认识的老朋友

从上述精信广告公司所提出的品牌个性生成模式中,可以看出品牌个性的提炼是以品牌定位为基础的,而且必须是在此基础之上才能够将品牌予以人格化。在对品牌进行个性化的塑造和提炼的过程中,品牌策划人可以将品牌拟人化,站在人的思考方式上考虑品牌需要具备什么样的个性才能使人们对他保持长久的新鲜感和令人心动的品牌个性。

事实上,当广告公司将独特的个性赋予品牌,并且这一独特的品牌个性与该品牌商品的目标对象的个性基本吻合的时候,企

业就可以通过这一品牌与目标消费者进行沟通,并与之建立起彼此认同的友谊关系。

(二)品牌个性的内涵

品牌个性是指企业在经过分析和提炼之后,将消费者所认可或者容易接受的一种品牌特性注入品牌之中,使得品牌在特性上面与其他的品牌能够区分开来的具有的独特个性。品牌所具备的个性是能够帮助消费者识别品牌与区分品牌的重要依据。因此,塑造品牌个性就成为品牌传播的核心内容。那么,品牌个性到底又有哪些内涵呢?

1. 个性与品牌个性

个性一词在心理学上的概念是指"人格"的意思,人格中又具有很多种不同的含义。首先,个性是指个体人与人之间的差异所导致的独特特性;其次,个性是指一个人能够在不断发展的社会生活中始终保持住自己的特性不改变,而不是时时改变的表现,最后,个性也表现在当人处于不同社会环境中所作出的不同的反应方式。如在遇到突发状况时,具有不同个性特征的人其表现往往是大相径庭的,有的人会挺身而出,有的人则苟且退缩。

将人的个性概念转移到品牌上面,其目的就是能够通过不断的个性改变来传递品牌的特点,使品牌在创新和形成上具有独特的品牌个性。如哈雷摩托车"自由奔放"的品牌个性、绝对伏特加"智慧而自信"的品牌个性等均是成功地运用品牌个性理论进行整合营销传播的经典案例。

品牌一旦具有某种个性,实际上也就使得没有生命的商品变成了有生命的品牌,而品牌的精神属性在很大程度上要依赖品牌个性的塑造与传播。

2. 品牌个性与品牌形象

品牌个性与品牌形象之间,品牌形象是一个更加广泛的概念。品牌形象的内涵不仅包括品牌个性,也包括商品属性以及消费者对品牌产品产生的评价与意见。品牌个性则是品牌所具有的特点,主观上是由消费者对此品牌的态度所决定的。如果非要将二者进行区分的话,那么两者之间所存在的差异是:品牌形象包含了商品所有的个性属性,以及商品在出售过程中一系列的服务要素,也包括消费者对商品的认识以及使用商品后产生的感受。品牌个性更加注重的是产品的意识层面上的属性。比如,百事可乐的品牌形象包括其独特的口感、蓝色的包装、优异的品质、活力与青春等,而它的品牌个性则主要是由青春与活力所构成。所以也可以认为品牌个性是品牌形象中最能够体现品牌特点以及能够区分与其他品牌之间差异的重要因素。

对于人来说,不同的人之间的特性是不一样的,每个人之间的个性特点也是不一样的。正是有了这么多不同特性的人才能构成多彩的世界。大家很难对所有不同性质的人进行评价,只能对自己心里比较认可的人进行欣赏,对个性比较不符合自己想法的人难以认同或者远离。当然人们在判断一种品牌的时候,也会在选择的过程中注入自己的思想,来表达自己的喜爱或者反感,当人们认同一种品牌时会长久地对此品牌产生兴趣,并建立起长久的利益共享关系。

3.品牌个性与品牌定位

品牌个性必须以品牌定位为前提,所谓品牌的人格化,就要思考"如果这个品牌是一个人的话,那么他应该具有什么样的性格",并且以独具一格、令人心动、历久不衰等内容作为品牌评估的标准。因此,品牌个性的 DNA 必须是从品牌定位的相关要素中提炼出来,而品牌个性反过来又可以对品牌定位的策略加以深化。

二、提炼品牌个性

品牌个性的提炼过程就犹如胚胎移植一样,是一个高精细度的创意传播工程。品牌策划人员必须从整体上把握深入分析构成品牌个性的各种要素,以便能够为品牌提炼出既有别于同类竞争品牌,同时又符合目标消费者个性特征的品牌个性特质。总体而言,构成品牌个性的要素主要有三大类,即与品牌商品有直接关系的要素,与品牌商品有间接关系的要素,以及与目标消费者直接相关的要素。

(一)与品牌商品直接相关的要素

对于商品而言,也可以认为,品牌的个性大都源于商品本身,每个商品都具有与生俱来的戏剧性,而营销者则需要对品牌所具有的个性予以挖掘并将其提炼出来。在品牌个性的塑造过程中,一些企业针对品牌商品自身的内在属性进行品牌个性的挖掘和提炼,取得了理想的传播效果。

对于消费者而言,品牌商品的价格是其判断选择的重要依据,同时消费者也会根据品牌商品的价格形成对某一品牌商品的印象。一个商品的品牌形象,其作用在于品牌商对于商品的传播和宣传作用,使人们对于商品产生一定的印象。商品在提炼的过程中,长时间的突出强调品牌的价格方面的要素来塑造自身品牌形象的个性,并不是明智的选择。

(二)与品牌商品间接相关的要素

在对品牌个性进行提炼的过程中,虽然从与商品直接相关的要素中去寻找并挖掘品牌个性是较为便捷的一种方法,但是,无论哪种大类的商品,其内在属性的构成总是有限度的。在大多数情况下,许多商品的内在属性早已被同类品牌商品予以突出或强调,并成为其品牌个性加以传播。此时,对品牌个性的提炼就只能另辟蹊径。从与品牌商品有间接关系的若干要素中去提炼品牌个性,不失为提炼品牌个性的又一方法。

1.使用者形象

所谓使用者形象,是指企业在对品牌个性的塑造过程中,将品牌商品的目标消费者的共性特征加以提炼和整合,塑造出该消费者群体广为认同和喜爱的典型人物,并将该典型人物的个性特征融入品牌的个性特征之中,逐步形成自己独特的品牌个性。

2．广告风格

所谓广告风格,是指企业在其长期的广告诉求活动中,持之以恒地采用相同的表现手法,使其广告作品逐渐形成一种有别于同类品牌商品的独特的表现方式,当消费者将这种广告诉求的表现方式与品牌商品形成一对一的对应联想时,品牌的个性特质就已经在消费者的心目中牢牢地确立了。

不过,利用独特的广告风格并使其转化成品牌形象个性的特征,必须满足两个基本条件:一是该品牌商品在每年的传播活动中始终保持较高的广告曝光率;二是该品牌商品的广告表现方法和广告传播媒体的使用都必须持之以恒,否则,其广告风格就不可能形成。

3．上市时间

品牌上市时间的长短,在客观上会给消费者造成不同的印象,这种印象实际上会在很大程度上影响消费者对品牌个性的基本判断。比如,历史悠久的品牌从积极的方面而言,往往给人以成熟、稳重、老练、友善、值得信赖的整体感觉;但是,如果从消极的方面来说,这种品牌常常又有可能在消费者的心目中生成老迈、守旧、无趣、缺乏活力等负面印象。同样,对于上市时间较短的品牌而言,既有可能在消费者心目中产生年轻、新颖、时尚、活力的整体感觉,也有可能在消费者心目中产生华而不实、哗众取宠的感觉。因此,策划人员应根据品牌上市时间的具体情况,有意识地扬长避短,努力提炼出更有竞争性的品牌个性。

（三）与目标消费者直接相关的要素

由于品牌的价值在于品牌与目标消费者之间形成的互动关

系,因此,企业在提炼品牌个性的过程中,就必须对目标消费者的价值取向、审美情趣和品位以及个性特征进行深入细致的研究和分析,以便根据目标消费者的上述特征提炼出能够得到他们认可的品牌个性。事实上,成功品牌的个性大都可以体现出该目标消费者的个性特征。

1. 价值取向

所谓价值取向,是指一个在社会中具有特定文化背景的成员所信奉的道德和行为规范的理念。在人与人的交往过程中,价值观往往是区别一个人与另一个人的判断标准。从宏观的层面而言,价值取向大致可以分为三种形式:以他人为导向的价值取向、以自我为导向的价值取向和以环境为导向的价值取向。在品牌的传播过程中,策划人员也可以将人的价值取向植入品牌,通过长期不间断的广告活动,就可以逐渐形成具有独特气质的品牌个性特征。

2. 审美情趣

审美情趣是指消费者在认识和接受事物的过程中判断事物美丑的兴趣与爱好。显然,不同的消费者由于其价值取向的不同,其审美情趣往往也会大相径庭。对于同一品牌,不同的消费者之所以会有不同的判断和选择,其中一个重要原因就是消费者大都具有不尽相同的审美情趣。因此,策划人员在为企业提炼品牌个性的过程中,还应对本品牌的目标消费者的审美情趣进行深入的分析,努力根据目标消费者的审美情趣提炼出更可能被目标消费者所接受、认同甚至喜爱的品牌个性。

三、品牌个性要鲜明

在品牌传播中,企业界普遍存在着一种跟随潮流、人云亦云的现象。这就使所有产品似乎都是一个企业生产出来的,毫无个性可言。其实,品牌就像是一个人。人与人交往,能够记起的只是一些特别的人,记起他与众不同的特征,如果一个人没有任何个性,很难被人记得。

当好多酒往自己的名称里加入什么"王",什么"霸"的时候,云峰酒业适时推出"小糊涂仙""小糊涂神""小酒仙"等系列白酒,立刻给人耳目一新的感觉。

这是一个价值观念多元化的社会,人们不再像20世纪六七十年代,穿同样的黄布军装,唱同一首歌,崇拜同一个偶像。人们可以有各种各样的主张,各种各样的选择,可以按照自己的喜好和个性去选择自己喜欢的品牌。这就创造了一种需求:需要不同个性的品牌。那些随大流毫无个性试图争取所有人的产品,实际上将被所有人所舍弃。这就是绝大多数产品至今仍默默无闻的真正原因。

第三节　品牌形象识别策划

品牌形象是企业通过将某种品牌与目标消费者生活工作中的某种事物、某些事件之间建立起的一种联系。这种被联系的对象经常就是品牌的形象。品牌形象设计是基于正确品牌定义下的符号沟通,它的任务就是通过美善的符号沟通帮助受众储存和提取品牌印记。策划设计在消费者心目中树立一个清晰、健康、良好的企业品牌形象是十分重要的。

一、品牌形象的构成要素

(一)品牌形象的内涵与特征

1.品牌形象的内涵

品牌形象是消费者对于一种品牌所产生的印象和判断,是一种比较广泛的概念。这种印象是消费者与该品牌在长时间的接触过程中,对该品牌所产生的判断,并通过消费者的联想所强化。

品牌形象是一个形象系统,包括品牌的外观形象、品牌的功能形象、品牌的情感形象、品牌的文化形象、品牌的社会形象、品牌的心理形象等。

2.品牌形象的特征

客观性:品牌形象虽然是品牌在人们的识别过程中所留在人们大脑中的主观印象,但是品牌形象的基础品牌识别是客观存在的。从本质上来讲,构成品牌识别有很多的因素,包括:产品的质量、产品的销售过程中或者售后的服务质量、技术水平、公平关系、广告风格等都是客观存在的。

主观性:品牌形象是公众对品牌总的看法和根本印象,是公众对品牌感知、理解和联想的总和,因而它具有主观性。同一品牌在不同的人脑中可能会产生不同的品牌形象。

稳定性:一个产品必须具有自我的一种稳定性,是可以在消费者的心中留下深刻意见的,促使消费者能够对此产品产生信任,并帮助此产品长久的生存下去。

发展性:品牌形象是随着社会的不断发展,而逐渐改变自己的特质,品牌的发展也是需要时代性的变化,紧跟时代的发展,对品牌识别进行调整。

传播性:品牌想要出现在大众的眼中,就需要借助各种传播的手段了。传播性对于品牌来说是十分重要的,离开了有效的传播途径,企业在树立品牌形象的过程中就会失去引导和控制。

(二)品牌形象的构成要素

品牌形象是指消费者对某一品牌的总体印象和判断,其构成要素包括品牌认知、产品属性认知、品牌价值和品牌忠诚度等基本要素。

1.品牌认知

人们对一种品牌的出现首先是从品牌的形象上面产生兴趣

的,进而才能从品牌特征的其他各个方面上进行认知以及了解。

2.产品属性认知

产品的属性包含了对产品自身的品质、产品功能方面的认知以及自身所产生的属性等的认知程度,是产品价值的基础,也是消费者能够获得商品价值的基础。

3.品牌价值

品牌价值是消费者在购买过产品之后对产品产生的判断,所产生的肯定和否定因素都是消费者对品牌的价值评判即品牌价值。通常人们以商品价格的评价、价格承受区间、主观价值判断来表示。

4.品牌忠诚

企业建立品牌形象的最终目的是让消费者购买自己的产品,通常对于品牌形象都是具有很强烈的主观色彩的,人们购买这种品牌是体现在产品的忠诚度上的,是一个人的购买习惯或者是他人所推荐的。

二、品牌识别设计

(一)品牌识别的含义

品牌识别是品牌设计者希望能够创造和保持住人们对品牌所产生的一种好的印象以及出现的联想。品牌识别是一个系统性工程,包括品牌理念识别(BMI)、品牌行为识别(BBI)、品牌视觉识别(BVI)三大识别系统。品牌理念识别是品牌识别中最核心的部分,它影响和制约着其他品牌在消费者心中的印象;品牌行为识别是企业在品牌价值方面所具备的实际层面的有关品牌的行为总和;品牌视觉识别是品牌的外在形象,它提供传播层面的品牌信息,效果最明显、最直接。

三大品牌识别子系统如图 3-3 所示：

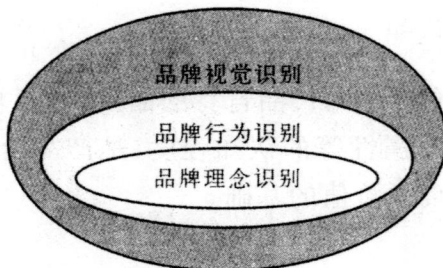

图 3-3 三大品牌识别系统

（二）品牌识别的特征

品牌识别的特征是：一，简单独特性。品牌的这一种识别方法或者识别标志是此品牌所独一无二的鲜明特征，简洁、凝练、准确，使其在众多的同类品牌之中一眼即被看出。二，持续恒定性。品牌识别系统的建立不是一朝一夕之功，而是品牌效应长久累积的结果，是一种持之以恒的渗透力与影响力。三，联想感知性。这种品牌识别能够在消费者心智中辟出一块属于品牌的空间，使消费者在接触到这种品牌识别之后，能够联想起由此种品牌带来的心理归属感和满足感。其作用是：驱动品牌形象，积累品牌资产，建立与巩固顾客关系。

（三）品牌设计的原则

品牌设计的目的是将品牌个性化为品牌形象，为了更好地实现这一目标，在进行品牌设计和实施时，必须遵循以下原则：

1. 全面兼顾的原则

品牌设计要适应企业内外环境，符合企业的长远发展战略，在实施时具体措施要配套合理，以免因为某一环节的失误影响到全局。

2. 以消费者为中心的原则

品牌设计要以消费者为中心,做到:准确的市场定位;努力满足消费者的需要;尽量尊重消费者的习俗;正确引导消费者的观念。

3. 实事求是的原则

品牌设计要立足企业的现实条件,按照品牌定位的目标市场和品牌形象的传播要求来进行。不隐瞒问题、不回避矛盾、树立良好的企业形象。

4. 求异创新原则

品牌设计必须有创新、发掘企业独特的文化观念,设计不同凡响的视觉标志,运用新颖别致的实施手段。

三、品牌形象塑造的途径

品牌形象作为品牌资产的重要内容,在现代营销中发挥着越来越重要的作用,品牌形象构造已成为众多企业的主要营销策略。由品牌到品牌形象的提升,不只是量的堆积,而是品牌质的变化。品牌功能不能仅限于标志和区别商品的效用,消费者需要更全面、更完整地认识资讯。品牌形象体现的是品牌内在属性和外在属性的统一,提升品牌形象就成为现代企业加强营销工作的重要环节。

一个好的品牌必须有强势的品牌联想,也就是说一旦消费者提到某种产品就会联想到该品牌,联想到该品牌所蕴含的强势文化和既定的良好形象。这种品牌联想来源于消费者、他人和社会公众对该企业品牌的理解和评价,而且还有消费者自身的品牌消费经历。一般来说,品牌形象包括三个标准:品牌联想的强度、品牌联想的美誉度和品牌联想的独特性。品牌联想的强度是消费者对该品牌记忆的强度。

品牌联想的美誉度是消费者对品牌的肯定评价的强度和范围。大家购买商品是因为认为该产品能满足自己的需求,并带来使用的愉悦,或者说能满足自己的生理需求和心理需求。如果某品牌能够给消费者带来充分的或者额外的满足,该品牌就具有更好的美誉度,继而使消费者产生持续的购买行为,并成为该品牌的"信徒",为该品牌做一个忠诚的"义务宣传员"和不领取报酬的"内部人"。品牌联想的独特性是该品牌所蕴含的歧异性。这种歧异能够使该品牌更容易从品牌的"红海"中脱颖而出,引起消费者的注意。如果具备上述三个品牌联想因素,无疑是成功的品牌形象塑造。

(一)产品

质量与品牌是成正比的,质量是品牌形象的基础,质量越好,越容易形成品牌。众多世界优秀品牌无不是殚精竭虑地去提高产品的品质,即使最小的细节也决不含糊,最终打造出一个没有瑕疵的优秀品牌。企业只有不断强化高效管理和合理配置资源,不断引进新技术,才能提高产品的质量,从而为塑造品牌形象提供必要的保证。

(二)服务

企业在树立品牌形象的过程中,需要注重产品的服务。成功的市场营销不仅在于树立企业的品牌形象,更加注重的是服务水平。当今社会,企业依靠特色服务增加自身魅力,依靠优质服务赢取顾客忠诚,不断提高消费者满意度,已成为品牌竞争的新特点。

一个产品在销售的过程中,所具备的优质的服务有利于对品牌的形象加分。消费者在产品出现问题时就会产生不满与抱怨,会给品牌的发展带来不利的影响,而优质的服务质量可以降低消费者的风险,帮助消费者减少损失,从而在消费者心中建立起诚信意识。因此,服务已成为影响消费者对品牌信任度、追随度的重要因素,成为消费者选择品牌的关键因素。

(三)企业文化与企业社会形象

品牌本身是一个具有文化属性的概念,含有丰富的文化内容。品牌形象则代表的是品牌文化理念的诠释和延伸,是建立在企业文化基础上的外化,又渗透和影响企业品牌在经营过程中、全方位的理念和意志,在一定程度上代表企业的价值取向。

强大的经济外部会让企业越来越重视社会的效益导向,重视社会的责任意识,这是和企业的理念紧密相关的。当前很多的企业在创造品牌的时候注重其背后的社会文化含义,赢得了消费者和公众对品牌的认可,已经成为一种企业竞争的选择。企业的社会责任在企业发展的过程中起着重要的作用,企业要想生存下去,就要注重其背后的社会责任,社会责任影响着这企业是否能够扩大自己的品牌力量,所以必须保证品牌的合格,树立质量好和诚实守信的品牌形象。

四、品牌塑造的量与质

阿凡提有次买了10个包子,吃到第10个,肚子饱了,他很后悔地说:"早知道吃第10个包子肚子会饱,我应该先吃这个包子。

西方谚语里也有同样的说法,叫作"压断骆驼背的最后一根稻草。"这说的都是一个非常通俗的道理:量变到质变的关系。

有次和客户开市场会,客户经理将已做的所有广告项目列在黑板上,然后来分析,哪一个广告带来了什么样的销售量,然后来判断哪个广告是划算的,哪一个是划不来的。笔者于是发言,认为这种方法是不科学的。广告不是简单的促销活动,广告原是塑造品牌的一种主要手段,每一个具体的广告与销售量不可能有线性关系,但其应是该品牌成长的一个组成部分。每一个人,从小到大,吃了那么多饭,那么多菜,你分得清哪碗饭、哪盘菜长了哪块肉吗?同样,品牌巨人成长过程也是一样的,你不可能明确地分出每个广告在品牌成长过程中起了百分之多少的作用,并因此而臧否这一个广告。

当然就客户而言,要求每个广告都有作用,这是完全可以理解的。就广告公司而言也应该在广告策划时、媒介选择时、设计制作时,力求每个广告都能发挥其最大效用。但从品牌塑造而言,有一个量变到质变的过程。市场上竞争对手很多,消费者的选择很多,品牌树立要有足够的耐心。"掘地三尺,必有黄金",如果掘地掘到二尺五就失望,放弃了,那可真是遗憾至极。

当然这个说法是以广告质量为前提的,更是以产品质量为前提的。如果产品质量不行,广告质量不行,就是掘地三丈也是见不到黄金的。

第四节　品牌文化策划

品牌文化的形成和发展是一个循序渐进的过程,它需要企业整合智力资源、财力资源等,以品牌的核心价值为主线,不断注入与品牌定位或品牌个性相适应的文化背景元素,并通过不断地演变与传播,逐渐成为消费者广泛认可的一种文化现象。当一个品牌的文化得到消费者的高度认可后,就会使越来越多的消费者成为该品牌的忠实消费者,从而使该产品在市场竞争中长期保持领先地位。

一、品牌文化概述

(一)文化的基本概念

文化是在人类社会发展的过程中不断积累并创造出的能够影响人们的精神和物质的总和。狭义的文化是指在人们的意识形态下所创造出来的精神财富,包括人的思想价值、风俗习惯、宗教信仰、学术思想、文学艺术、科学技术等的各种制度。文化是一个非常广泛的概念,给它下一个严格和精神的定义是一件非常困难的事情。

无论对于文化的本质如何表述,构成文化内涵的要素都必须包括以下几个方面的内容:

第一,精神要素,即精神文化。精神文化是人类最具有活力的部分,主要是指哲学和其他具体的学科、宗教、艺术、伦理等的价值观念等,价值观念是精神文化的核心,是最为重要的,也是人类创造活动的动力。

第二,语言和符号。语言是人类在生活交往中,为了传达自己所表述的意义,符号也是人们交往沟通的表达属性,两者都具有传播和沟通的作用。语言和符号是人类文化所长久积淀下来的成果,只有通过语言和符号才能互动和沟通,才能创造文化。

第三,规范体系。规范是人们的行为准则,是由各种条例所规定的,来规范人们的行为习惯。也有明文规定,例如法律条文、组织之间的规章制度等。各种制度之间是相互关联、相互制约和相互渗透互补的,共同发展来调整社会。第四,社会关系和社会组织。社会关系是各种文化之间共同产生的基础,生产关系是各种社会关系的基础。在生产关系的基础上,又产生各种各样的社会关系。这些社会关系既是文化的一部分,又是创造文化的基础。

(二)品牌文化的界定

1.品牌文化的提出

随着消费社会的形成和日益繁荣,大众的消费行为本身已经具有愈来愈显著的意识形态的色彩。在消费社会里,消费者作为一个社会人,品牌商品的抽象的文化象征意义正日益深刻地影响着其具体的消费行为。塑造品牌文化的过程,就是将一个没有生命的商品点化为有生命和有思想的品牌的过程。据此,笔者对品牌文化的界定是:品牌文化是指企业在其所开展的长期的营销活动中,逐渐累积和形成的有别于竞争对手并为越来越多的目标消费者所认可的价值观念、利益认知和情感属性等意识形态的抽象概念以及由其可识别的名称、标志、色彩和设计等具象符号的总和。

2. 品牌文化的核心

品牌文化的核心实际上就是企业通过品牌向目标消费者所传播的价值观,包括生活态度、审美情趣、个性修养、时尚品位、情感诉求等意识形态领域里的精神属性。对品牌的选择和忠诚不是建立在直接的产品利益上,而是建立在品牌深刻的文化内涵和精神内涵上,维系他们与品牌长期联系的是独特的品牌形象和情感因素。

3. 品牌文化与企业文化

品牌文化的核心要素大都源自企业文化,因此,塑造品牌文化就必须首先建立和完善企业文化。如果一个商品的广告主没有建立和形成自身所独有的深厚的企业文化,也就不可能塑造出具有丰富内涵的品牌文化。

企业文化的建立和形成,有利于提升商品的品牌形象,也有利于提高企业内部员工之间的凝聚力和向心力,还有利于增强企业员工自我实现的成就感,进而可以推动品牌文化的建立、形成、巩固和发展。品牌文化的内涵一方面源自企业文化,另一方面则要取之于消费文化,这就使品牌文化的内涵更多地体现为消费者的价值观。

(三)品牌文化的特征

1. 内涵的兼容性

所谓内涵的兼容性,就是在企业塑造和提炼品牌文化内涵的过程中,可以体现出企业总的经营理念和价值判断等,也是可以将商品自身的内在或者外在属性表现出来的,是能够体现出消费者的审美品位和精神需求的。有一些品牌也可以具有很多不同内涵的文化。

2. 传播的持久性

品牌文化的形成需要企业进行持之以恒的、长时间的、不间断的有效传播。也就是说，任何一个成功品牌的文化内涵都需要经过多年的传播积淀，尤其是品牌文化中的精神属性部分更需要借助基本一致的诉求内容（主题概念）和诉求风格（表现形式），才能够逐渐形成自身有别于其他竞争对手的文化个性。从这个意义上说，传播的持久性的特点就是一方面需要在传播的过程上表现出持之以恒的历时性，另一方面也需要在传播内容上表现出相对的稳定性。

3. 鲜明的个性化

在产品同质化日益严重的今天，品牌价值首先就体现在必须使自身品牌与竞争品牌相区隔，也就是所谓的差异化营销。但是，品牌的差异化营销又必须有赖于品牌的差异化传播，而品牌的差异化传播在长期持之以恒的品牌诉求过程中必将逐步形成最具核心识别价值的品牌的个性特征。

二、品牌文化的构成要素

（一）品牌精神文化

在任何一种文化体系中，其最核心的部分就是该文化体系的精神和价值观。文化价值观是为社会大多数成员所信奉并倡导的一种信念，它通过一定的社会规范来影响人们的行为方式。因此，文化的精神和价值观构成一种文化体系的精髓，而正是这一文化体系的精髓规范着人们的思维方式和行为方式，同时也把握着该文化的发展方向。

品牌精神文化是指品牌在市场的营销与传播过程中所体现

出的一种有别于其他品牌的意识形态和价值观念,包括品牌精神、品牌愿景、品牌伦理道德和发展目标等。品牌精神文化是品牌文化的核心和灵魂,它决定了品牌的个性、品牌形象、品牌态度以及品牌在营销传播活动中的行为表现。

(二)品牌物质文化

品牌物质文化主要由构成产品或品牌的物质和符号所构成,其内涵就是通过产品的物质形态或品牌的传播符号等各种表现方式向目标消费者传递并予以体现。因此,品牌的物质文化常常可以帮助消费者对品牌产生最基本的判断。

(三)品牌行为文化

1.品牌营销行为

品牌营销行为从表面上看只是涉及产品、价格、促销和渠道4P的基本要素。但是在实际的运作过程中,品牌营销行为将在很大的程度上影响品牌的价值。

2.品牌传播行为

品牌传播行为包括广告、公共关系、新闻、促销活动等。实际上,传播行为与营销行为在某种程度上根本就难以区别。从结果来看,人们习惯于使用营销的概念;但是,从过程来看,其实传播才是营销的前提,或者说营销就是传播,传播也就是营销。

3.品牌个人行为

品牌是由企业所创造出来的载体,企业的所有者通过品牌这个特殊的载体向市场传播相关的信息和价值观念。品牌的个人行为并不只是纯粹的个人行为,其必然与品牌形象有着密切的关系,这就使得每个与品牌有着直接关系的个人主体对自己的一言一行都要尽可能地做到与品牌所倡导的文化内涵保持一致,以有利于品牌形象的塑造与传播。

三、针对品牌文化的案例分析

广东新世纪集团是一家集房地产开发、生物工程和商业贸易的多元化发展企业。2002年，由于旗下的广州阳光特色食品批发市场招商，引进了茅台镇的"国宝酒业""糊涂酒业"的一系列产品。在一个策划机构的怂恿下，本着"抱别人的孩子不如自己生个孩子"的想法，阳光特色食品在没有经过市场调研，没有经过项目论证，根本不了解白酒市场、白酒品牌的前提下和贵州茅台镇糊涂酒业合作，生产了价值1000万元的产品——"醉糊涂"系列酒。

为什么什么名称都不取，偏偏叫作"醉糊涂"呢？原因是这样的：服务阳光特色食品的策划机构原来曾经服务过广东的"云峰酒业"，为"小糊涂仙"做过广告；其老板精明至极，在服务之余，便注册了"神仙醉糊涂"的商标，这次就顺便转让给阳光了！糊涂酒的家族就是这样多了一名成员。

"小糊涂仙"系列酒的成功不是偶然的，也不是品牌名称取得好所以才成功。小糊涂系列酒巧借了茅台镇几千年酿酒的历史来为品牌服务，将品牌定位在商务消费这个特殊的消费阶层上，针对商务消费者的高学历、高品位，主张"中庸文化"——在特定的时期，这种不咸不淡不酸不甜的人生态度就成为酒桌上觥筹交错的理由！大家知道，一个品牌一旦拥有某一种战略上的优势，那么在该战略层次上的竞争，任何后来者都处于弱势。除非采用差异化战略，把自己从弱势中拉出来。"糊涂文化"无疑是云峰酒业的独门秘籍，已经写在了小糊涂仙系列酒的额头上。其他的糊涂品牌，不论怎么跳，也跳不出"小糊涂仙"的境界，跳不出巨大的市场空间，这是很现实的事情，几乎每一个打"小糊涂仙"擦边球的人心里也十分清楚。

糊涂文化是一种人生态度，是中国传统的"无为"思想的一种表现形式，是中庸文化，比较适合中国男人的内敛、宽厚、隐忍的性格特征,也比较适合商业社会。特别是而立之后的男人,在事业成功,家庭美满之际,很容易滋生出一种类似于"岁月如歌,糊涂人生"的感慨。在这个文化层面上,小糊涂仙系列酒并没有抓住,可以说,这是他的失误——也就是说,小糊涂仙系列酒拥有了糊涂文化的战略,却没有深入挖掘糊涂文化的价值,也没有发现消费者对于糊涂文化的感受。就这样,很轻松地站在小糊涂仙的肩膀上,托起糊涂文化的精髓。就这样做诉求定位了——岁月如歌,糊涂人生;糊涂是对岁月的感悟,是对成功的理解,是对世间万物的深刻洞察。有了这样的爆发点,醉糊涂已经不糊涂了,已经走上了聪明之路。

第五节　品牌延伸策划

品牌的延伸理论和实践的广泛应用,首先是处于消费者对于品牌商品的关注焦点从单纯的视觉沟通转移到了对品牌的诉求上面,这就需要企业在此品牌的基础上不断地开创新的品牌,不断地向市场推出新的产品,才能使品牌保持出现在人们的视线中。其次是随着企业在市场营销和广告宣传上费用的不断增多,企业必须在有限的营销费用里面集中几个有市场影响的品牌。

一、品牌延伸的内涵与作用

(一)品牌延伸的概念

一个企业在推出一种新的产品时,会将新产品通过品牌策划来推出,其方法大致有三种:一种是专门为新产品设计开发一个新的品牌,二是用其他的方式来使用新品牌;三是将品牌通过现有的一个品牌来推出。

1.品牌形象转移

品牌形象转移是指在这个品牌的基础上生产出具有相同品牌不同的产品,使消费者对新的产品产生一定的兴趣,将目光转移到新的产品上,进而推广新产品的发行。这种将企业中新的产品通过品牌的力量推广出去的方法,有利于新产品在市场上快速发展。

2.品牌形象转移的实现条件

企业在实施品牌延伸的策略时,其首先要保证的是新的产品的产生是要将人们的目光吸引,运用这个品牌的形象使人们对新的产品产生一定的兴趣和好感。转移品牌形象需要具备的要求是:第一,来源体的品牌具有较高的附加值。在品牌形象转移的过程中,来源体(旗舰品牌商品)的品牌附加值(消费者对品牌的感受、信任度、认同度)必须具有较高层次,才有可能使形象转移成功。第二,来源体与目标体具有一定的相关性。在品牌形象转移的过程中,影响品牌形象转移的因素还有来源体与目标体之间的相关程度,包括新老产品之间的相关性、目标消费者之间的相似度以及新老产品在视觉上的相似性。

(二)品牌延伸的作用

经济学讲究资源的合理配置,只有经过合理的配置,各种资源之间的相互作用才能发挥。企业或者产品要成为名牌,意味着企业的品牌资源不断增加,意味着企业资源中的有形要素和无形要素之间的比例要被打破,这样会导致过多的品牌资源被闲置。品牌的延伸恰好能够增加企业的有形资源,恢复企业资源之间的平衡,促进企业有秩序的发展。

很多科学调查表明,人们往往会对熟悉的名牌情有独钟;而一旦市场上出现了一种新的品牌,人们都会抱以戒备的态度。品牌延伸就能够解决这一问题,帮助人们重新认识品牌延伸的产品,打开新产品的市场,同时也可以节省费用,为消费者提供多种选择。

总之,品牌延伸是企业发展的重要手段,如果使用恰当,将会打开一大片的发展市场,促进企业效益的增长,能够促进品牌的进一步升值。品牌延伸有利于品牌迅速地占领市场发展,降低新产品的市场导入费用,有利于增加新鲜感,使消费者能够对此品牌一直保持需求度,品牌延伸有利于形成规模经济优势,有利于品牌保护。

二、品牌延伸的类型

品牌专家科普菲尔将品牌延伸分为两种类型,即相关延伸和间断延伸。

所谓相关延伸,是指延伸的子品牌与旗舰品牌的商品在生产技术和工艺上具有共通性,或者他们的商品的属性相同,属于同一个品类。例如,以光学为研究的佳能公司,主要的旗舰品牌是照相机,但是在之后借助光学原理和相应的技术,设计出来的打印机、复印机以及数码相机等,都是借助品牌的延伸来发展创造其他的商品。

间断延伸与相关延伸是完全相反的两个概念,间断延伸是指在一个品牌的基础上重新生产一种与这个产品没有直接关系的产品。比如,雅马哈所拥有的摩托车和电子琴是完全没有关系的两个商品,而零售商沃尔玛品牌所延伸的子品牌商品则可能覆盖整个消费品领域甚至耐用品,这意味着其品牌伞下覆盖的产品范围更为广泛。

关于上述两种不同的品牌延伸的类型,不能笼统地说哪个更好或者哪个不好,因为二者本质是不一样的。在一般情况下,企业应该根据自身的品牌优势,根据市场的需求和消费者的需要来创造适合自身市场营销战略的品牌延伸。

三、品牌延伸决策的步骤

品牌延伸策略作为企业战略发展的一部分,其发展步骤与企业战略管理之间过程是一样的,虽然都需要进行策划调研、策划规划、策划的实施与控制这三个步骤,但是,品牌延伸策略在实施的过程中又具有自身独特的特点。

产品延伸策略规划的主要内容包括延伸产品的属性、品牌的决策分析、延伸品牌的归属分析、延伸产品与旗舰品牌的适应度分析、品牌延伸的策略选择分析和品牌延伸的顺序分析等。

(一)延伸产品的属性分析

在分析了宏观环境、产业竞争状况和品牌在目标市场的认知度之后,企业就可以从战略层面审视自己通过实施品牌延伸策略所将要进入的产业,以及在将要进入的产业里可以推出哪些产品。对于将要推出的延伸产品,企业应当对其产品属性、产品的功能以及消费者的心理需求和会产生的利益属性等做好调研,以便帮助企业做出适合发展,帮助品牌延伸的重要决策。

(二)品牌决策分析

通过对品牌认知度的调查和产品属性的分析,企业就可以对将来有可能推出的新产品在市场上的发展态势有一个大致的预判,从而有助于企业决定在实施品牌扩张策略的过程中需要推出几种新产品,以及这些新产品应如何获得。如果企业需要实施品牌延伸策略,应首先考虑使用自身的现有品牌。在特殊的情况下,企业也许拥有好几个自有品牌,且各品牌都有着自身独特的品牌价值和个性及识别元素。此时,企业就有必要将这些品牌的基本属性与将要推出的新产品的属性进行比较分析,从而决定新产品在哪个品牌名下推出。

（三）延伸产品品牌归属分析

企业在对品牌延伸策略的规划过程中，必须对将要推出的新的产品进行细致的分析和审查。避免在出现将新产品推出的过程中，与老产品之间产生冲突，影响老产品的销售利益。在推出新产品的前期，应当着重分析产品在销售过程中出现的问题，是否一种新产品的出现，会影响旗舰品牌的输出，是否会对旗舰品牌造成伤害，是否会造成人们的认知上面出现混淆，是否会遭到中间商的抵制等。如果将要推出的新产品与某个现有品牌有着较好的共存共荣的关系，则应将其归入该品牌。

（四）延伸产品与旗舰品牌的适应度分析

通过对将要推出的新产品的归类分析，企业可以对新产品应该借助哪个现有品牌进行市场推广做出正确的决策。由于企业在发展的过程中也会不断探索新产品的产生，企业就需要将新的产品与老产品进行适度的结合，使人们在接受新产品的同时也会注意老产品，适度地将两者之间进行调整，排出适应度的序列，为品牌延伸策略规划的下一步骤做好准备。

四、品牌延伸理论的实践指导意义

品牌延伸理论提示品牌延伸中可能存在的问题，并指出了品牌延伸可能的方向，它对品牌延伸实践有很强的指导意义。笔者认为品牌延伸理论至少有以下实践指导意义：

（一）延伸的匹配性原则

品牌延伸的匹配性是指导品牌延伸的第一原则，违背这一原则的品牌延伸，要么导致延伸产品的失败，要么损害品牌权益。

（二）延伸的匹配性表现的多样性原则

品牌延伸的候选产品的寻找，要突破产品的相似性和技术的相通性。这两点是匹配性的表现,但不仅仅表现在这两个方面,还表现在许多其他方面。如产品的互补性,目标市场的相同性,情感性利益的共同性等与产品性能无关的品牌特性。

(三)延伸的市场研究原则

品牌延伸从心理学上讲有三个假设:第一,它假设品牌的积极有利的联想和要素会有效转移到新产品之中去;第二,品牌的负面影响不会传给延伸产品;第三,在品牌延伸过程中,品牌的正面联想不会变成负面效立。但品牌延伸研究表明,情况并非始终如此,它们只是假设而已。因此,延伸之前的市场调研是必不可少的。通过市场研究,就是要验证这三个假设的正确性。如高露洁是牙膏品牌,当延伸到口香糖产品上去时,市场测试表明他们联想到了药味。这种联想对牙膏是正面效应,但口香糖却有负面效应。又如娃哈哈纯净水会令人联想起开心大笑的娃娃,这对果奶、AD钙奶是正面的,但对纯净水是负面的。因此,广告应当渲染纯净水的清纯、甜美,弱化娃哈哈的字面意义,防止品牌的某此因素传入延伸产品。

(四)延伸的大目标小步子原则

品牌延伸的匹配性原则,要求延伸产品与典型产品的相似性。因此,一次性跨度太大容易导致失败。所以,品牌延伸要从"小"开始,先迈出小小的一步,既让消费者容易接受又大大降低品牌与特定产品之间的粘合度,从而为品牌今后的进一步延伸奠定基础。海尔是这个策略,娃哈哈也是这个策略,从而使品牌延伸的路子越走越宽,可以延伸的领域也越来越大。

第四章　品牌传播策划

当今的社会正处于一个大时代：大信息、大智慧、大数据技术的进步引爆了一场信息传播与人们行为方式的大变革。随着新媒体的出现，人们停留在传统媒体上的时间日趋减少，越来越多的企业将互联网、移动媒体、数字电视等新兴媒介视为品牌传播推广的主战场，企业以品牌的核心价值为原则，在品牌识别系统的整体框架下，选择广告、公关、销售、人际等传播方式，将特定品牌推广出去，以建立品牌形象，促进市场销售。

第一节　品牌传播概述

一、品牌传播的含义与特征

（一）品牌传播的含义

品牌传播是品牌所有者通过多种传播手段持续地与细分以后的消费者进行交流，实现品牌资产的不断优化。因此，品牌传播一般来说是通过广告、公关、新闻、社交、产品售后服务等手段，实现品牌内涵信息的传播，实质上就是对品牌信息的传播，以提高品牌在细分消费者心中的认可度、美誉度与和谐度。

（二）品牌传播的特征

互联网时代品牌传播具有信息的聚合性、受众的目标性、媒体的多元性、操作的系统性等特征。

1.信息的聚合性

品牌的一些表象因素,例如名称、LOGO、色彩和包装等,信息含量非常有限。但是这些表象因素往往代表了品牌背后的产品特点、服务承诺、产品质量等一些深层次的因素,聚合了公司产品的所有信息。这些信息同时也构成了品牌传播的资源,也就决定了品牌传播的聚合性。品牌传播策划者在具体操作品牌传播的过程中,需要辩证地进行信息取舍,进行信息的精准表达。

2.受众的目标性

从传播的角度来看,品牌传播必须要关注目标受众。品牌传播本质上是一种营销手段。从营销的角度来看,品牌传播往往是在确定了产品的目标市场之后的一种行为。因此,对于任何一个品牌来说,在开始传播之初,都已经确定了品牌传播的目标消费者。例如,方便面这种快餐产品的传播,无论是统一还是康师傅,他们都将消费者定位在年轻群体身上。这些群体由于工作和生活的节奏较快,因此对于快餐有一定的需求。而且年轻群体由于文化的特点,还有口味的需求。在这个定位的基础上,各种方便面品牌在进行广告传播的时候往往会选择年轻人较为熟悉的明星做代言,例如 TFBOYS 这个组合,而且也会不断推出更加多样化的口味。

3.媒介的多元性

在传播技术不断革命的今天,传播媒介的不断发展变化给品牌传播带来了极大程度的便利。这种便利程度为品牌传播带来了机遇,同时也向品牌传播提出了挑战。传统的大众传播媒介,例如纸媒、广播电视、车体和灯箱,虽然魅力犹存,但是微信、微博、APP 这种新的传播方式这个时期似乎更受宠。不同的品牌必须要重视这个方面的变化,将新老传播媒介结合起来使用。

4.操作的系统性

在品牌传播的过程中,传播的构成可以简单化地定义为拥有品牌的企业、传播品牌的媒介和接受品牌信息的受众。三者必须要关注的是特定的信息以及传播的效果。这两个不同的关注点往往也是从不同的信息角度系统性实现的。对于企业来说,必须要了解到消费者通过什么渠道了解产品信息以及了解的程度。对于消费者来说,必须要从传播媒介之中获取所需要的信息。对于传播媒介来说,又要了解到传播媒介的覆盖面。

二、品牌传播的要素与作用

(一)品牌传播的构成要素

对于品牌传播来说,主要由品牌传播的对象、传播的内容以及传播的方式等方面的要素构成。

1.品牌传播对象

品牌传播的对象主要是指品牌传播的细分消费者,是指品牌传播主题根据品牌传播活动设定所需要的信息接受者,主要是指企业外部的消费者、市场经营者。当然,从企业管理的角度来说,企业的员工也是品牌信息的接受者。

2.品牌传播内容

品牌传播的内容主要指品牌的信息,有运用文字、图像、感觉、气味等多种感官,编码而成的品牌聚合信息,以影响信息接收者,达到企业品牌传播的目标。

3.品牌传播方式

品牌传播的方式主要指企业根据品牌传播的策略所选择的品牌传播载体、品牌传播时间以及品牌传播的各种工具。

（二）品牌传播的作用

品牌传播的作用主要是指企业要达到的一个品牌传播效果，例如品牌知名度的提高、消费者对企业产品忠诚度的提升、品牌无形资产的增加。

三、品牌传播的模式

（一）一般传播模式

一般模式代表了企业品牌传播的内在规律，反映了人们对品牌传播的基本认识。下面主要介绍两种简单的品牌传播模式。

1.大众传播模式

哈罗德·拉斯韦尔（H. Lasswell）是美国政治家，他在 1948 年提出来的拉斯韦尔传播模式也称为"5W"传播模式，揭示了传播的基本过程，如图 4-1 所示：

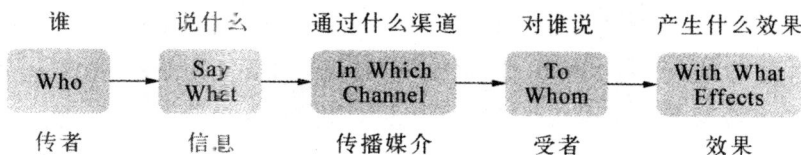

谁	说什么	通过什么渠道	对谁说	产生什么效果
Who	Say What	In Which Channel	To Whom	With What Effects
传者	信息	传播媒介	受者	效果

图 4-1　大众传播模式

2.营销沟通模式

营销大师科特勒在其教材《营销管理》之中解释了包含 9 个要素构成的营销沟通模式。其中两个主要要素是指营销沟通的参与者：发送者和接受者。另外两个表示沟通的主要工具：信息与媒体。还有四个表示沟通过程中的主要职能：信息编码、解码、反应和反馈。最后一个要素是指信息在系统传播过程中的干扰，也就是噪声。图 4-2 表示了信息沟通过程中的具体图式。

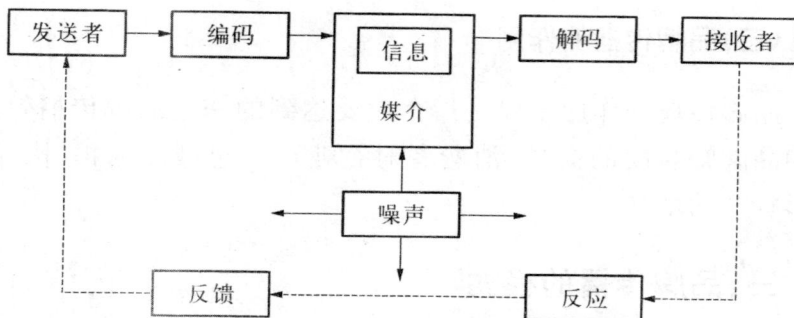

图 4-2　营销沟通模式

(二)品牌传播沟通模式

1.品牌传播的模式解构

品牌传播的模式主要是指由品牌的拥有者与品牌的受众构成,双方通过媒介将品牌聚合的各种信息通过一定的传播方式从拥有者向受众传播,受众在接收到信息以后进行反馈。

在品牌传播模式之中,品牌信息的传播者需要确定传播的核心。在核心内容确定以后,通过企业内部的营销部门、公关部门和广告公司对核心内容进行编码,并进行信息渠道的选择。从接受者的角度来看,接受者往往会从自己的经验出发,按照自己的理解对信息进行解码,认识编码以后的信息所传播的具体内容。这个具体内容和企业所要传达的内容往往是不一致的。例如,以最近一则碧浪洗衣粉的广告来看,作为信息接受者来说,宣传的意义就没有达到。人们很容易就能猜测出来,广告中采用了什么样的手法,镜头拼接、对比试验中使用过量洗衣粉、特效等等。而企业明显不希望达到这个目的。也就是说,这则广告的效果并没有达到,对于企业来说必须要对这个广告效果进行更正。

2.品牌传播模式的多级传播及干扰因素

品牌传播活动是由多级传播体系构成的。传播发送者和接收者之间没有直接关系,受众接收的信息有可能不是原生态的信息,而是经过衍生和修饰的。其中的连接环节通常是舆论领袖型的信息接收者,他们一方面既作为消费者的一员担负着接受品牌信息的责任,同时又会扮演信息的二级传播者的角色,积极地向其他消费者传递再加工过的品牌信息。舆论领袖的人际传播能够在很大程度上对目标受众理解品牌信息产生正面或负面的影响。

品牌传播活动中的"干扰"也是影响品牌传播效果的重要因素。干扰可以有多种来源,除了当前网络意见领袖对品牌内涵信息的误读以外,大众的文化环境、竞争对手信息、传播载体的名声等都容易产生企业和消费者之间的信息干扰。

(三)品牌整合营销传播

1. 整合营销传播的概念与特性

美国广告协会曾经给整合营销传播(Integrated Marketing Communication,IMC)下了一个精准的定义,认为整合营销传播是市场营销传播中将不同类型的沟通融合在一起,例如对一般性的广告、直接反应的广告、促销、公共关系等战略进行估计,通过分散信息的再整合,达到明确的一致的目的。整合营销的是指是通过不同手段的运用和协调,提高信息传递的一致性,清晰地向不同的信息接受者传递品牌的信息。在这个过程中,不同的沟通手段要做到相互补充,优势互补,实现信息沟通效益的最大化。品牌的核心要素必须要能够在传播过程中得到一致性运用。

在品牌传播过程中,整合营销的特性非常明显,一个是战术上具备一定的连续性,一个是在战略上具备一定的导向性。战术连续性是指通过不同营销传播工具和传播载体的使用实现品牌信息沟通的连续。战术连续性强调在营销传播过程中保持物理和心理要素的一贯性。物理上的一贯性是指所有营销传播过程中的要素要保持一致和连贯。心理上的一贯性则是指保持信息沟通过程中,消费者对于企业信息品牌的认识是相同的。整合营销传播的第二个特性战略导向性是指在营销传播过程中设计的各种营销传播活动要服从企业营销的战略目标。

2.整合营销传播的层次

对于一个品牌来说,在不同的阶段整合营销传播的表现形式不同。从整体上看,主要有以下几个层次:

第一,品牌认知的整合。这是最为基础也是最为重要的阶段。策划人员在替企业做品牌策划的时候应该考虑到不同媒体类别的不同表达方式应有所不同,但是要表现出企业信息认知的整合。

第二,企业形象的整合。这个层次牵涉到企业在不同媒体上反馈自身信息的一致性。一个是企业的广告文字和视觉要素传播的企业形象一致性,另一个则是企业在不同媒体上投放的广告中企业信息的一致性。

第三,功能的整合。在这个阶段,企业要把不同营销传播方案编制出来,作为服务于营销目标的直接功能。

第四,协调的整合。人员推销和其他营销传播要素要通过有效的方式协调起来,相互辅助,提高品牌营销的效率。

第五,给予消费者的整合营销策略。企业必须全面了解消费者的需要和信息反馈。在得到这些信息以后,企业必须及时对品牌营销进行必要的调整。

第六,给予风险共担的整合。企业品牌营销的策划人员要能够认识到企业的品牌策划目标群体不仅仅包括消费者,还要包括企业的员工、产品原料供应商、产品销售商以及其他必要的利益相关者。策划行动要让这些利益相关者认识到自身品牌的信息,取得他们的共识。

第七,关系管理的整合。在这个层次,企业整合营销不仅仅要关注一些重要的利益相关者,还要关注一些必要的传播战略,并且同企业的其他方面战略结合起来。

3.整合营销传播的方法

从以上的认识可以看出,整合营销传播的方法应首先从消费者出发,制定围绕消费者的一个品牌传播计划,以此提升品牌传播的效率。

第一,建立消费者资料库。消费者资料库的内容应包括人口统计资料、心理统计和消费者信息统计等。消费者资料库是企业营销传播整合的出发点,资料库的完善代表着企业对消费者的了解程度。

第二,研究细分消费者的心理以及行为。细分消费者是企业的消费者构建的主要目标。企业要从消费者资料库出发,结合其他方面的资料来研究消费者心理和行为信息。

第三,接触品牌管理的领域。对于品牌管理活动来说,接触是与品牌整合的概念相辅相成的。接触要将消费者资料库信息和消费者心理与行为结合起来。通过有效的接触,品牌管理者能够认识到品牌管理的大致框架,从而做出适当的决策。

第四,发展传播沟通策略。在适当的决策基础上,企业能够决定在什么样的背景下传达什么样的品牌信息,从而确定一个策略群,实现整合传播的基础。

第五,传播工具的创新。整合营销并不仅仅是企业品牌信息的整合,还包括企业外部信息的整合。对于企业来说外部信息的整合是企业传播工具创新的一种手段。通过这种手段,企业能够采取不同的传播技术传播适当的品牌信息,使策略群落实在实际的活动中。

第六,传播手段的组合使用。通过传播工具的创新,传播手段可以无限宽广地落实下来。企业可以通过广告、直销、公关以及新闻营销的方式实现企业品牌信息的传播。在策略群的基础上,只要是对企业品牌传播有利的手段都可以使用进来。

整合营销传播的图示如图 4-3 所示:

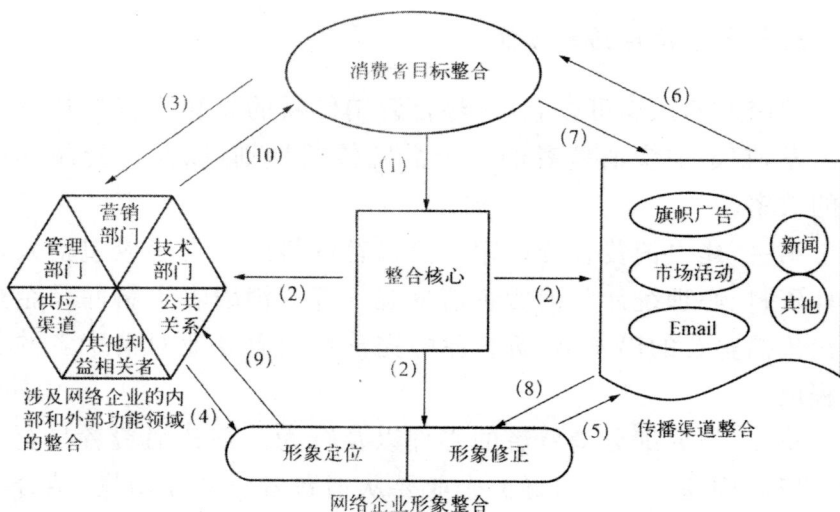

图4-3　整合传播模式

四、品牌传播的环境与挑战

近年来,媒体环境发生了翻天覆地的变化。对于消费者而言,诸如电视、广播、杂志和报纸等传统广告媒体,正在逐渐失去掌控力。21世纪初期,在互联网泡沫破灭之后,营销者带着"复仇"的心态重回网络,并在2005年注入180亿美元的网络广告费用。期间,网络广告费用飙升了20%,而电视广告仅保持持平的状态。

百度的搜索收费服务已快速发展为一个价值90亿美元的产业。由于能在消费者社区和博客中建立现实生活中的各类主题,消费者正在积极主动参与在线信息的创建和分享。72%的青少年每天通过即时信息进行交流,上亿的中国人在使用即时信息。手机已成为重要的通话工具。

媒体新环境的变化,使设计有效果、有效率的营销传播方案成为营销者面临的长久挑战。精心设计和执行的营销传播方案需要认真筹划并具有创造性。下面首先介绍这方面的一些有效工具。

最简单但最有用的方法也许是对广告(或其他任何传播方

式)创建品牌资产的能力进行判断。例如,广告活动如何提高品牌认知? 如何建立、维持或强化特定的品牌联想? 赞助活动有助于引起顾客更积极的品牌判断和感受吗? 促销活动在多大程度上鼓励消费者购买更多的产品? 其溢价能力是多少? 图 4-4 列出了判断广告创建品牌资产有效性的简单三步。

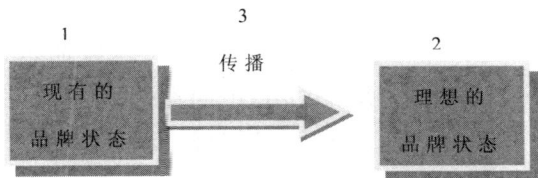

图 4-4 品牌传播的简单模型

首先来详细了解营销传播过程是如何影响顾客的。过去几年里,人们提出了若干不同的模型,用以解释传播过程和说服过程中的步骤。但是不论什么模型,都要经过如下的步骤。

第一步,展示:他必须看到或听到这个传播。

第二步,注意:他必须注意到这个传播。

第三步,理解:他必须理解传播的信息或意图。

第四步,反应:他必须对传播的信息做出积极反应。

第五步,意向:他必须打算根据传播的信息采取行动。

第六步,行动:他必须真正地采取行动。

制定一个成功的营销传播方案,其难点在于六个步骤中的每一步都必须出现,如果有一个环节出现了问题,传播就是不成功的。例如,发起一次新的广告活动可能有以下潜在缺陷:

第一,消费者可能没有被广告覆盖。

第二,消费者可能对枯燥的广告信息厌烦。

第三,消费者对于广告的理解出现偏差,没有看到产品宣传的诚意。

第四,消费者对产品宣传的诚意没有表现出积极反应,可能是广告的说服力不够。

第五,消费者可能没有这方面的产品需求。

第六,消费者在购买同类商品时可能没有联想起产品的广告。

第二节 品牌广告传播

广告是品牌传播的常用手段。企业通过广告树立产品的品牌形象,借机提高产品的市场占有率。品牌广告传播策划的基本要点是:塑造广告的品牌服务;对品牌的正面形象进行长期投资;重视描绘品牌的具体形象;重视运用形象满足消费者的心理需求。

一、品牌广告传播概述

(一)品牌广告传播的含义与特征

1.品牌广告传播的含义

广告,简单说就是"广而告之"。广义的广告包括企业的一切宣传活动,可以将一切传播信息、沟通信息和促进企业品牌认知的信息包含进广告中。从目的划分,广告的形式主要有商业广告和公益广告两种。商业广告主要是指为企业品牌发展服务,能够企业带来盈利的广告。公益广告是以为公众谋利益和提高福利待遇而设计的广告。

2.品牌广告传播的特点

广告传播的核心是通过一些重要信息的编码活动实现企业产品信息的传播,特点主要有目的性、重复性、复合型和艺术性。

(1)目的性

广告通常都有很明确的目的。无论是什么类型的广告,企业的目的都非常明确。商业广告的目的是要通过广告信息宣传实现企业产品的销售和服务的提供,以帮助企业获得盈利,维持企业长久的生存与发展。

（2）重复性

广告传播是信息传播,是可以复制的。尤其是对于商业广告来说,必须要通过大量的复制达到覆盖面的不断扩大,从而提高消费者的认知率。广告的重复传播目的是帮助受众产生对企业产品的认知、感情和态度。

（3）复合性

如果决定采用广告传播的方式,那么企业就不会只采用单一的广告传播渠道。企业往往会采用复合的广告传播策略,纸媒、灯箱、互联网媒体等会一起上阵,实现传播的协同效应,从而达到企业预期的传播目的。

（4）艺术性

广告传播是艺术性的传播。广告是一种通过科学策划和艺术创作将信息符号高度形象化的、带有科学性和艺术性特征的信息传播活动。广告常常通过绘画、摄影、文字、音乐、表演等艺术表现形式塑造出生动而又富有创意的艺术形象来表现广告的内容。使受众在愉悦中认知和接受广告信息的传播并从中获得艺术的欣赏和美的享受。

当然,对于品牌广告传播来说,其特征远不止上述几个方面,这里仅仅做了一些相对简要的表述。在未来,企业还会发现广告传播其他方面的特性。

（二）品牌广告传播的作用与功能

在本质上看,广告只是一种信息传播的方式,其目的若要实现必须要通过其他手段辅助。从企业品牌传播的整体来看,品牌广告传播的作用和功能主要有如下几个方面:

1.品牌广告传播的作用

（1）广告扩大了企业品牌传播的覆盖面。

（2）对于传播媒介来说,广告可以帮助传播媒介不断提升自己,以更好的状态服务受众。

（3）对于纸媒来说，广告收入仍旧有一定的培育发行的功能。

（4）广告促进了大众传播媒介的发展。

2.品牌广告传播的功能

第一，促进功能。广告传播对于提升消费者的品牌需求和欲望有一定作用。及时的广告传播策略能够帮助消费者了解品牌，也帮助品牌以合适的方式融入市场中。

第二，劝服功能。一般来说，广告在某一个方面夸张了产品的功能，而且以一种非常具体的方式将其展现。消费者也能够以一种更加直接的方式观察到。这对于消费者来说无疑是一个巨大的诱惑。

第三，增强功能。为了能够促进消费者购买产品，企业通常会联合一些合作机构做广告，例如当下一些快消商品习惯于联合天猫或者京东，保障消费者能够以适当的方式购买到产品。

第四，提示功能。对于一些日常消费用品，例如洗衣粉、电池等，经常会做广告，以提升产品的消费者曝光率，从而保障消费者对于产品认识的稳定。

二、品牌广告传播内容

（一）确定品牌广告目标

品牌广告策划的首要任务，就是明确品牌广告活动将要实现的目标。在策划广告目标时要依据品牌特色、市场营销战略和地域环境与区位经济优势来具体制订。对广告目标策划的目的主要是为品牌销量的增长创造条件，指导消费者的消费观念，提升品牌与企业市场知名度，扩大商品的市场占有率。品牌营销目标不同，具体的广告目标也不同。广告目标分为创牌广告目标、保牌广告目标和竞牌广告目标。

注意进行广告目标策划时要注意以下几点：企业现状与市场情况，该商品在同类商品中的优、劣势，企业与品牌的未来前途等,进而制订出切实可行,符合企业发展与品牌营销的广告目标。

在对广告目标进行策划时,根据实际情况可以先制订出总目标,在总目标之下再制订出分目标,形成一个总目标清晰、分目标具体的目标系统。

(二)确定广告目标受众

广告对象既是广告信息传播出去的接受者,更是商品的潜在消费者,开展这一策划的目的就是要通过分析研究品牌的目标营销市场,消费者阶层的构成,文化、经济、地域、环境等诸方面的客观因素,提出解决广告诉求与消费者接受心理,品牌品质与市场知名度提高,商品市场认可度与消费者情感变化等问题的方案与策略,指导广告公司创作出广告对象愿意接受的广告作品。

(三)广告定位与广告主题

经过对广告活动中所要表现的商品在市场营销和消费者心中位置所做分析研究,进而找出并为产品树立一个适当形象,确定一个合适位置,营造出消费者对商品的独有印象,这是广告策划活动中的一项主要任务。广告定位的内容主要有品牌定位、品质定位、商标标志定位、系列包装定位、价格定位等。

除了广告定位外,确定广告主题也是广告策划中的一项主要内容。广告主题就是广告所要表达的中心思想,是一则广告的灵魂与统帅。一则广告从创意、制作直到播出都要依据广告主题来进行,因此策划一个鲜明独特、诉求到位的广告主题在广告活动中显得尤为重要。

(四)广告媒体计划

根据品牌广告目标的要求,在一定的费用内,把广告信息最有效地传达给目标消费者,而为此所做的策划,这就是品牌广告媒体计划。广告媒体计划是品牌传播和市场推广的一个关键。凭借着完全覆盖的广告媒体,企业保障消费者能够及时了解到企业产品的信息,从而引导公众对于产品的关注,树立良好的产品消费文化。

品牌广告媒体计划一般来说包括以下几个方面:

第一,对品牌广告媒体计划的一般性描述。

第二,对品牌广告媒体计划实施的背景简要分析,以确定产品的市场情况以及目标。

第三,在上述内容的基础上,确定一个大致的媒体宣传目标,最好是将其一致化。

第四,根据媒体宣传目标策划大致的说明,对执行的要素进行简单要求,必要时说明理由。

第五,确认媒体的形式,根据企业主的要求为企业主提供相对客观的建议,实现媒体方、广告方和企业方三方目标的一致。

(五)广告费用预算

广告费用预算及分配是对企业投入广告活动资金的计划和控制方法。准确编制广告预算是品牌广告传播策划的主要内容之一,是顺利开展广告活动的重要保证。广告费用最主要的原则是:以最小的投入获得最佳效果。

三、品牌广告媒介策略

品牌广告媒介策略是品牌广告传播的主要策略(产品策略、市场策略、媒介策略和广告实施策略)之一。广告媒介策略策划的内容与流程如下:

(一)广告媒介策略的含义

品牌广告的媒介策略,即是对广告媒介进行选择和搭配运用的策略。其目的在于以最低的投入取得最大的广告效益。它不仅能提高广告的接触率和重复率,扩大认知,增进理解,而且在心理上能给消费者造成声势,留下深刻印象,增强广告效果。其作用是:广告媒介策略是企业行销策略能否成功的关键因素之一,它决定广告目标能否实现、决定是否能够有的放矢、决定广告内容与采用的形式、决定广告效果。

品牌广告媒介选择一般要考虑投放目的、目标受众、覆盖面、投放频次、投放区域及媒体、投放时间、投放预算等因素。

进行媒体组合,首先是选择具体媒体。大体上经过确定媒体级别—确定媒体—确定广告单位等步骤。

广告媒介策略选择要注意以下几个问题:

一是要能覆盖所有的目标消费者。

二是选取媒体影响力的集中点。

三是与企业整体信息交流的联系。

(二)广告媒介策略的方式

现代社会中的不同广告媒体,各自都具有不同传递广告信息的特点与手段,对消费者的有意吸引与无意接受的程度、方式也各不相同。广告媒介的分类:

大众传播媒介,分为印刷媒介和电子媒介两大类。具体说,主要是指报纸、杂志、广播、电视、电影等媒体。这些媒介传播信息具有速度快、范围广、影响大等特点。大众传播媒介具有五项功能,即宣传功能、新闻传播功能、舆论监督功能、实用功能和文化积累功能。

小众传播媒介是传播范围小些,受众群体少些的传播媒体。这些媒体往往可以直接影响消费者的购买行为,进行促销,能够弥补和配合大众传播媒介的传播活动,满足消费者的整体需要,有时也可统称为促销媒体。小众媒体分为"窄众媒体"和"一对一媒体"。窄众媒体包括户外媒体、售点媒体、交通媒体;一对一媒体主要是直邮和电话等广告媒体。

新媒体是在纸媒、广播电视以后发展起来的一种电子媒体,主要有网络媒体、手机媒体、数字电视媒体。

未来的媒介,传统媒体与新兴媒体融合的大趋势是全媒体。例如电子纸等。

进行广告媒体策略策划必须了解掌握各种不同媒体的独特

特性,根据各自独具的属性、传播地域、传播存留时间、消费者可能注意度、覆盖面积、发行数量、传播效果等制定出广告媒体选择与预定传播效果的方案。

【案例】阿克赛男士香水

国际知名品牌阿克赛男士香水多年来一直使用极为成功的广告语:"令女人们情窦初开的香气"。在电视广告中那些年轻美貌自视甚高的女士们遇到使用阿克赛香水的男士后即被逼人的香气弄得神魂颠倒。后来,该品牌又在传播创意上有所突破:有位年轻女子,不小心用了阿克赛香水,她走上街头后,发现同性们看她的目光都是色迷迷的。这种诉诸情景的策略竟然走得如此之远,以至于该产品的市场在三年内增长了300%。在最近几年,凌仕沐浴露和香水的广告创意实际上是对阿克塞男士香水的模仿。这类广告抓住了品牌定位的核心,利用这个核心展开广告宣传,作用是十分明显的。

四、从"国家品牌计划"分析央视品牌传播策略

首先,央视是中国重要的新闻舆论机构,是党、政府和人民最重要的喉舌,在全国传媒集团中处于领导者的位置。其次,在全国受众的心中,央视的品牌知名度、品牌理解度和品牌美誉度是最高的,央视已经成功地塑造了自己的品牌形象。基于国际环境、国内环境、国家战略和自身条件等因素,央视制定出了"国家品牌计划"。"国家品牌计划"积极响应国家提出的由"中国制造向中国创造转变"的战略目标,目的在于培育出一批能够在国际舞台上代表中国的优秀品牌。央视通过塑造出优秀的品牌来参与国际竞争,促进国际文化交流,在国际舞台提高自己的话语权。同时扶持贫困地区产业发展,体现了央视深厚的社会责任感和历史使命感。

(一)创新品牌定位,打造核心竞争力

定位的转变是理念革新最核心的表现。"国家平台成就国家

品牌"这个媒体定位在于央视重新认识到了国家平台的价值,认识到了国家平台能够为国家民族品牌的建设起到巨大的作用。

央视的品牌为产品功能定位,定位于让民族和国家拥有实现伟大民族复兴的有力传播途径。定位就是要在受众的心中确定一个位置,这个定位能够集中凸显出品牌的差异化,彰显该品牌特有的优势,从而增强传播效果。

(二)品牌设计助力品牌传播

以"国家品牌计划"的平面广告为例。画面将央视的大楼与中国的传统印章结合在一起,金色与红色是标准色,标准字体为宋体。既有中国的传统元素又体现了庄重感,表现出央视的权威性和公信力。整体的风格为古典、时尚、简洁。广告语"国家平台成就国家品牌"突出了定位。下面的文案提炼出品牌使命:"记录、见证、传播这个伟大的梦"。

图 4-5　国家品牌计划主题平面广告①

---

① 中央电视台正式发布"国家品牌计划"主题平面广告[EB\OL]. http://gongyi. cctv. com/2016/09/23/ARTIz7DgMxAY3aR0zHVTQxFT160923. shtml.

(三)品牌整合传播、全媒体服务升级

个性化需求的不断满足。央视基于大数据平台和央视云、视频大数据、用户大数据、用户画像功能、上线智能推荐和智能推送功能,全面进行精准传播。发现重大舆情央视都会与参与合作的广告代理公司进行信息共享,从组织结构上把广告代理公司当成一家人。央视通过自己的优势帮助进入"国家品牌计划"的 20 个优秀企业进行全方位的服务体系升级,打破了原有只管播出的藩篱。

趋向于客户关系的长久建立。以往在央视投放广告,央视只管播出,而建立了"国家品牌计划"却是媒介对于国家品牌建设的一次长久投资。这不是简单的市场营销,央视期望通过这个计划能够培育一批代表中国特色的民族品牌,使他们做大、做强,能够在国际舞台上参与市场竞争,提升国家形象。

资源全方位整合,提升整体服务水平。央视改变了单纯销售广告时段的策略,入选品牌会享受许多增值服务。一方面,央视实现了各频道之间的资源整合,将各个频道的黄金时段整合在一起,品牌得到更好的传播效果;另一方面,央视打破了企业广告片的样式。传统广告宣传片着重于宣传有形的产品,入选"国家品牌计划"的优秀品牌着重传播企业品牌形象。

在央视广告中心主办的各类线下、线上活动中体现企业元素,由广告中心组织的专家团队为企业提供定制化品牌策略咨询服务及培训服务。对于有新闻价值的企业或行业信息,央视新闻给予播报。例如,贵州猕猴桃的广告宣传片由中央电视台制作团队进行广告策划和广告设计,并在中央综合频道、财经频道、中文国际频道、军事农业频道、新闻频道播出。每天播出 16 次,为期一个月。央视经济频道的《第一时间》栏目专门播出了贵州六盘水的红星猕猴桃,《经济半小时》栏目播出了来自扶贫一线的采访,报道了贵州省的产业铺就脱贫路。

我国实行四级办媒体,而央视这个平台能享受重大国家事件

的独播权,有全国的人才提升节目品质,有权威性和公信力所以有实力。央视正是看到了自己作为国家平台的价值,以此作为定位实行了一系列的传播策略。在全国媒体竞争激烈化、产品同质化的今天,认清自己的定位,再整合自己可以使用的一切资源来实现媒介品牌的传播,才是可持续发展的传播策略。

第三节　品牌公关传播

公关第一,广告第二。在广告费越来越难以承受、媒体的种类与数量越来越多、消费者产生资讯焦虑的今天,公关传播策划成为企业品牌传播的重要武器,品牌公关传播手段起着越来越重要的作用。

一、品牌公关传播概述

(一)品牌公关传播的含义与特点

品牌公关传播是指企业以大众传播为手段,借助各种公共关系活动,快速提高品牌的知名度和形象,应对品牌产生的各种危机,以达到向公众传播相关信息的目的。

品牌公关传播具有双向性、快速应对性、公众利益性、媒体传递性等特点。

所谓双向性是指企业通过有目的的媒体活动向公众传播相应信息,同时也通过这类渠道对公众信息进行收集与整理。公众也是通过媒体获得企业的信息,与企业形成交流与互动。

快速应对性是指在互联网信息技术的影响下,品牌传播速度非常快,尤其是品牌危机,企业必须快速采取应对措施,维护自身品牌良好形象。

公众利益性是指品牌公关传播是面向公众的,必须站在保护公众的角度,尊重公众的利益。企业公关活动的效果取决于公众的心理特点以及企业与公众的关系，企业必须据此采取正确的决策，以实现品牌的传播。

媒体传递性是指媒体是品牌公关活动的桥梁。品牌必须要借助纸媒、电视媒体、广播媒体和互联网媒体快速进行传播，互联网媒体的影响在当代最为广泛。

（二）品牌公关传播的原则与功能

品牌公关传播的原则对于企业品牌公关来说是一种思维模式和解决企业品牌危机的一种工具。

品牌公关传播的首要原则是诚恳。这里有两层含义，一层是诚意，另一层则是恳切。所谓诚意就是从品牌的真实情况出发，有优点要传扬，有错误就要承认。所谓恳切，就是在态度上要表现出企业低调的姿态。

因此，对于一个品牌来说，品牌信息传播要准确、全面而且即时。公关传播的方向把握取决于品牌传播的个性。公关传播的有效性则取决于品牌传播的核心内涵挖掘程度。

企业品牌的公关传播是企业向社会做出的承诺和责任。这种情况，对于企业来说要主动承担责任和义务。

品牌公关传播最好要有一定的"度"，量力而行，不能勉为其难进行宣传。

品牌公关要注意创新，不能一直因循旧的思路，而是要把握新的思维方式设计和执行公关方案。

品牌公关决策要具有灵活性，品牌公关策划者和执行人员要准备后备方案，使公关决策具有很强的应变能力。

品牌公关传播具有传播沟通信息、协调关系、建立良好的外部关系、塑造企业品牌形象、解决危机消除问题等功能。具体是：

第一，巧妙利用新闻点，塑造品牌知名度。

第二，利用公关事件树立美誉度和信任感，帮助企业在公众心目中取得心理上的认同。

第三，通过体验营销或者促销活动，使公关的效果落实在实际之中,普及一种消费文化。

第四,利用企业的社会责任感,提升品牌的社会责任价值。

第五,通过危机公关,化解组织的营销压力。

第六,通过其他综合方式,化解危机。

二、品牌公关传播方式

(一)品牌公关传播软文

从公众的目的来看,品牌公关传播的软文可以划分为三种类型,分别是:专业性软文、评论性软文和品牌性软文。

1. 专业性软文

专业性软文主要解决公众对产品的了解问题。这类软文主要以技术指导性为主,其目的在于帮助公众全面了解产品使用前后所产生的功效。这一类软文在公众知识相对欠缺或者不容易从直观上了解的产品时较多。

2. 评论性软文

评论性软文主要是对行业、专业和企业三个方面进行评论。行业性评论主要包括对行业发展动态以及热点进行评论;专业性评论则是对产品的技术水平进行专业知识领域的评论;企业性评论则是对企业经营的风格和行为进行评论。

3. 品牌性软文

品牌性软文主要是指借助公众接受信息的渠道向公众进行产品和品牌信息的植入,以达到不断扩大品牌公众传播范围的目的,同时也达到强化产品和品牌的目的。

(二)品牌公关专播活动

品牌公关传播活动的类型有:

（1）活动赞助：体育、教育、慈善事业。

（2）新产品推广：新产品展示、新技术应用、新产品招商。

（3）社会事件：热点事件、焦点事件、社会问题。

（4）大型活动：大型节庆、公益活动、体育活动。

（5）服务咨询：产品咨询、服务支持、演讲。

（6）企业新闻：企业动态、重大决策、企业危机。

三、品牌危机公关传播策划

（一）公关危机传播策划含义

公关危机传播策划是指在企业或者社会组织出现声誉受损或者将要出现声誉受损的情况下，通过公关活动消除消费者对于品牌误会的活动。品牌危机传播策划的重点是危机发生以后的新闻传播与信息控制。

品牌危机发生以后，对于企业来说，一小时之内必须做出必要的决策，在企业、受害者和社会公众三方面利益协调的前提下，为企业制造正面形象。可以说，品牌危机公关活动的成败主要源于品牌危机公关活动的传播策划是否成功。

（二）品牌公关危机传播策划内容

1.制订品牌媒介策略

快速成立新闻媒介的接待机构，委派专人负责信息发布。或者企业要主动同新闻机构接触，提供权威的资料和信息，通过新闻发布会的形式，及时将组织应对危机事件的态度向公众告知。如果有媒体采用了失实报道，必须要及时指出，并给予更正。切忌对于失实报道做过多指责，引来新闻媒体的不满。

2.制订品牌传播时间表

网络信息传播的速度要求公关经理人必须在 60 分钟之内做

出正确的计划,并采取及时的措施。一般来说,新闻媒体在危机事件后的几分钟之内就能够到达现场。如果没有得到真实的信息,迫于工作的压力有可能妄自猜测。对于这种情况,公关经理必须及时采取措施,予以应对。

3.确立品牌"发言人"制度

在危机状态下,企业上下必须团结一致。从宣传的角度来讲,企业必须要保持高度一致,对舆论进行主动引导。一般来说,企业都要设立新闻发言人,把握危机处理的主动权。对于发言人来说,必须要经受过专业的训练,有极强的沟通能力和应变能力。面对新闻媒体和公众,发言人必须要能够将真实的情况公布,有理有利有节地对场面予以驾驭。

4.品牌新闻发布会

新闻发布会是在品牌危机处理基本已经尘埃落定的时候向公众进一步告知企业品牌信息的一种方式。新闻发布会要侧重于媒介关系和大众关系的沟通。借助新闻媒介,企业要将危机发生的全部过程告知公众,安抚公众的情绪。同时,组织在接受媒介的采访过程中,仍要做到口径一致,防止再产生任何对企业品牌不利的报道。

(三)品牌危机公关传播的方略

1.企业管理高层人物出面

危机公关的主角选定应按照危机的影响程度和范围进行确定。一般来说,相应的管理层出面予以解决是基本的原则。越是高层人物出面对于危机的消除来说越有益。

2.分清主次

传播对象是首先要明确的一个品牌危机化解问题。企业必须要进行有针对性的传播,发挥有限传播资源的最大效益。一般来说,品牌危机的关注对象主要有受害者、新闻媒体、竞争对手和社会公众这几类。企业最应关注的应是受害者。因为受害者是危机解决的核心,他会自动带动新闻媒体的关注,从而顺次解决竞争对手和社会公众的问题。

3.准确选择时机

品牌危机公关的原则一般来说应是快。对于一个企业来说,时间选择往往有两种,一个是危机发生的第一时间,另一个则是危机真相大白以后。对于企业来说原则上应选择第一时间。一怕夜长梦多,二则是担心各种竞争对手采取行动抹黑企业。因此,企业必须要设立一个公关部门,在危机发生的第一刻及时采取措施,开诚布公地表达企业的态度。在事件的来龙去脉弄清楚以后,企业应组织一次大规模的新闻发布会,将事件的真相向社会公众公布,为危机的圆满解决画上句号。

4.选择广泛的渠道

尽可能多地选择危机公关渠道,因为企业不能确定危机究竟以什么方式进行传播。对于这种情况,企业必须要进行全媒体覆盖,在纸媒、广播、电视和网络上进行传播。

互联网是企业必须要关注的一个重点。网络新闻的影响正在逐步从虚拟走向现实,而且具有无法预测和难以控制的特点。针对这种情况,企业必须予以重视。

5.高姿态承担责任

品牌危机发生以后,公众都在等待企业的诚意。而判断企业是否有诚意的标准就是企业是否愿意承认错误、愿意承担责任、愿意进行产品和服务改进。企业的危机公关活动必须要将企业的态度表现在这些方面,获得消费者的谅解与信任。

6.坦诚地自曝真相

品牌危机爆发以后,企业要敢于承认自己的失误,错了就是错了,不必要再做什么掩饰。重要的是,企业要在错了之后,寻找出错的原因,找出问题的根源,并做出改进措施。可口可乐作为一个百年品牌,不是没有出现过失误,但是出现失误之后,可口可乐的态度使得这些失误成了自己能够继续畅销的一个闪光点。

【案例】北京长城饭店的公关传播

1984 年,里根访华,长城饭店得知这一消息,敏感地认识到这是一次绝好的公关时机:若争得里根入住长城饭店,将使长城饭店一举成名。于是长城饭店提前准备,积极开展活动,终于打动了客方,里根及随行人员全部入住长城饭店,并且在长城饭店召开了记者招待会。300 多名记者现场进行采访,美国三家电视台转播,长城饭店借助公关活动带来的免费宣传,短时间内声名雀起,成为知名饭店。饭店开业前三年,70%以上的住客来自美国。对这一成功的公关案例,至今提起,人们仍津津乐道。

第四节　品牌网络传播

网络提供了一个集中、全面展示品牌的平台;品牌宣传的关键是品牌所提供的核心价值,品牌本身至关重要;品牌网站给人的第一印象应该是简单实用,并注重以新技术的革新创造更高的消费者满意度;网络品牌的策划者应放弃品牌主导者的位置,在网络上做一个认真的交流者和倾听者。

一、品牌网络传播概述

网络是一个消费者主导的环境。在网络上进行传播,消费者通常具有一定的品牌主导权。消费者的网络评价往往决定了品牌网络传播的效果。因此,在网络传播中,消费者的意见具有重要的决定作用。企业的品牌网络传播必须要能够做到倾听消费者的意见。

(一)品牌网络传播的概念与效应

1.品牌网络传播的概念

网络品牌是指企业拥有的与其他竞争者相区别的,并且能够为企业带来大量稳定客源的网络 LOGO。通常也是指消费者对于产品网络认识的总和。

所谓品牌的网络传播是指企业已有品牌或者新创品牌通过网络这一载体在公众间进行传播的一种形式。与其他品牌传播形式一样,也是通过文字、声音、动画和图像这些形式来表现的。

2.品牌网络传播的构成要素

在网络上,一个品牌能够被认知,除了传统传播过程中的一些信息聚合要素之外,网络品牌可认知的域名、网站、电子信箱形式也是重要的构成因素。

(二)品牌网络传播的特点和作用

1.品牌网络传播的特点

网络品牌传播主要有以下几个方面的优势和特点:

(1)全球传播

通过互联网,网络实践能够在全球范围内无限放大,而且时间也往往不会受限。任何一个事件都可以在网络上得到同步的而且持续的反映。这方面一个比较典型的例子就是美国联合航空公司的吉他摔坏事件,至今仍旧有所影响。

(2)多媒体传播

网络传播是一种多媒体传播方式,在传播的过程中可以将文字声音、图像融合为一体,实现传播手段的多样化整合,使公众在娱乐的同时获得品牌传播的需要。上述案例就是通过音乐这种形式进行传播的。

（3）互动性

网络传播已经发展成为自媒体传播。任何一个人都可以将新闻事件编辑以后在网上传播。因此,不论是企业还是受众都可以进行信息发布,进行跨时空的信息交流。

（4）开放性

网络实现了人们跨地域的信息传播,不同国家和不同民族的观念都可以在网上进行交流。借助必要的语言工具,网络传播已经实现了全球开放和共享。

（5）广泛性

在互联网上,每个网民都可以是信息发布者。网络传播主体可以匿名,网民可以自由发言,发言机会均等。

2.品牌网络传播的作用

根据权威调查数据显示的结果,品牌网络传播的作用非常突出。有三分之一的使用者会因为网络事件改变对企业的观念。有约一半的网购人士会受到网络品牌的影响。网络品牌的危机会令企业遭受大量损失。上述吉他事件就让美联航非常恼火,当天美联航的股票就下跌 1.7 亿美元。这说明网络品牌对于企业来说非常重要。当前一个企业成功的秘诀就在于创造一个响当当的网络品牌。

网络传播的积极作用主要体现在以下几方面:

第一,信息多元化。网络信息中运用了 FLASH、视频、音频等多媒体技术,通过组合的应用,配以精彩的内容,给读者带来了强烈的感观刺激和互动参与的欲望。

第二,表现形式立体化。网络事件的表现形式包括新闻事件、社交媒体、企业宣传等。不论什么方式都在一定程度上起到了宣传的作用,收到了一定的效果。

第三,传播互动能力较强。借助网络,人们能够很快地向企业回复企业所宣传的各类信息。这种双向互动传播方式能够在较短的时间内构建企业的亲民形象,从而帮助企业在较短时间内提升宣传的效果,构成企业对传统意识的日趋迫切的反叛和否定。

网络传播在起到积极作用的同时,也起到了一些负面作用。一方面网络传播的效果往往会超出企业的意料,对企业的品牌宣传产生负面影响。另一方面,网络管理不善则往往容易引发消费者和企业之间的矛盾,降低消费者对企业品牌的忠诚度。

第一,网络传播信息良莠不齐。围绕网络短信的兴起也出现不少问题,一些内容低俗不堪的网络短信和新的恶作剧方式随之产生。

第二,网络传播信息充斥着虚假信息。网络传播具有很大的隐蔽性,刺激了人们在网上恶意传播虚假信息的欲望,在很大程度上丑化了网络传播在人们心目中的形象。

第三,网络传播效率低下。随着网络传播文化的发展,这种情况会有所好转。

二、品牌网络传播策划

互联网拥有传播速度快、受众广、成本低的优势,已成为品牌塑造最有效、最强有力的工具。品牌网络传播策划的原则主要体现在以下两方面:

(一)品牌网络传播的原则

1.企业风格化

网络的设计应该尽可能地与企业的战略相吻合。企业的网络形象也是企业形象的一个重要方面。企业的网络形象需要企业认真经营,将其作为企业社会品牌的一个构成部分。

企业文化和品牌是企业独特优势的一个构成部分,企业网络设计总体上也应是独特的,体现企业的个性化设计特征。

2.便于操作

企业网络应该能够使消费者快速了解到企业的信息。因此，在企业网站的设计上应有规律有重点，突出企业的产品。一般来说，对于一个以产品为主导的生产型企业来说应尽量实现企业网站的简约化，不宜追求网页的华丽。

3.快速下载

在建设网站的过程中，企业应尽量提高网站的访问速度，使消费者能够在短时间内下载到自己所需要的信息。网络访问速度是提高企业网络品牌识别的一个重要因素。没有消费者愿意在网站上花费自己宝贵的时间等待。

4.即时更新

网络上发布的信息应和企业的信息保持一致，原则上应做到同步。对于访问者来说，他们只关心企业的最新消息和动态，一年前的信息往往会让他们丧失兴趣。因此，企业要在网站维护的过程中，注意自身信息的更新，保障访问者能够得到最新的信息。

5.信息共享

从消费者的角度出发，企业应尽量多公布一些信息，具有网络上的共享精神。一方面，信息共享越多，消费者使用产品的时候也就越方便。另一方面，信息共享越多，消费者也越容易关注网站，提高网站的知名度。

（二）网络品牌传播的内容与关键

随着网格技术和消费者信息接触行为的发展，"窄告""富媒体"等越来越多的品牌营销传播形式出现在互联网中。网络品牌传播策划的内容与关键如下：

1. 网络品牌传播策划的内容

（1）网络广告

网络广告的作用主要表现在两个方面：品牌推广和产品促销。在游戏的特定情境中设置植入式广告，能够给消费者带来全新的品牌体验，有效地避免了消费者对强制性广告的抵触心理。此外它还表现在消费者通过企业方网站，了解品牌文化、在线模拟产品使用等。具体来说，在网络上有很多可以与消费者对接的体验接触点，这种对接主要体现在浏览体验、感官体验、交互体验和信任体验等方面。

浏览体验是指网络访问站对网络品牌信息接触的顺畅程度，主要表现在网站设计的方便程度和排版的美观程度上。

感官体验主要是指消费者通过互联网所获得的关于产品的视觉、听觉认识，使其能够从感官上实现不同公司或者产品的区分，从而达到消费者兴趣激发和品牌价值增加的目的。

交互体验是指消费者与品牌传播之间的沟通，主要是通过客服、论坛等方式实现。消费者将对网络品牌传播的体验反馈给企业，提高企业品牌建设的消费者适应性和主动性。

网站权威性、信息准确性以及搜索引擎排名都构成了消费者对网络品牌的认可以及体验程度。

（2）"病毒"性营销

所谓"病毒式网络营销"，是企业以短片、活动或是电子邮件的方式在全球网络社群发动的营销传播活动。其本质就是让用户们彼此间主动谈论品牌。这种与品牌之间有趣的、不可预测的体验，利用快速复制的方式，使得信息像病毒一样传播和扩散，显示出强大的影响力。

品牌信息之所以能够进行病毒式营销，其首要原因是价值、创意和公共性话题。一般来说，网络消费者喜欢一些实用性或者公共性强的话题，如果话题包含娱乐性，那么这个话题传播将会更加广泛，也更容易引起有效消费者的注意。

QQ、微信等这类即时营销工具的利用可以使消费者快速进行企业品牌传播，为企业进行病毒式营销传播带来便利。这种营销方式之下，企业可以瞄准主要消费者和易感染人群，选择一些有效的品牌信息，将其快速传播出去。传播源头可以是公众号信息，也可以是一些微博信息。通过良好的传播平台就能够吸引那些主要消费者群体，通过他们将品牌信息传播出去。

（3）网络社区

网络社区是虚拟网络上特有的一种社会形态。网络社区通常会设置一个主题，将具有共同兴趣的访问者聚集到一个空间中，使他们发生一种经常性的联系。网络社区的组织形式主要有以下几类：

①关系型社区。网络用户在某一个方面具有天然性联系，于是开始在网上集结，建立一个共同的社区，例如某一个共同的住宅小区。在关系型社区之中，人和人之间的关系是相对稳定的。品牌能够在同质人群中顺利传播。

②兴趣型社区。有共同兴趣的人可以在网络上聚集起来，例如针对于汽车的网络社区。车友在网络上分享驾车的心得以及购买的体验，从而帮助之后买车的车友规避一些典型的问题。

③幻想型社区。这类社区通常是指一些虚拟型社区，例如游民部落这样的社区。用户有一定的相似性，都是网络游戏爱好者。他们在虚拟社区中也有可能扮演不同的角色，或者交流虚拟游戏的娱乐体验。很多商家也看中了游戏社区中的广告植入商机。

④交易型社区。在交易型网站之中，买卖双方之间能够就产品形成一种交流或者互动。例如淘宝或者当当网上的消费者，除了进行产品交易之外，还会就不同的品牌进行深入浅出的讨论，分享不同产品的使用体验。

（4）搜索引擎

搜索引擎是用户发现网站的一个重要方式。一般来说，用户在搜索引擎中键入某一个关键词，搜索引擎根据自己的算法向用户提供不同类型的网站。搜索引擎排名和搜索引擎在提供网站的名录之中渗透出的网站信息通常则是用户使用某一网站的重要决策。对于企业来说往往也会根据这两个方面提升企业网站的搜索引擎排名。作为品牌营销来讲,企业必须要重视搜索引擎的品牌营销。如果使用不当则有可能对品牌形象产生一定程度的损害。

2.网络品牌传播策划的关键

互联网特别是移动互联的普及,微博、微信的火热,使消费者接收信息呈现出三个特征:迅速、碎片化、互动性。传播的信息如果不能够吸引眼球,几秒钟就被抛到脑后;传播的信息过长,消费者可能连看的耐心都没有;消费者自己没有发言权,很快就会没有兴趣。在这样的环境中,品牌的塑造再也无法由品牌精英一手操持,而需要让消费者参与到品牌的塑造过程中。因此,网络品牌传播策划的关键要素是:

(1)选择一种有效的途径。传播的内容一定要集中在消费者的兴趣上。网络途径是指搜索引擎登录、发布软文、网络论坛和新闻组、广告交换登录、友情链接登录等。

(2)通过简明的方式来表达。再好的传播主张若无法准确表达,则无法传播。若传播过程失真,则表明方式选择不对。

(3)网络传播技能必须一致。传播技能的整合是网络整合营销最简单、也最经常的一种运用。它是指将各种传播方式有机地组合运用,用同一种策略、同一种节奏,作用于消费者的各种感观,达到同一种信息的有效传达。

(4)传播主张必须持久执行。但凡做得好的网站品牌,其传播主张往往比较稳定,使消费者有一种稳定感和自豪感,从而形成品牌忠诚。

(5)与竞争者品牌加以区别。网站的品牌和品牌形象,唯有品牌价值存在于消费者心中,无法替代。而网站品牌形象的建立及品牌价值的转换只有依赖于传播。

(6)了解消费者行为是核心。网络营销传播的核心内容和最主要部分就是了解消费者行为。加强互动性是了解消费者行为的最有效方式,运用得好,可收立竿见影之效。

三、品牌网络传播策略

新媒体环境下的品牌网络传播策略主要是精准化传播策略、个性化传播策略、线上与线下传播结合策略(虚拟社区口碑传播、品牌搜索传播、品牌体验传播)等。具体策略与技巧是:

(一)创意符号

互联网企业的产品是无形的,是一种服务。因此,对于互联网企业必须创造一个非常强烈的品牌记忆符号,才能让消费者形成实在的感知。

(二)强化体验

强化互联网网民对互联网产品的产品体验,尤为重要。比如把产品的使用过程变成受众可感知的故事。

(三)学会讲故事

互联网品牌要发展,除了强化自身的产品体验和盈利模式外,还必须能够把自己的模式转化为风险投资者容易理解的一个故事或者是一个梦,这样才能让风险投资者建立信心,让网民们增加体验。

(四)借势和造势

互联网企业要想让自己的品牌迅速成长,一定要学会借势,时刻注意跟踪社会上的文化热点、娱乐热点、体育热点,随时取之为己所用,让紧贴社会热点的品牌传播运动,激起市场和社会的多元化反应,形成多重的激荡,这种激荡的效果,将等同于过往在黄金时段投放的效应。

（五）创造需求

互联网的品牌传播策划，尤其是价值建设极为重要，但这不是靠过去的所谓消费者心理差异化诉求来实现的。所有真正成功的互联网企业品牌是通过某种技术的改造和创造，通过某种信息模式的重组，给消费者一个全新的体验。他们不是在简单地取悦或者满足消费者的心理，而是在创造需求。

（六）口碑传播

传媒和传播正在发生大变革，企业、个人都在成为一个媒体。未来不是一个大媒体面对无数受众，而是无数的媒体与无数的受众的相互交织和交流。未来的广告将走向点播式和主动传播式，控制权完全掌握在消费者手中。

第五章 品牌营销新方式

品牌的载体是产品,因此品牌营销的核心是如何将产品塑造成品牌。品牌在市场上出现了很多形式的营销方式,可以以任何方式出现在人们的眼中,让人们注意、获取、使用,能够满足某种消费需求和欲望的东西,消费者认识一个品牌首先是从品牌名称和标志开始的,当今社会上出现了很多的品牌营销模式,来引导人们对各种品牌进行认识和了解,最终使消费者认同。

第一节 品牌营销内外部环境分析

品牌环境分析是指对品牌组织所处的内外部环境进行分析,以发现品牌组织的核心竞争力,明确品牌组织的发展方向、途径和手段,是展望品牌未来发展的基础,是品牌在展望未来发展环境变化和品牌组织能力实现动态的平衡。对品牌内外部环境的分析是指关键影响因素进行系统的审视、评估和判断,清醒深刻地认识品牌的客观基础和驱动因素,才能正确地进行品牌执行。

一、品牌外部环境分析

品牌外部环境分析的目的是评价品牌战略与组织外部的机会、威胁和趋势的匹配性,它包括宏观环境分析、产业环境分析、客户环境分析和竞争环境分析四个部分。

(一)宏观环境分析

品牌在发展的过程中,需要对经营环境进行分析,必须认真分析政治法律环境、经济环境、技术环境、社会文化环境等因素变化的影响,当清楚地了解这些环境因素时,就能够从容地面对所带来的机遇与危机,以便通过机遇来消除或者避免危机的发生。品牌组织只有在把控宏观环境发展变化的基础上,才能在经营过程中以及发展过程中做出决策。

宏观环境指的是在对品牌组织的经营管理活动中产生的影响,要从政治环境、法律环境、经济环境、技术环境以及社会文化环境等多个环境因素中进行考虑分析,能够从这些因素中找到哪部分会对品牌组织产生影响。

1. 政治法律环境分析

政治法律环境是指国家的政治制度的影响下的品牌组织所应当具备的条件,以及各种的相关法律对品牌组织的经营活动所产生的限制要求。品牌组织在经营战略过程时,首先应当考虑的是投资品牌组织与所在国家和政府之间所存在的稳定性和安全性,在此基础上,应当考虑政府是否对该地区的发展做出的支持力度以及政府的工作效率。

政府会为了促进某一地区的发展,而将一系列的优惠政策给予该地区,来吸引投资商,这样也会为品牌的发展提供一些好的政策,以及高效的服务,切实保证品牌组织的利益。但是在某些地方,也是会受到当地政府以及官僚的干预,品牌组织的发展受到限制,当地政府的过多干预,会使办事效率低下,不利于品牌组织发展。品牌组织应当选择安全稳定的、能够高效的提高优质服务的环境。国际化的品牌应当考虑将品牌引出去的政策。

随着经济全球化的发展,自从中国加入世界贸易组织之后,中国品牌组织对法律环境的要求也越来越严格。当一种品牌准备在某一国家或者地区上市时,应当考虑当地的法律是否有利于品牌发展,目的是保证品牌组织在该地区发展的过程中,能够受到当地政府与法律的保护,确保在不违反当地法律的前提下,品牌得以全面安全发展。当然,品牌组织在某些国家和地区上市或者出售的过程中也会受到一些法律法规的影响,制约品牌的发展。但是随着国家间相互合作的增多,为了使投资者与品牌上能够更好地发展,能够受到法律的保护,所以国家与地区之间应当不断加强完善其法律法规,为国家间的资金流动创造一个良好的法律环境。

2.经济环境分析

品牌组织在发展与生存的过程中会受到经济环境的影响,以及国家间经济的发展等各种因素的制约,所以品牌的发展需要时时关注国家政策发展的现状,根据政策的发展来调整自己品牌特色,根据事实的变化来调整自己的发展,因此,国家政策的发展变化是可以对某一行业以及品牌的发展有所影响的,既可以是鼓励和保护性的,也可以是限制和排斥性的。

在2005年12月国务院发布实施的《促进产业结构调整暂行规定》中对于《产业结构调整指导目录》中规定:由鼓励、淘汰和限制三类目录组成。对于很多的投资类产业项目,国家秉持的态度就是大力支持,以及给予相对的优惠政策,帮助其渡过在发展中遇到的难关;对于限制类的产业,国家督促改造和禁止新建;而对于需要淘汰的产业,国家的态度就是大力地禁止投资,实施政策管理,如金融机构可停止对各种形式的授信支持,有关部门可依法吊销生产经营许可证等方式。

经济的快速增长对于品牌组织选择的投资方向也是有很大影响的。当经济快速增长时,人们的收入水平也会快速地增长起来,这样就会给品牌的快速投入带来好的时机,有利于品牌的增长和发展。相反,当经济增长的速度缓慢时,一时人们的收入得不到快速的增加,也会限制各个品牌的投资使用,企业品牌的发展也会受到限制。品牌组织应当抓住市场发展的时机,做出有利于品牌成长、有利于产业发展的新市场。

3.技术环境分析

技术环境是指品牌在创造的过程中所应用的技术以及科学

的要素,这些要素的集合直接受社会发展的环境影响,包括国家科技体制、科技政策、科技水平和科技发展趋势等因素。对于企业而言,应当密切关注时事动态,关注是否会有新的技术产生,而会对一些技术出现更替的现象,密切关注行业的竞争者技术开发,并发现可能给品牌组织带来竞争利益的新技术、新材料和新工艺。

由于我国是一个资源丰富的设备大国,所以每年都会出现很多的设备故障、损失以及报废的情况,而这类情况会给国家带来经济损失,且对环境和资源的利用都产生了压力。应当对此类情况展开合理的处理,将各种报废的产业继续回收利用,发展成为一个规范化的现代产业,将各种金属、塑料、玻璃等回收再生产,能够在节省品牌组织的节能、节材、降耗、减少污染和提高经济效益上发挥巨大作用,实现我国的经济资源循环使用的发展。

4.社会文化环境分析

社会文化环境是指品牌在所处的社会环境与文化教育之间的差异,民族之间的风俗习惯的不同,文化传统方面的差异,以及各个民族之间宗教信仰的不同,那么这样将会影响品牌与社会文化之间是否会存在差异性,以及品牌能够长期存在等。一个品牌存在的背后会有一种文化的支撑,所以当品牌在营销的过程中,环境因素与文化之间差异的影响是必然的。因此,要使一个品牌在不同文化背景下能够发展下去,应当了解不同社会文化环境,根据不同的文化环境来制定相应的营销策略,对社会文化环境的分析一般从以下几个方面入手。

(1)教育状况分析

不同程度的受教育情况会影响不同的消费者对产品产生的不同态度,包括功能、款式以及包装样式上面都有差异性。通常具有较高教育水平的国家或者地区会对产品的包装上要求典雅大气的特点,其附加功能也会有一定的要求。因此,针对不同程度的消费者企业在营销的过程中会采取不同的应对方案。

（2）宗教信仰分析

宗教是构成社会文化的重要因素,宗教习惯对人们的消费观念是有很大影响的。每个不同的宗教是有自身独特信仰的,所以对一些事务的需求也是不一样的,某些宗教组织甚至在教徒购买东西的时候起着决策性的影响。所以,品牌在创立的时候要考虑宗教信仰这个因素,在营销活动中也要注意到不同的宗教信仰,以避免由于矛盾和冲突给品牌营销活动带来的损失。

（3）价值观念分析

价值观念是影响人们在选择品牌的一种态度和看法,不同的人存在不同的社会观念与社会价值观,所以每个人的社会价值观是不一样的,消费者对品牌的样式、价值以及促销的方式都会持有褒贬不一的意见和态度。企业营销必须根据消费者不同的价值观念设计产品,提供服务。

（4）消费习俗分析

消费者习俗是指消费者在长期的消费过程中所形成的一种习惯。不管是日常的社会习惯还是经济条件下的习惯,都是消费者所持有的一种消费态度。消费者在消费的过程中,应当使消费观念保持理性的态度,这样理性的消费观念是能够促进消费品牌的正确发展,引领消费者正确的价值观,有利于市场的发展。

总之,纵观社会文化环境的变化,要求品牌经营者在选择经营环境的时候必须密切关注时态的发展,认真分析总结,目的在于明确品牌组织在面临危机与机遇时,能够顺应时代的发展,解决问题。

（二）产业环境分析

产业环境是品牌战略在进行与其他的品牌之间竞争的沙场,不同的品牌之前所包含的结构特征、品牌成功的因素以及需要变革的驱动力,品牌战略必须实时地分析并提出改进才能占据有利的地位。

1. 产业类别分析

由于产业的发展前景与很多因素有关,根据不同的因素侧面反映了不同的划分标准,以下介绍两种常见的划分方法。

(1)根据产业的未来预期划分,可分为朝阳产业和夕阳产业

朝阳产业如同初升的太阳,光芒万丈,发展前途势不可当,当前比较有发展前途的当属生物技术和信息产业,他们的发展都属于朝阳产业,或许会在几十年后属于夕阳产业,但是现在还处于前途不可限量的阶段。对于从19世纪就产生的钢铁行业存在至今,已经迈入了夕阳行业的范畴中,发展前景不太乐观。朝阳产业和夕阳产业是相对性的产业,例如,在资本主义国家中成熟的微电子行业在一些发展中国家仍处于刚刚起步的朝阳产业。

很多的资本主义国家为了在发展中国家谋取利益,将本国的品牌产业以跨国投资的名义转移到了发展中国家。所以,对于我们国家来讲,也要实行"引进来和走出去"的政策,通过开拓国外的市场,来使我国的经济在发展中得到国外资源的互助,能够使产业得以平衡发展。我国的经济地区和城乡发展地区中很多新兴的产业都呈现从城市向乡村转移的一种趋势。政府的支持对于品牌的发展也是很有利的,一个好的环境以及一个好的制度都是品牌长久发展的保障。如果品牌的竞争力不强,可以将品牌转移到西部开发地区发展,寻求品牌长久发展。

(2)按照产业所采用的技术的先进程度,可分为新兴产业和传统产业

一般来说,传统的产业已经多为夕阳产业,发展的前途受到限制。新兴的产业多为朝阳产业,处于蓬勃发展的阶段。一个产业的发展从诞生、发展、繁荣到衰落,这是一个发展的周期,传统的产业从兴起到衰落周期一般为120年。按照产业发展的资源与技术的不同,产业的发展周期也是起伏不定的,一般来说,对资源的依赖程度越大,行业周期就会越短,例如钢铁、纺织行业;对技术的依赖程度越大,行业周期越长,例如生物技术、太空技

术等。

一般来说,一种新兴行业的诞生,通常不会出现企业盈利很大的局面,因为一种行业的产生是需要时间的积淀与投入市场后人们的反应,产品出现并不一定会被消费者所认可,市场的需求量小。例如 20 世纪中期计算机行业的出现,人们对计算机没有多大的需求,所以没有什么人来购买。当一个行业刚开始出现在人们的眼中时,人们所持有的是一种观察的态度,这种行业的竞争压力都比较小,品牌组织的利润空间都比较大,处于雄起的阶段。等到品牌完全占领市场时,各个行业就会出现竞争的状态,行业的发展也会相应成熟起来。

2. 产业发展趋势分析

行业在前进的过程中不断进行整合与发展,各种品牌之间出现了能够和平相处的状态,产品之间已经不再是一种价格上产生竞争的局面了,企业开始注重的是商品的个性化,能够与其他的商品区分开来的特质,可以满足不同层面、不同年纪、不同阶段人们的所需,这样会有效地节约成本,减少产品因为剩余而造成资源的浪费。

此时,由于各种对利润空间的减少,各种成本也都在控制的范围之中,供应商系统和网络销售系统之间呈现出了一种相对稳定的局面,两者之间不存在很大的矛盾,所以不会存在品牌上的问题,也不会造成消费者的流失现象。这种状态的平衡相对来说是稳定的,但是一旦出现比较大的品牌,这种平衡的局面就会被打乱。

如果一个行业发展得比较快,或者这个行业的利润增加得比较多,就会使更多的消费人群涌向这个行业,人们资源的转移,以及各个国家之间交易的增多,以及产生的品牌连锁反应,自然利润也会随之转移增多。例如,计算机行业就是改变了全球的经济结构的发展。但是也因情况而定,提升一些产业的发展或者推迟停止其他产业的发展。

3. 产业发展周期分析

产业之间的发展是存在一定的时间限制,就是产业存在的生命周期,是具有伸缩性的,以我国的家电行业发展为例。我国家电行业是在 20 世纪 80 年代开始发展起步的,但是随着经济的快速发展,我国的电器品牌也呈现出了一种飞速发展的状况,如何才能在快速发展的家电市场中抢占先机呢?首先要对品牌建立一个完整的组织,这个时候,市场的开拓比较容易,政府政策支持该行业发展,限制条件较少。行业内的划分还不成熟,行业内部的竞争力量还不大,因此品牌的建立以及市场的拓展比行业内部竞争机会的成本要小得多,建立的新市场也是相对稳定的。在一些品牌中也会存在市场营销上与网络营销上产生的竞争,所以建立新的市场是很有必要的,对于投资者获取的回报也是很高的。这个时期的著名品牌有康佳、TCL、创维、海信、乐华、厦华、熊猫等。这个时期就是要不断地扩大生产力,扩充市场容量。

市场的发展空间是有限的,不可能同时存在很多相同的品牌,所以当市场被占据时,其他的品牌也就无法生存下去。当市场需求对品牌的要求越来越高时,品牌就需要改变自己的追求,通过其他的途径来寻求自身的发展,拓宽自己发展的道路,其他的品牌也会相应出现类似的想法,快速寻求自我发展的途径。不可避免的是行业之间出现了竞争,各大品牌之间不断地实行兼并,或许会出现一个赢家,或许会出现少数的赢家,20 世纪 90 年代的彩电价格大战就是一个很好的案例。这种现象的出现,充分体现了各个品牌之间所实行的技术、战略方法以及企业的内部实力,进而更好地发展和生产。例如,1998 年的海尔稳定了国内市场,适时提出了国际化战略。而格力空调则选择的是立足国内市场的需求,通过将品牌在国内市场上大力推广,一直到出现后面的繁荣景象。同时,消费者在选择商品的过程中,注重的不只是品牌,而且讲究的是质量以及服务,此时品牌企业切不可为发展而忽略了质量服务问题,更加不能忽略品牌效应的影响力度。

在进入 21 世纪后,中国的家电行业已经趋于成熟阶段,特别是 2007 年之后,家电行业的门槛也在逐渐提高,所以相对于其他的品牌而言,完全没有立足的余地,家电行业的竞争基本上就是海尔、海信、TCL、康佳、创维以及两大销售网络国美和苏宁的竞争。所以说,品牌的发展是根据市场的要求而改变的,无论品牌的前进如何,都是要依靠市场行业的发展规律进行的。

(三)客户环境分析

客户环境分析是指通过对客户的一些信息数据进行分析所得出的一些价值等方面的结果,能够帮助客户正确的制定出属于自己合适的营销计划。这种客观的分析,得出的结论就是能够了解客户的潜在需求,用户与用户之间的交流情况,以及是否可以通过不同的用户来发展其他的潜在用户,进而扩大商业规模的发展,使品牌快速发展。

客户分析包括以下六个方面。

1.客户商业行为分析

客户商业行为分析是指通过客户的资金分布情况、流量情况、历史记录等方面的数据来分析客户的综合利用状况。主要包括以下几方面。

产品分布情况:将不同地区产品的销售情况进行整合分析,做出判断,在哪一区域产品的销售情况是最好的,哪一区域产品的销售比较弱,如何提高产品的销售能力,通过分析市场和消费者的需求来考虑。

消费者保持力分析:分析消费者的消费记录,通过分析可以得出企业希望可以长期保留的消费者,并对这些消费者保持一定的记录,并将其信息转达给其他的分店,使消费者在消费的过程中能够得到更好的服务以及优惠。细分标准可以是单位时间交易次数、交易金额、结账周期等指标。

消费者损失率分析:通过一些调查或者交易的数据来分析消

费者是否还与此品牌进行交易,或者是否已经与竞争者品牌进行交易,如何才能挽回消费者的心意,寻找其中的原因分析。

升级/交叉销售分析:对于不同的客户进行不同的分析,使之与其他类型的客户能够区分开来,这样有助于区分对待。

2.客户特征分析

客户行为习惯分析:根据客户日常的购买习惯来分析客户的心理,通过客户的价值来对客户进行分类。

客户产品意见分析:通过将客户对产品所提出的意见进行分析,可以得出客户在选择产品的过程中哪些是能够接受,哪些是不能够接受等的分析。

3.客户忠诚度分析

客户忠诚度是指客户在选择一种产品的过程中,会根据产品的质量、价格以及服务质量来决定是否会长期购买此类产品,是否会对此类商品或者品牌产生依赖等心理特征。客户的忠诚度是指客户长期购买品牌而产生对此品牌比较偏爱所以会重复购买。

客户忠诚度是指客户长期购买一种品牌、长期进行品牌来往,通过综合的感受,而对品牌产生一定的满意度与信任度。对老客户的保持比建立新客户更加重要,更加的经济,在通过与老客户之间建立的感情,可以帮助品牌在应对竞争时获得关键的取胜。在与老客户之间进行不断沟通、长期联系,这种将客户关系长期的巩固对于竞争者是具有隐蔽性,竞争者看不到任何策略变化。

4.客户注意力分析

客户意见分析:通过客户对不同产品、不同品牌使用后所得出的结论,从而对品牌提出自己的意见及见解,能够使品牌在经营设计过程中对客户所提出的意见进行改进,从而得到更多消费者的认可,不断改进自身。

客户咨询分析:通过对一些客户进行调查,从中了解客户的对品牌问题的反映以及受理咨询部门在一定时期内的解决情况,并跟踪这些建议的执行情况。

客户接触评价:品牌组织的部门应当定期地对客户进行一定的调查,并调查客户对品牌产生的评价等,对于客户是否能够定期都会收到多个品牌单位的多种信息进行调查。

客户满意度分析与评价:调查某一时期、某一区域以及某一种产品在人们心中所产生的影响分析,包括满意度与不满意度的原因,并对这些客户进行特征描述。

5.客户营销分析

客户营销分析是指通过对每一个客户的成本和收益进行的分析,然后做出判断能够为品牌企业带来利益的客户群体。通过对此类客户进行全方位的分析和了解,确认品牌哪一方面受到消费者喜爱,如此更加完善其品牌特点。

6.客户收益率分析

收益率是指通过投资来得到的回报率,通过年度百分比来表示,在企业中的收益率是指净利润占使用的平均资本的百分比。对于客户收益率来讲,是指将客户的成本与收益进行分析,判断这些客户群是否能够为品牌组织带来利润。

(四)竞争环境分析

1.品牌的竞争环境

品牌的竞争环境是指品牌组织所在行业及其竞争者的参与、竞争程度,代表的是品牌市场成本高低的关键。竞争环境是品牌组织生存和发展的外部环境,对品牌发展具有重要的作用。对于企业来说,竞争环境的变化是能够为品牌的发展带来危害,也会带来转变的机遇。如何才能在竞争环境中逆流而上,对于品牌来说只有抓住这个竞争机会,勇敢面对,就有可能成为品牌发展的重要机会。目前,中国在融入国际经济的背景下,中国的品牌环境出现了急剧的变化,行业的变化,消费者的需求,品牌技术的发展都发生了很大的变化,不稳定因素的增多,只有品牌组织时时关注国际环境的变化,才能在竞争环境中抓住机会,规避风险,找到自身发展的关键。

2.品牌竞争环境分析的含义

如果以一家珠宝公司的连锁店为例来分析,这家珠宝店从事的是零售珠宝业务,因此,它的竞争对手势必就是那些零售珠宝商家,通常珠宝的市场是商业区的珠宝行。但是,继续对所处的环境进行分析,可知,其他的竞争商家都是来自订购或者邮寄的方式来经营,这家珠宝店却是在一个通往某著名景点旅游的必经之路,所以,这家商铺的经营结果是非常成功的。

人们会去这家小店的原因有很多,不会有人专门为了买一条项链而光顾这家店,然而,这家店的生意确实很好,到底原因是什么呢? 实际上,这家店也是一个旅游景点,尽管这个小店只是出售珠宝,但是却有完整的加工车间,人们可以亲眼目睹一个珠宝的加工完成。不光是为人们展示加工珠宝,而且还设有专门的茶餐厅、儿童游乐园、动物园以及蜡像馆等。当人们在海边感觉寒冷的时候,也可以去小店喝喝茶、看看书、聊聊天。

在客户买珠宝的同时还会需要其他的,比如将珠宝送人的过程中搭配一束鲜花,或者服饰等等,这家珠宝店也可以增设一些鲜花店和服装店等。这种集旅游和珠宝生意为一体的连锁店是内地和繁华商业区的珠宝店所不能匹敌的。

所以可以得出,在竞争的过程中需要抓住的是消费的需求核心,只有抓住这一点,才能战胜对手,在竞争中不断发展。

通常品牌在发展的过程中不只有一个市场,而是会考虑到适用各种人群,即多种需求类似的买家团体。例如法国的一家自行车制造商,不但只针对本国人们的需求,也出口到了很多欧洲的国家。针对不同的人群进行分析,法国市场需要的是成人赛车,3—6 岁的童车等,所以有必要对欧洲整个市场的所需群体进行分析和评估。

3.品牌的五种竞争力

品牌组织在拟定竞争战略的过程中,需要深入地分析了解产业所需竞争力的法则,这种竞争法则包括:新加入者对老品牌的威胁、客户之间存在价格上面的问题、出现可能会替换产品与服务方面的威胁以及供货商的议价能力。

五力分析模型是迈克尔·波特(Michael Porter)于 20 世纪 80 年代初提出的,对企业的战略分析产生了具有全球性的深远影响。如此可以有效地分析出品牌在竞争环境中该运用的战略部署决策。迈克尔·波特是哈佛大学商学院著名教授,当今世界上少数最有影响的管理学家之一。所总结出的五种竞争力是关于行业中出现的品牌与对手之间的竞争与紧张感、市场上对品牌的威胁、新产品的不断涌现,各种竞争力从四面八方出现。

潜在的行业新进入者:一种新的品牌的产生以及出现在市面上,对于其他的品牌都是有可能造成威胁的,新的品牌会带来新的资源,会吸引消费者目光,从而占据市场地位。所有新的潜入者进入这个市场会给市场带来更大的生产力,使市场的占有率重新发生变化,这将会引起与市场上现有的品牌之间强烈的竞争,使产品的价格下跌;站在另一个角度分析,新的资源的产生势必会使新的产品上市,从而会使行业中生产的成本升高,这都会导致行业获利能力降低。

替代品的威胁:当市面上出现了一种与另外一种商品的品牌组织具有相同的性质时,就会使两者之间出现竞争的局面,其原因就是出现的品牌组织的产品与之有相互替代的作用。如果出现的替代商品价格相对较低的话,进入市场后就会影响本行业价格上面受到影响,限制了行业的利益。本行业与生产替代产品的其他行业进行竞争,常常需要本行业所有企业采取共同带施和集体行动。

买方讨价还价的能力:买方就是顾客。买方在购买一种产品的时候,通常会选择价格便宜、质量好以及服务态度都良好的产品。所以通常情况下,买方在所需产品的数量上面以及出现的产品能够替代的情况下,会要求卖家降低产品的价格要求,以及需要卖家提供优质的服务,结果就是导致在相同行业的产品商之间出现竞争,导致行业的利润下降。

供应商讨价还价的能力:对于一种行业的发展规律就是,供应商在将商品提供给市场的过程中时,会对商品的价格进行一个调整,通过一边降低商品的价格,一边来出售商品,使得市场上总商品的价格降低,从而控制了行业利润的增长。

现有竞争者之间的竞争:对于市场上的竞争通常都是体现在竞争消费者。一种产品的上市,商家都会通过不同的方式来吸引消费者前来购买,例如通过优质的服务、有力度的促销、宣传以及精美的外包装等,来占据消费者的心理,这种现象的产生是会给行业上造成威胁的。

"其他利益相关者"是其他的一些与此有关系的人,可以是政府机构、可以是贸易组织,也可以是股东、也可以是特殊利益集团。其中,政府是占据很大作用的。

出现的这五种竞争力能够决定产业获得利益的能力,决定了产业的发展和产品的价值。品牌要了解产业的发展结构,并塑造出利于产业长久发展的结构,这样就会拥有长久的获利能力。

4.品牌的竞争战略选择

(1)总成本领先战略

成本领先是要求在生产经营过程中严格地控制生产过程中的资源费用,建立高效规模的生产设施,抓紧成本与管理费用的控制,以及最大限度地减小研究开发、服务、推销、广告等方面的成本费用。

为了达到这些目标,就要在管理方面对成本给予高度的重视。贯穿整个战略中的关键是要将成本控制在竞争对手之下,所以也不能忽视质量与服务等其他方面。通常情况下,对于低成本的公司在选择竞争的过程中,会以较低的成本来收购,这样对于其他公司来说低成本的公司在收购的过程中获得了利润。拥有低成本的地位时,会要求在市场份额中占据很大的优势,比如产品在制造的过程中质量要得到保障,产品在销售过程中要对产品的售前售中售后服务达到人们的满意状态,能够建立起对所有顾客群进行服务的态度。

总成本的领先地位是非常吸引企业的。一旦一个企业确立了这个地位的存在,当出现投资的过程中通常都是保持最低的成本来获得,所获得的较高的边际利润又可以重新对新设备、现代设施进行投资以维护成本上的领先地位。

（2）差别化战略

差别化战略是将产品中生产设计出来的产品施以特别的服务待遇,在企业品牌中树立起具有独特性质的东西。如何才能实现差别化的战略方案呢,可以通过在品牌的形象上面设计不同的样式、技术上不会出现与其他产品相似的地方、性能上也要具有自己的特色,以及在服务态度上面都要与其他的品牌不一样,这样突出自己品牌的独特性,才能赢得消费者。最理想的情况是公司在几个方面都有其差别化特点。

（3）专一化战略

专一化战略是主要针对某一个特殊的顾客群,或者将某一产品战线统一投入到某一地区。跟差别化战略一样,专一化战略可以具有很多形式。专一化战略是专门从事某一产业来进行的特殊的目标服务而建立的,所推行的每一项职能都是要考虑专一性的要求来作为中心思想的。

二、品牌内部环境分析

品牌内部环境分析的目的是评价品牌战略与组织内部的优

势、劣势和期望的匹配性。

(一)品牌素质分析

1.技术素质分析

(1)生产能力

生产能力是指在生产过程中组织计划策划出来之后,在有技术保证和质量保证的前提下,各人员的操作水平、工艺的装备、定额的消耗管理等,以及在制作过程中的运输工具,各个劳动者的生产水平以及安全生产等。

(2)技术开发能力

包括在设计之前的调查、各个技术人员的数量、技术人员的技术能力,通过获取新的技术情报的手段、检测手段等。还有在技术开发和管理上面、产品的更新等综合能力。

2.经营素质分析

(1)品牌组织的发展史

品牌组织在创立的过程中,所设立、研发、开创以及合并转产等方面的演变,对目前和今后发展都有所考虑。销售能力:是指品牌在市场上出现后,带给市场怎样的影响,以及带给人们的影响,是否能够存在下去。品牌组织的销售方面设备是否全面,市场开发能力,以及能否满足供货要求,收回货款的能力等。获利能力与经济效益:品牌组织通过什么途径可以获得效益,效益的多少如何控制,目标成本与利润成本之间是否存在盈亏等各种分析。

(2)产品、市场状况

当品牌组织将一种产品投入市场上后,其产品的主要性能是否会满足人们的需求,以及在市场上所占据的分量如何,与竞争对手之间的差距以及产品属于寿命周期的哪一阶段。

（3）物资采购供应能力

分析品牌组织在物资资源方面的组织、计划、采购、仓储、资金、管理等一系列工作的能力与存在的问题。

3.人员素质分析

人员素质分析是指对人员的各个方面的观察分析所产生的结论。包括对领导人员的素质、管理人员的素质以及职工的素质的分析。一般而言，任何品牌的组织都会对员工进行素质的分析，目的是帮助员工提升自身的不足，来期望人员素质的提升对组织做出的更大贡献。但是事实上，人员受教育程度与培训程度的高低，是以满足工作的需要为前提的。因此，人员必须在达到这个前提条件下，才能满足工作的要求，人员素质必须和品牌组织的工作现状相匹配。管理层在提升人员素质的同时，也要积极地提升人员的工作效率，通过不断提升发展，以此来壮大品牌组织的团队。

4.管理素质分析

管理素质分析主要分析品牌组织的领导体制及组织机构的设置是否合理，信息的沟通、传递、反馈是否及时，日常业务性的规章制度是否健全可行等。主要包括以下内容。

（1）执行标准的管理素质

管理者要想提高组织的效率，首先是了解清楚具体的效率标准是以什么作为衡量的依据。通过对比以前、现今以及将来来考虑为准则。衡量的标准有很多种，管理者可以通过将组织在发展过程中的很多特征作为衡量的标准，包括量和质的改变。

（2）寻找差距的管理素质

实际工作与标准比较总有一定偏差。如果没有偏差，就不需要管理。正因为有偏差存在，才需要大家去做工作。一个优秀的管理者应当能够及时了解目前工作的进展，必须敏锐地察觉目前工作水平同效率标准的差距，以便在它发展成危机前得到改进。

（3）纠正偏差的能力管理素质

在进行管理的过程中，有必要对发生的结果采取一定的处理，如果出现实际结果与标准结果之间产生了偏差，必须进行偏差矫正。偏差产生的原因是什么，矫正偏差应该从偏差出现的原因入手。管理者应当从不同的方面进行考虑，然后根据现今发生的事实，来确定真正出现的原因是什么。只有找出偏差的原因，才有助于确定适当的矫正行动，否则很可能南辕北辙，事倍功半。

5.财务素质分析

专门采取一系列的分析技术和方法，以会计核算和报表资料及其相关资料为依据，对品牌现在和过去采取的各种活动综合地进行分析，以及做出相应的报表，来系统地查看品牌的运营能力、盈利能力、增长能力以及偿债能力等。

（二）品牌建设分析

品牌建设分析（brand analysis）的目的是评价对品牌战略的投资是否创造了足够的价值，它包括品牌资产分析、品牌组合分析和品牌管理分析这三个子模块。

1.品牌资产分析

品牌资产是与品牌、品牌名称相互联系，能够增加或者减少在企业品牌销售过程中所出现的销售问题与服务问题等一系列的资产和负债。主要从品牌忠诚度、品牌认知度、品牌知名度、品牌联想和其他的专有资产即商标、专利、渠道关系等方面，这些资产会通过很多方式途径向消费者和品牌组织提供价值。

品牌资产分析就是指对核心价值的品牌所具有的知名度高低，品牌认知的水准、识别的强度、吸引力和独特性、忠诚度的基础分析，其他的品牌资产，以及进行定性和定量的全面评估等，除此之外，还包括顾客向品牌公司所提供的价值等的全面审查。

2.品牌组合分析

品牌组合是指一个品牌所包含的所有特点以及特征,即主要品牌、担保品牌、子品牌、品牌化的差异点、联合品牌以及公司品牌等。品牌组织是根据市场的发展需求以及品牌发展的市场结构来进行分析的,在品牌组合时所需要考虑的是:品牌组合在投入市场上会出现什么缺点和不足,是否会与其他的品牌出现重叠的现象,是否能够用一种品牌来带动市场的发展,是否能够在不影响市场利润增长的条件下剔除一个品牌等。

对品牌组织的分析就是指与核心品牌所相关的品牌之间的组合是否合理、范围是否恰当、能够清晰地展示品牌之间的关系,也要在组合的过程中考虑品牌之间是否会有相互支撑的作用。

3.品牌管理分析

品牌管理是指通过制定一定的计划来规范品牌在使用过程中出现的一些问题,综合分析,可以通过计划、组织、实施、控制来实现企业品牌战略目标经营管理过程。在品牌组织管理平台上功能是否强大·工作过程中是否规范标准、是否能够公平地落实品牌责任,这些内容决定了品牌在管理过程中能力的强弱,企业在集团品牌管理的情况下,还应分析品牌管理的内容模式。

第二节　APP营销,展现巅峰级智慧

随着智能手机的普及越来越广,移动设备应用的覆盖面也越来越广,开发人员及成熟的框架越来越多,门槛和成本越来越低,为品牌APP开发提供了更有利的市场环境。品牌作为技术的尝鲜者和践行者,成为推动移动新技术的领头人。

一、品牌 APP 营销的意义

智能手机的普及和应用市场机制的日渐成熟是消费者和用户了解和接触品牌 APP 的基础,消费者和用户对品牌 APP 的理解已经从好奇上升到熟悉,品牌 APP 成为智能手机用户了解和接触品牌的必需途径。

品牌 APP 营销是通过市场营销运用各种 APP 营销策略,是目标客户形成对企业品牌和产品、服务的"认知—认识—认可"的一个过程。高层次品牌营销就是把企业的形象、知名度、良好的信誉等通过手机 APP 展现给消费者或者顾客,从而使消费者和顾客心目中对此产品产生了一定的印象,树立产品的品牌形象,这就是品牌 APP 营销。

品牌 APP 面对的客户,是一个更愿意主动选择信息的消费族群。从来自用户的数据中可以看出,三分之一的消费者表示愿意从品牌 APP 上了解品牌的消息,有 80％的消费者都或多或少地下载过品牌 APP,并且保持较高的使用频率,如图 5-1 所示:

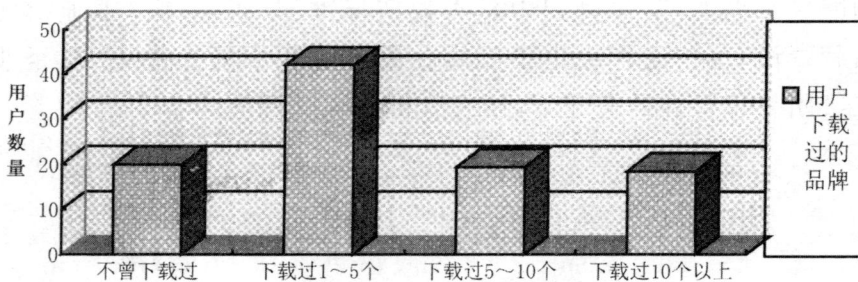

图 5-1　用户下载过的品牌 APP 个数

品牌 APP 营销的前提是产品要有质量上的保证,这样才能得到消费者的认可。关注 SNS 账号、即时通信、参与官方活动、发送邮件、反馈评价 APP,都是用户表示喜欢与品牌沟通的方式。

品牌建立在有形产品和无形服务的基础上。

"有形"是指产品在外观上面的设计包装,已足以吸引消费者的名称等。

服务带给消费者的就是在此产品销售的过程中以及消费者购买此产品之后，所带给消费者的服务以及服务态度，目的是让消费者决定购买此项产品是正确的。

用户对于品牌 APP 的使用也是基于自身的兴趣与需求。比较来看，游戏、对于品牌的喜爱、实用工具是用户下载品牌 APP 的主要原因。对于 APP 中的内容，用户也有自己的预期所在，产品信息、优惠信息、活动信息、品牌新闻等内容更能得到用户的青睐。由此可见，挖掘消费者和用户的内在需求和兴趣点是 APP 创意与产品及品牌结合的重点。

纵观现在的市场，很多出现的产品在功能性质上所存在的差别都是大同小异的，所以站在消费者的立场来看，购买一种产品，可能往往不是看重这项产品的功能，更看重的是购买时的服务态度以及购买之后的售后服务，这也是企业长期发展的必经之路。企业在既能满足消费者需求的情况下又能满足自己的利益，注重双赢，赢得终身顾客。

二、品牌 APP 营销的 4 大策略

随着互联网与移动互联网的快速普及，各大电商以及抛弃陈旧的 Web1.0 内容平台概念和正在抛弃 Web2.0 的大众门户与用户推荐概念，而逐渐过化到 Web3.0 的个性化门户、O2O（线上线下互通）、So Lo Mo（社交、本地、移动）等概念，新型工具的产生是推进品牌发展的关键，只有将新的技术和途径结合起来，才能促进品牌的快速发展，能够为品牌的发展创造更好的机会。

在新的营销模式中，结合了移动互联网的手机 APP 成为营销中的重点。无论是通过 Android 还是 IOS，来操作手机 APP 已经是一件非常容易的事，所以就出现了非常容易上手的开发平台。因此，品牌商在销售的过程中究竟是通过外包还是自制，都是由自身的技术能力所决定的。

如今，善于利用移动互联网的品牌厂商，已经把营销战线拉到了用户的手机上，开展一系列的品牌 APP 营销活动。许多手

机 APP 其实是免费下载的,但是其中暗藏商业模式,根本目的有以下几点。

赚取 APP 内部消费的收入。

搜集并挖掘用户的行为信息。

通过游戏 APP 来刺激消费欲望。

提供与品牌相关的产品、服务、门店位置与营销活动信息。

提升用户对营销活动的参与热度,直接创造线上或线下的业绩。

为品牌构建一个社交群,能够提供粉丝之间进行交流的平台,巩固用户对品牌保持忠诚度。

通过 O2O 的线上线下传播,来传递品牌知识,不断来扩大品牌的知名度,从而使线上进行交流,线下进行消费。

品牌 APP 营销的策略包括以下 4 个:

(1)品牌个性:包括对品牌的命名、产品的包装、产品价格的设定以及对品牌概念和代言人的邀请,形象设计风格以及品牌所适用的人群等。

企业的品牌个性是包含整个公司所有员工整体的个人特征和特性,所涉及的方面更加广阔,公司的品牌个性应当包括:一个品牌的产生必须有自己的独创性,不能与其他的品牌之间有雷同的部分,在创造的过程中应该人们之间相互合作,员工之间应该具有热烈的思想、敏捷的思路,以及整个公司必须具有严格的纪律性来规范。

(2)品牌传播:包括从品牌的包装过程,宣传品牌所设计的广告,针对的传播对象,如何宣传的媒体策略,广告活动的创办,以及在宣传过程中所要进行的公关活动,品牌在展出过程中人们对品牌的评价,以及最终的展示等。品牌传播是企业在宣传一种新品牌的不二法则,品牌宣传的最终目的就是要发挥利用创意的力量来在市场上形成"品牌声浪"。APP 传播有助于品牌宣传的主要途径。

在品牌的传播中,系统构成品牌的主要拥有者和品牌的受众,两者之间通过特定的信息、特定的媒介,如手机 APP,特定的传播方式,如移动互联网,以及消费者对此品牌的评价和受欢迎程度,相应的传播反馈等信息互动环节而构成。由于品牌传播追求的不仅是近期品牌传播所产生的效果,而是为了以后长久的品牌效应,因此品牌的传播在品牌的拥有者与受众的互动关系中,遵循系统化原则来进行。

（3）品牌销售:品牌销售可以通过很多途径来进行,包括通过人员的宣传、店员的促销、通过广告宣传促销以及通过优惠酬宾的活动等。在 APP 品牌销售过程中,主要是企业通过电子技术为基础,以互联网和手机 APP 为传播媒介,来进行营销活动。

（4）品牌管理（brand management）:简称 b m,包括队伍建设、营销制度、品牌维护、终端建设、士气激励、渠道管理、经销商管理等。品牌管理,是营销管理的一个重要组成部分,主流经管课程如聪 B～A、MBA 等均将品牌管理作为其对管理者进行教育的一项重要内容包含在内。在品牌 APP 营销过程中,品牌管理也同样是其重要的一个部分。

品牌是消费者对一种品牌的第一印象,这种主观印象决定消费者是否会对这个品牌产生兴趣,并购买此类商品。在营销中,品牌所占据的是消费者心中的主观臆断,是消费市场的灵魂。有一个企业家说过,"没有品牌,企业就没有灵魂;没有品牌,企业就失去生命力"。

三、品牌 APP 营销的 5 大要素

如何能够让消费者在纷繁杂乱的品牌世界中发现并看好自己的品牌,这对于企业来说确实是一项重要的课题。要做好品牌营销,需要掌握以下 5 个方面的要素:

（一）把好质量大关

任何一种产品的出现,都会面临很多的问题,只有将产品的质量问题做好保证,此产品才能长久、稳定地发展下去。

(二)确保诚信至上

人无信不立,对于品牌产品来说也是具有同样的道理,品牌失去了诚信价值,终将行之不远。

(三)进行准确定位

市场定位是整个市场营销的灵魂。每个成功的品牌都有一个重要特点,就是能够坚持,始终将消费者的心理和产品结合起来,并且将产品定位的信息准确地传达给消费者。

(四)打造鲜明个性

一种品牌的产生必须具备的特性是其他产品所不具有的,跟其他产品相比没有相似性,这样会赢得消费者的偏爱性。具有自己鲜明的特性,就更能得到消费者的认同,品牌形象也会随着明确的消费目标而建立起来。

(五)树立品牌符号

品牌在传播上市的过程中,需要自身品牌独特的能够传递信息的符号,能够把企业的文化、信誉、产品质量以及科学技术等融合起来,组成一个鲜明的品牌符号。打造出一个能够深刻在公众心中,具有广泛知名度和信誉度的品牌符号,这就是打造品牌的过程。在生活中,很多企业的品牌已经在消费者的心中留下印象,那么在 APP 的销售中是最能够取胜的。因此,在设计知名品牌的 APP 启动图标时,应该充分使用它的品牌 LOGO。

四、品牌 APP 营销的价值体现

企业产品的核心竞争力就是在于这个产品的附加值。产品的附加值是从哪个方面体现出来的,即来源与消费者对品牌的认同。越来越多的人喜欢用苹果的笔记本和计算机,苹果品牌价格高也会有人喜欢的原因就是这个品牌具有很高的附加值,是消费者喜欢认可这个品牌。所以说一个好的产品所具备的不光是好的品质,更重要的是需要通过品牌 APP 营销的方式将好产品的价值激发出来。

利用 APP 广告自身的特点,如:精准性、互动性、位置化、延续性、强用户黏性等,决定了它能够为企业提供更具个性化、到达率的广告服务。

智能手机的价格决定着它所对应的消费群收入水平(也较高),而 APP 是打发碎片化时间的最好方式。

APP 的形式丰富,种类繁多,可以针对不同的人设计不同的 APP,而且 APP 的广告位唯一,精准性更强,结合手机表现的创意空间更大,这也为经典且难以复制的营销案例的诞生创造了条件,促使品牌和产品在竞争中脱颖而出。

如今,越来越多的品牌会选择用 APP 的营销方式来讲述品牌的故事。如果是以现有消费者为中心来讲述品牌 APP,那么应该关注的是解决消费者对所需产品的信息。如果品牌 APP 做到是以潜在的消费者为中心,那么需要的是将品牌与产品之间的故事通过不同的娱乐互动来展示给消费者。

为了体现 APP 的实用度,应当注重的是用户与品牌 APP 之间的关系,品牌应当处于主动将用户与 APP 之间进行交流与使用。用户会在许多场景中使用 APP,灵活运用移动设备的特有功能,包括 GPS、重力感应器、内置传声器和摄像头等,这将极大改善用户体验。例如:开发品牌门店地图的 APP 时,可以根据用户目前位置告知附近门店信息,并吸引其访问门店。另外,还可以实时显示其他用户的评价,吸引用户互动,创造人气。

用户体验和品牌形象的完美结合是成功品牌 APP 设计的基础。因此,企业需要注意的是,如何在 APP 中植入品牌信息且不会惹恼消费者。

【案例】朋友圈广告:最完美的首秀

微博上线 Feed 流广告的时候简直被骂出翔,但微信的朋友圈广告首秀却赢得满堂彩。一时之间,人们为自己收到的广告而开心或生气,一句"世界上最遥远的距离是你收到了宝马,我却只有可乐"成为转发无数的金句。

无论是正式发布之前的热身通告,积极试探用户反应,还是对首秀三家广告主的精挑细选,随后引起的社交网络狂欢恐怕都难以复现。这个据说由张小龙亲自过问的案子,毫无疑问是值得写入新媒体营销教科书的经典。

【案例】"蓝黑白金"之争:最意外的逆袭

曾几何时,一条带魔性的裙子突然夺得网民的眼球,蓝黑还是白金简直成了比"to be or not to be"更纠结的问题。"争论"从 BuzzFeed 烧到 Facebook,再烧遍全球所有的社交媒体,空前盛况甚至完爆各大顶级品牌的营销。

就在蓝黑党和白金党激烈交锋的同时,这条裙子的商家——英国服装品牌 Roman 的女装销量暴涨了 347%,成为最大赢家。一片茫然之中中了头奖的 Roman,知名度一下子从三线品牌中崛起,名利双收。

五、品牌 APP 营销的 6 大优势

在市场经济与生产力快速发展的情况下,经济市场已经不再是之前的由卖方主动出售变成了由买家主动购买的情况。当市场上出现了很多类似的商品时,消费者的观念通常都是经过不断对比、比较来最终决定购买哪家的商品。所以很多企业也越来越重视在消费者心中的品牌意识,只有实施品牌战略才能占据市场。

品牌 APP 营销具有以下几点优势。

(一)拉近品牌和消费者之间的距离

在还不知道媒体为何物的时代,人们依靠的是口口相传的方式来传递信息,产生购买。随着报纸、电视等广告网络的兴起,信

息传播开始变得单向、缺乏互动。但是移动互联网时代的到来，特别是以微博为代表的社会化媒体与手机应用的打通，人们又回到了那个基于情感、信任基础上的营销时代。另外，LBS、增强现实以及蓝牙技术，在与消费者互动过程中也有突出的表现。

（二）实现高效的 APP 广告投放

数据显示，2013 年全球 APP 开发者数量超过了 470 万人次，如此庞大的数量，完全颠覆了传统媒体的广告操作模式，如表 5-1 所示。

表 5-1　APP 开发者数量与应用数量

平台名称	开发者数量	应用数量
APP Store	84.7 万	77.5 万＋
Google Play	220.8 万	67.5 万＋
Face book 平台	100 万＋	5000 万个页面和 1000 万款应用
Windows Phone Store	30 万＋	15 万＋
腾讯开放平台	40 万＋	20 万＋

APP 可实现智能广告投放，真正地将广告传达给需要的人。此外，很多的广告主在根据一个品牌的受欢迎程度，通过自主广告管理系统选择可以向人们以及媒体传播 APP 资源，并根据调查的数据来做一个统计，对广告进行调整和优化。这种自主的 APP 广告投放模式，可以更加的便捷，使广告主能够发现其中的不足，以便能够快速地做出修改，使广告投放更精准。

（三）让广告投放更加方便、快捷

在应用程序上投放广告，可以通过数以万计的途径来传播，此时针对的就不是一个单个的 APP 了，可以实现整个媒体行业的不断推广与整合，促进广告平台的发展。

（四）APP 能让广告看起来更炫酷

通过使用 APP 广告形式来浏览和观看广告，可以是图片的形式、视频的形式、手机视频广告的形式、也可以是通过网页嵌入式形式，只要通过互联网都能够实现广告的展现。

另外，新技术下的 Sensor 感应器、增强现实（AR）等各种新颖的、个性化的技术广告展示，也可以提升和推广对品牌的多样化发展。当然，为了使人们更加关注广告，也可以通过视频或全屏等信息量大的广告形式，效果会更好。

（五）衡量企业营销效果

广告主是否乐意开展移动营销，是一种移动广告效果，实际上只是一种技术层面上的问题，但是很多企业都比较看重。通过现在很多品牌 APP 营销的广告监测系统的逐渐成熟，很多的APP 都可以通过对用户的使用情况进行一个分析统计，可以对任何时段的广告数据做一个调查，以及对全国各个省市以及直辖市所产生的广告效果、用户的详细数据进行分析优化，广告主也可以根据实时的监测数据，对某个区域或人群的广告投放计划进行调整。

（六）有效管理 APP 广告投放

实现广告价值的最大化发展是通过移动广告的有效管理，主要体现在对广告费收支情况和广告效果的监测、统计以及分析上。

通过 APP 所搜集到的消费行为数据，具有使用其他手段所无法替代的价值。品牌 APP 营销主要的数据价值体现在以下几个方面。

通过时间上和空间上的交流数据。

个人的情况或者个人与他人之间、个人和群体之间的互动的结果。

甚至用户临时所做的决定都会被记录下来。

通过时间和空间上转变的数据,可以体现出消费者在哪种情况下所做出的行为后产生的结果。

通过不同的数据分析,广告主可以更加客观地分析用户的心理变化,以及确认用户的喜好。了解清楚喜好所发生的原因,能够更好地寻找销售的机会,还可以构造用户的决策路径、知觉地图、探索信息传播模式、社群互动机理,根据消费者的动态环境的分析,对用户进行实时的掌握,来揣测用户的心理变化,实现更加精准、高效的营销,进而产生稳定性存在的用户群。

第三节 LBS营销,深度推广品牌形象

LBS营销是在企业借助互联网或者无线网络的情况下,将用户或消费者之间产生的一种定位与服务的营销方式。用户可以通过签到的方式,加深对品牌的了解,帮助企业宣传自己的产品,使企业的产品在人们的眼中出现,并认知产品,加深市场认知度。这一系列的网络营销活动就是LBS营销。

一、LBS营销的意义

LBS全称是Location Based Service,是对于定位的一种服务,是通过人们对所要了解的地方进行的一种位置查询,能够通过移动终端来获取用户的地理位置信息,或者是坐标,在GIS(地理信息系统)平台的支持下,为用户提供相应服务的一种增值业务。

(一)LBS营销的功能

作为当下移动互联网所最热门的应用,LBS不断被更多的业内人士所应用,使更多的广告品牌商业产生了兴趣,以及进入代理公司的眼中,实现商业价值。

LBS 营销的功能如下：

1.社会化营销

LBS 应用除了提供位置信息外，还有一款移动的社交 APP，在社会化媒体营销备受重视的今天，驱使着广告主在这个领域抢占先机。

2.O2O 营销

LBS 应用所使用的是线上线下的方式，将虚拟的网络生活与现实生活之间进行交流，促进线下人流和销售。

3.可挖掘更多营销方式

LBS 营销应用还可以作为一种新型的媒体渠道，以及更加广泛的空间中使用，会得到更多的广告商家的应用，发挥更大的营销空间，更有创意和想象力。

(二)LBS 营销的现状

2009 年 3 月，美国一家名为"Foursquare"的网站上线，半年后获得了第一笔天使投资，17 个月后，用户数突破 300 万，惊人的成长速度让很多业内人士感叹：比当年的 Twitter 还要快。

Foursquare 是一家基于用户地理位置信息（LBS）的手机服务网站，并鼓励手机用户同他人分享自己当前所在地理位置等信息。与其他老式网站不同，Foursquare 用户界面主要针对手机而设计，以方便手机用户使用。

Foursquare 有一半的模式是采用地理信息记录的工具，30%是社交分享的工具，20%是游戏工具。这种首先确定移动设备或用户所在地理位置，然后基于位置信息提供相关服务的应用模式，被称之为 LBS。Foursquare 模式出现之后，把传统互联网和移动互联网进行了很好的融合。

其实，位置服务的概念早在十几年前就已经出现，但直到

Foursquare 的流行才真正引爆这个市场,并间接引发了中国移动互联网的 LBS 热潮。在 2010 年短短一年时间里,国内 LBS 厂商如雨后春笋般涌现。根据第三方研究显示,中国 LBS 应用市场虽然仍处在初级发展阶段,但市场潜力巨大。

中国行业咨询网研究部研究预测到 2014 年,LBS 的收入将超过 127 亿美元。而艾瑞咨询统计,2013 年,中国 LBS 个人应用市场总体规模已突破 70 亿元,5 年平均增幅将超 100%。

智能手机时代的到来,似乎是打开了一扇新的商业窗口。几乎所有的互联网企业都在探索手机上赚钱之道,LBS 再次进入人们的视野之中。目前,国内 LBS 市场格局,形成了两大共同发展的阵营。

第一阵营以街旁、盛大切客、开开、网易八方为典型代表,采用类 Foursquare 的服务模式。

第二阵营有嘀咕、新浪微领地、16fun、大众点评等 LBS 应用,他们在传统 LBS 应用基础上增加了创新元素,比如任务、明星、游戏、商户信息等,形成了更加丰富多彩的应用模式,进一步细分 LBS 市场。

不管是以哪一种形式的 LBS 应用,根本上都是根据用户的地理位置信息,这种业务模式不同以往的任何媒体和渠道,它将线上和线下结合在一起,打通了其间的通道。这就可能是 Foursquare 及中国的 LBS 应用在一夜之间火起来的原因。

当前,我国的 LBS 市场还处于初级阶段,虽然占据的厂家数量众多,但是很多还处于发展的初级阶段,并没有哪一家应用能够完全占据市场。另外,各个 LBS 应用虽然积累一批忠实的用户,但是彼此之间的用户没有很大的结合,受众相对来说比较分散。如果想要充分利用 LBS 进行新型市场营销,就需要将 LBS 应用整合起来,形成一个更广泛的媒体渠道,才能发挥更大的营销优势。

随着移动互联网的深入发展,定位技术的不断提升,用户对位置服务的认知度日益增加,LBS 势必会成为移动生活中不可缺少的一部分。

（三）LBS 营销的商业价值

LBS 是一种对于位置的服务方式，主要是围绕"位置"来展开的，通过准确地定位用户的准确位置，并根据用户所提供的准确位置来为用户服务，LBS 这样的定位服务对用户来说是很有价值的，对于商家来说更加有必要性，在人们以后的生活中以及各个方面都是密不可分的重要存在。

LBS 在营销的过程中的商业价值主要有以下两个方面。

1. 协助本地商家推广

当前社会的发展趋势是人们可以在逛商场的情况下拿着智能手机，而不是抱着便携式计算机，传统的 APP 移动广告通常情况下只是帮助商家提升品牌的形象而服务的，而 LBS 定位式的 APP 移动广告则是帮助本地的商家或者企业找到推广的渠道。LBS 营销的最大优势在于，能够直接地为消费者服务，推动用户直接进行消费。

LBS 应用不仅可以发挥位置服务特色，将身边更有价值的信息直接传达给消费者，贴心的提醒使消费者不会产生反感，而且能够更好地体验到品牌的热心和贴心服务价值，刺激消费者的购买冲动，促进销售，拉近商家用户之间的距离。

2. 实体商家与社交网站结合，加强忠诚度

如今，越来越多的商家开始关注移动广告的潜力，不断开发提升"顾客忠诚度"的 APP 应用。

丰富的 LBS 服务让商家的营销更富想象力，现阶段的定位式广告，主要帮助的是消费者所在区域的商家强化区域性营销；在未来，可以预期将会有更加丰富、新颖的定位应用营销出现。Location（定位）为移动广告开拓了一个新的舞台。

（四）LBS 营销的 6 大方法

进入移动网络时代，"位置"成了连接每一个移动的节点，位置即生活。人们在一个可以移动的设备上面生活，整合了人们的行为习惯，并能够告诉人们附近的人与物。

1. 明确商家的生意地点

首先需要建立属于自己的档案，明确自己的位置地点，使得自己能够出现在商家生意地点上面，然后建立自己的地点信息，明确详细地址，会使人们更加记住自己，然后选择一个可以明确描述这个地点的种类。种类有很多，必须明确自己的种类目标，将自己的位置更加精确，也可以自己输入自己的地点信息，这样就更加明确。

在输入自己地点的时候，明确自己位置的种类，选择自己需要的东西，再加上详细的地址，这是至关重要的，在写地址的时候应当尽可能地写出相关的信息，方便将信息传递给其他的客户，这种方式对于其他社交同样适用。

2. 不同区域分享不同的更新信息

发布一些关于附近区域的活动，能够让附近更多的人了解，参与活动的进行，或者可以发布一些消息，具体也可以发布一些活动的规则，使更多的人加入。

3. 提供特别服务和特价活动

商家可以定期地对客户提供特别优惠或者特价活动，来吸引消费者来参与，但是根据顾客的线上线下的习惯来吸引一些顾客的参与，做出不同的活动来回馈给顾客，吸引更多新的客户，增加消费群体。

4. 增加关于公司或其他有趣的帖子

在自己的页面里可以留下别人的一些评价，不论是否好坏，都是代表的一种反馈信息,对于更加真实的信息往往都是排在最前面的。

5.创建徽章

不同的门店可以创造出不同的徽章,代表顾客来门店消费或者签到,这样有利于增加门店的曝光度,不同程度签到的顾客可以获得不同的徽章,这样会让社交更加有趣。

6.在实体店里用标识提醒

为了推广门店,使更多的顾客来参与,就应该在实体店里设置不同的标签来吸引顾客,在 LBS 应用上面增加曝光度,随时提醒顾客来门店签到,当顾客参与活动时,就会将门店更多地推广出去。

(五)LBS 营销面临的问题

现在对于 LBS 服务从中已经体会到了服务的便捷性了,只是在服务的方式上面还处于初级阶段。这种是可以通过定位就能够发现附近一千米的餐馆、商店、加油站等地方,这种就是提供定位服务。LBS 在未来的发展不仅仅是被动地进行搜索,而是能够准确地将信息发给用户,从而达到一种查询到探索的转变。

不过,当前国内的 LBS 营销行业还面临着 3 个问题。

精准定位程度有待提高。很多的 LBS 服务商提供的都是基于 GPS 定位基础上的,其实或多或少会造成地点的偏移,应当与运营商之间建立良好的互动关系。

商业模式遭遇支付瓶颈。在中国很多支付过程中会出现一定的问题,支付过程中很多实际的问题没有被解决。

商家未做好迎接准备。目前很多的商家都还不能接受 LBS 营销的移动支付,如何让商家接受不是一件容易的事情,LBS 总体业态偏小,想让商家放弃直接的消费金额是比较困难的。

二、LBS 的营销思路

长期以来,商家们都很注意研究自己潜在的消费者群的组成情况,即使是路过自己店铺门口的顾客,商家也会对此进行分析。对于经常光顾自己店铺的老顾客来说,商家是否会掌握他们的具体情况? 这些人所从事的职业? 商家如何才能在以后使更多的老顾客来光顾自己的店铺,应用哪种方式,才能同这些顾客进行更多接触? 商家如何使老顾客再次光顾?

或许在将 LBS 手机应用程序应用在更多的地方,才能方面解决商家的问题,商家才能更好地了解,来抓住顾客的眼球。

(一)利用徽章提升品牌形象

LBS 应用最根本的核心是将产品机制在某个地方签到,就会赢得一次特殊的徽章。

品牌利用徽章对于 LBS 用户的重要性,采取一种如何才能赢得徽章的方法,品牌与 LBS 应用合作,发明具有特殊含义的品牌徽章,以此来吸引消费者。徽章一旦获得,对于用户将会是永远保留的,对于品牌来说也是长期曝光的保障,更好地使用户记住品牌的形象。

(二)协助品牌进行产品促销

典型的方式,当用户在登录 LBS 客户端的时候,LBS 会自动地检索用户的所在地,并且对附近将要举办或者正在举办的活动发给用户,使用户了解,用户可以查看此类活动,并选择参与此类活动,签到赢取徽章。

LBS 定位广告特别适合有线下门店的品牌,通过签到营销机制能够将消费者直接领进门店,促进线下客户数量。

(三)通过同步形成口碑传播

社会化媒体平台上的口碑对于品牌来说是能够提升品牌和

驱动销售的最直接动力。现今几乎所有的 LBS 应用都可以通过微博和各种常用的网站来进行绑定，LBS 用户通过签到，获取徽章以及店家的优惠活动都是可以在这些平台上体现出来的。

在通过用户对店铺进行签到的营销机制，会给店家品牌商品带来一定的曝光率，成为品牌传播的因子，以消费者为核心进行宣传，必定会将品牌在更大范围中传播出去。

第六章 移动互联网时代的品牌进化

移动互联网时代，社会正以前所未有的速度在前进，企业只有与时俱进，不断对品牌进行优化，才能适应移动互联网时代的新形势和新发展。

第一节 品牌价值重组

一、品牌价值

根据需求层次理论，品牌价值同样也是分层次的，分别对应消费者对于物质和精神的不同需求。品牌价值主要有以下三种。

（一）功能价值

一个品牌的产品，必须要满足消费者的某种现实需求，即该产品一定要有使用价值。消费者不会购买过期食品，不会购买坏掉的钟表，因为这些产品无法满足他们食用和计时的需求。无论一个品牌多么响亮，一旦产品质量出现问题，就不可能受到消费者的追捧。

（二）情感价值

情感价值是品牌的内在价值，是品牌文化的表现之一，在很大程度上影响着消费者的品牌偏好。比如，可口可乐和百事可乐这两款很多人都尝不出味道差别的饮料，为何各自拥有忠实的客户群呢？因为可口可乐的品牌定位是"最正宗的饮料"，而百事可乐的品牌定位是"属于年轻人的饮料"。它们通过一系列品牌塑造的宣传活动,为不同人群注入了不同的品牌印象。因此消费者在选择自己钟爱的可乐品牌时,往往不是因为其味道,而是为了一种情感上的共鸣。

(三)自我实现价值

对于品牌的不同选择,代表着一个人的地位、品位和价值观等。为什么那么多的人热衷于奢侈品?也许这些知名品牌在质量、外形设计上要优于一般品牌,但绝不只是这些因素影响人们的选择。奢侈品代表的是一种地位,能够买得起奢侈品的人,在他人看来是成功者,是社会的精英阶层,而奢侈品的消费群体则因此获得了自我认同和社会认同。

二、品牌核心价值的确定

品牌赖以长期生存的基础是解决客户的核心需求,即提供给客户的核心价值。它决定了一个品牌价值最终带给消费者哪种利益方面的体验。品牌价值可以有多方面的体现,然而,品牌的核心价值只能有一个。强势品牌的核心价值多指向情感性价值和自我实现性价值。比如,宝马这个品牌的核心价值是"驾驶的乐趣和潇洒的生活方式"。对于一个品牌来说,确定核心价值非常重要,它是一个品牌的核心与灵魂。一个品牌想要定位自己的核心价值具体可以采取强调品牌的领先地位、推出新一代产品、关联定位法、对立定位法、切割定位法等定位自己的品牌,如图6-1所示。

(一)强调品牌的领先地位

当一些世界知名品牌如肯德基和苹果进入中国市场时,往往没有经过大量宣传推广便能获得消费者的认可。其优秀的产品品质自然是原因之一,但更重要的是,它们分别是快餐行业和IT(信息技术)行业的佼佼者。也许消费者并不了解肯德基或苹果的品牌内涵,但这并不影响他们进行消费,这主要是源于品牌领先地位的引导。

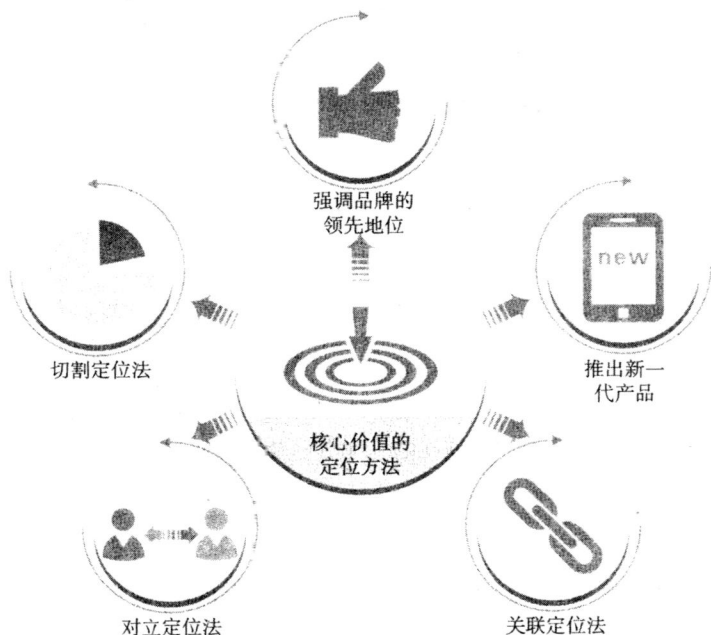

图 6-1　品牌核心价值定位的方法

品牌的领先地位包含许多方面，一个品牌很难每一项都做到第一，但只要有一点做到领先，并给消费者留下深刻印象，那么便能为品牌注入强大的竞争力。

通常，品牌的领先地位会从以下五个方面表现出来：产品销量和市场占有率的领先地位；企业资产规模的领先地位；杰出人才和伟大领袖的领先地位；技术能力的领先地位；细分市场的领先地位。

除了以上 5 种传统的领先要素外，企业还可以独辟蹊径，寻找竞争对手所没有关注的要点快速抢占高地。找准品牌优势，坚持自己的风格，将品牌的领先因素发扬光大，并进一步变为独特的品牌识别，是迅速成就领先地位的关键所在。

（二）推出新一代产品

推出新一代产品也是一种在消费者心中很好地定位品牌核

心价值的方法。营销者可以通过新一代产品加深消费者心智中对品牌核心价值的印象。比如，苹果强调科技，更加强调人本主义。它每推出一个新产品，消费者都能感受到其强大的功能，同时 iPhone（苹果手机）精致的外形设计更加符合时尚消费者的要求。在强调"科技""时尚"之下，苹果自然成了众多消费者的选择。

（三）关联定位法

所谓关联定位法就是品牌与同类的其他品牌相关联，努力发展成第二品牌。这样，在客户的心智中你就会成为第二选择。

企业将自己的品牌与同类的领导品牌相比较，总结出相同和相异的地方，从相异的地方入手，确立自己品牌的核心价值。因为是第二选择的品牌，这样很容易形成自己的客户群。如若领导品牌出现什么问题，第二品牌就可以乘势而上，取而代之。

（四）对立定位法

对立定位法同关联定位法不同，它是站在竞争对手的对立面，借助强势品牌来定位。前提是，虽然消费者心中已经有了比较明显的首选品牌，但是仍然希望新品牌为其提供利益。

对立定位法的关键是一定要找好对立的关键点，这个关键点也就是强势品牌的战略性缺点，让竞争对手无法还手，从这里出发定位自己的品牌。

对于对立定位品牌的方法，百事可乐运用得很好。它倡导"新一代的选择"，形象是新一代的、新潮的、酷的，和可口可乐老土的、落伍的、过时的形象形成鲜明的对比。最后，成了第二大可乐。

（五）切割定位法

如果领导者品牌在品类、消费者或者市场上面没有做到充分细分的话，后面的跟随企业可以盯准这个缝隙迅速地将细分的单元放大,以此来定位自己的品牌。

三、品牌价值重组

品牌价值的重组可以说是品牌价值的创新。企业可以通过一定的策略,将成本控制在一定范围之内,不断地对这个品牌的产品进行改变。用新的产品重新凝汇品牌的新价值,用新的品牌价值去满足消费者更高的利益要求。这种重组是在原有的产品或服务的基础之上,改变品牌的价值属性,拓宽品牌的广度,挖掘品牌的深度,使品牌向更加广阔的领域延伸。企业在进行价值重组的时候要以客户的需求和利益为出发点,在原有产品价值和品牌价值的基础上重组,企业可以从以下方面入手。

(一)对品牌价值元素进行分类评价

品牌价值包含多种元素,如形象、功能、价格、品质、服务等,对品牌进行笼统评价只能得出大致的品牌竞争力大小,而进行品牌重组,则需要企业重新界定品牌竞争力的具体来源。

(二)根据客户群需求对品牌价值元素进行排序

客户对于不同行业的不同产品,都有着差异化需求。对某些产品客户会关注其性价比、使用上的安全便利等,而对另一些产品则可能更关注其知名度。所以企业应当明确自己的关键客户群对于品牌的关注点和期待,并以此对品牌价值元素的重要程度进行排序。

(三)对关键价值元素进行深入分析研究

在对品牌价值元素重要性进行排序后,接下来应对最关键价值元素进行深入的分析研究,特别是要明确关键价值元素的现状与客户群期待之间的差异,以此来确定品牌整体价值调整的方向。

(四)同竞争品牌进行关键价值元素比较

由于很难简单地判定品牌关键价值元素是优是劣,所以需要寻找一个参照物,而竞争品牌就是最好的参照物。通过同表现优异的竞争品牌的关键价值元素进行比较,可以找出品牌当前的优势和劣势,从而做出针对性的调整。

(五)围绕核心价值元素进行品牌价值重组

在完成对品牌价值元素的分类、排序、分析之后,就要对品牌核心价值元素进行调整或重新定位,然后围绕新的核心价值元素对其他价值元素进行相应的取舍、调整和组合,进而完成整个品牌的价值重组。

四、品牌核心价值的维护

品牌的核心价值是企业愿景和使命的体系,是在长期的产品经营中逐渐完善、调整并最终成型的,因此一旦确立就很难改变。尤其是对于那些深入人心的品牌,如果没能坚持品牌核心价值,或是对品牌核心价值随意调整,很容易引发消费者的反感,让客户群离品牌远去。这就要求企业经营者不仅要树立起品牌核心价值,还要在品牌成功定位后矢志不渝地去坚持,将其贯彻到企业经营的方方面面中去,这样才能使品牌长盛不衰。具体来说,品牌核心价值维护要做好以下三个方面工作。

(一)始终坚持品牌战略的科学性和时代感

品牌战略是企业战略的一部分,它不是由经营者个人主观臆测和想象而建立的,而是企业使命、文化、能力的浓缩。如果企业当前的技术能力不够过硬,还将品牌定位在"用科技引领未来",那么显然是痴人说梦,只会落得贻笑大方的下场。所以,在企业的任何一个发展阶段,品牌战略都要立足于企业的优势、当前的使命,否则不可能会赢得消费者的认同。

　　品牌核心价值需要坚持,但不代表就要一成不变,特别是对于一些长寿企业,随着市场环境的变局、科技的发展进步、行业生产消费模式的颠覆等,都有可能需要企业做出针对性的品牌战略调整。唯有去适应时代特征,才能使品牌核心价值与时俱进,满足消费者的思维模式和消费习惯。

(二)营销活动必须以品牌核心价值为基点

　　品牌的核心价值是品牌营销活动的出发点。企业要为品牌量身定做每一个营销活动,从产品到价格、渠道、促销上都要体现品牌所要诠释的核心价值。

　　一个品牌的核心价值具有巨大的包容性,它可以包容这个品牌下所有的产品。因此,企业要让每一个产品都能向消费者透露出它想要表现的核心价值。比如,宝马的核心价值是"驾驶的乐趣",不管它出了多少辆宝马,始终围绕"驾驶的乐趣"展开,而不能变成劳斯莱斯的"皇家贵族的坐骑"这一核心价值。

　　同一品牌的所有产品都要体现品牌的核心价值,这会让消费者更好地认识品牌。如果一个品牌今天这个核心价值,明天那个核心价值,则会容易被大众遗忘。

(三)同消费者深度互动传递品牌核心价值

　　品牌核心价值是品牌差异化定位的关键所在,是同竞争品牌区分开来的显著特征,因此一个强大的品牌核心价值更易得到消费者的认同和支持。而消费者的认同和支持,正是支持品牌长存的关键力量。

　　而要达成深入人心的品牌核心价值传递,就不能仅仅局限在表面化的产品和理念宣传,而是要通过与消费者的深度互动来完成。比如,某食品品牌的核心价值是健康,那么在宣传产品的安全可靠外,还可以适时推送一些健康的饮食知识、专家营养讲座等,这远比单纯的产品宣传更能为消费者留下深刻的品牌印象,也能因此让品牌获取更大范围、更深层次的支持,保有坚韧的品牌生命力。

对于企业经营者而言,不仅要认识到维护品牌核心价值的重要性,还要了解如何才能有效地维护品牌核心价值,并在企业经营和营销过程中加以体现、加以实现,让整个品牌茁壮成长。

第二节 品牌打造方式的进化

一、从大人群到细分社群

传统营销中,一个品牌可以覆盖一大群人,尽管也会做出一定的细分,但是没有那么强的针对性。比如,保健酒细分人群就是男人。在移动互联网时代,企业要细分消费人群就不能笼统地说目标客户是白领,还应该继续细分。

企业在品牌打造上面要做好精准定位。比如说黄太吉,20 平方米不到的面积,16 个座位,主打产品是不起眼的煎饼果子,店铺外面却经常排起长队,为什么这么火?以煎饼果子为主打产品,客户定位在 CBD 的白领身上。对于追求生活品位但又时间有限的白领来说,对食品的要求主要有三点:一是物美价廉;二是卫生;三是要有一些附加值,比如就餐环境舒适、有格调。

黄太吉的食品攻略是这样的:把营业时间定为每天早上 7 点到第二天凌晨两点半,而且还推出了夜间外卖;重视品质,油条一定要无明矾现炸,豆浆一定要现磨;着力打造格调,店面装潢以港式茶餐厅为模板,精挑细选了流行、爵士、蓝调等背景音乐,店里陈设着从世界各个角落淘来的小玩意儿,比如,从巴黎带回来的斑牛雕塑,从日本买来的招财猫,等等。黄太吉的这一系列策划和布置,极为符合白领的需求,也打动了他们的心。

这就是品牌打造之道,从大人群到细分人群,把细分人群做大。这是因为细分人群后,小的市场反而更容易成功,代价更少。在移动互联网上,企业的竞争对手会变得更多,想要脱颖而出首先要做的就是聚焦个性化的目标市场。就像在大池塘能捞的基本是小鱼，而关注小池塘的大鱼才是网络时代的科学市场细分方法，因为这里的"鱼"基本是一类，用一种"鱼饵"就够了。

以前在谈到人群定位和商业模式选择时有一个最大的"谎言"：如果每个中国人给我1块钱，我只挣每个中国人一块钱，那我就盈利13亿元！这最大的失败原因就是产品的定位人群广，受众面太大，因此到最后99.9%的项目和公司都失败了，只有马化腾等互联网的平台型公司做到了。小米的雷军一开始给手机的定位是：发烧友级别的手机。很多人觉得一定会失败，因为光靠卖发烧友养不活公司，结果小米成了发展最快的百亿美元级公司，成了中国智能手机的霸主，成了年销量近乎1亿台的男女老少皆宜的手机。小米一开始定位为专业的发烧级人群，它的品质、情怀、释放参与感赢得了更多人群的喜欢，实现了从点到线，再到面和体的扩散。现在除了年轻人，还有很多中老年人也在使用红米，可以说是实现了全人群的覆盖。小米成为智能手机"便宜耐用"的代表，成了智能手机的入门标配、发烧标配、年轻标配了。这就是定位越小，反而做得很大，定位很大，反而做得很小的例证。

二、从独特卖点（USP）到顾客互动点（CEP）

以前企业在打造某款产品之后，都会提炼产品卖点 USP（即独特的销售主张），认为提炼了这样的卖点、广告语、品牌 Slogan 就可以让消费者轻松区分不同产品之间的差异，确定自己的产品优势，消费者就会购买自己的产品。不得不说，这种方式确实有过一定的辉煌，但是在移动互联网时代，社交媒体如此发达，消费者要想知道一款相似、销量高、好评多的产品，几乎在微信朋友圈发布一条消息就可以达到目的——消费者更愿意购买那些经过大家验证过的产品。

所以，品牌塑造应该转移到 CEP（顾客互动点）。要了解CEP，先要认识营销流程。传统企业做营销流程只是一个交易，而互联网新营销流程是 8 个字："接触""互动""交易""关系"。这就像谈恋爱,恋人间没有之前的早期"接触"和约会"交流",是不会进入婚姻("交易"),以及形成夫妻间深厚感情的忠诚"关系"。所以说,传统营销流程就是纯粹的买卖关系,是需求造成的。在移动互联网时代,满足顾客需求的同类品太多了,企业要想形成自己的核心竞争力就需要从 CEP(顾客互动点)来合理定位,把产品和情感连接起来。

所以,企业不仅要投入精力和财力来设计 LOGO,更要投入到和消费者的接触点营销,这才是营销的重点。

三、从整合营销到互动营销

在移动互联网时代,真正好的品牌不仅是多样化的传播方式,更重要的是企业和消费者之间的互动沟通(前面说的 CEP 谈到了互动的重要性)。所以,在移动互联网时代,品牌塑造要将重心从渠道传播的整合营销转移到 365 天和消费者保持互动上来。

品牌之所以是品牌,其价值在于提供体验,良好的体验才能让消费者重复购买。只有重复购买才能称之为品牌,如果企业只是跟消费者一锤子买卖,交易完就没事了,没有互动,没有评价,没有转介绍,那跟普通产品又有什么区别呢?消费者的认可、忠诚、互动才是一个品牌应有的特征。所以,在移动互联网时代,品牌的营销方式也在发生着巨变,与其在传统渠道和媒体加大投入,不如在与客户互动方面下功夫,让消费者去认识、感知、体验品牌,最终成为忠实的用户。

四、从传统大众媒体到社会化网络媒体

以前,创建一个品牌无非就是打通销售渠道,然后挖空心思想好广告语、卖点等,接着就是通过电视、报纸、杂志、广播等传统媒体进行轰炸式的推广,让消费者知道企业的品牌,加上企业在一些地区进行线下活动,争取一些品牌的曝光率,让消费者进一步感受企业品牌,从而让企业品牌脱颖而出,达到推动日后销售

的目的。

在移动互联网时代,新媒体非常发达,消费者的注意力被分散了,不像以前在单一媒体时代,企业品牌很容易就能引起消费者的关注。企业原来的做法是 AIDA(引起注意—引起兴趣—做出决定—购买行动),网络时代是 AISAS(Attention,Interest,Search,Action,Share),中间比原来多了 Search(搜索),最后多了 Share(分享)。毫无疑问,新媒体时代消费者有了更多的选择。对企业来说,品牌的打造方式不再单一了,只有选择适合自己和对应消费者的新媒体才能让品牌塑造更加顺利,让品牌推广效果更好。

五、从形象工程到顾客评价

以前,企业和消费者是单一沟通的,消费者和消费者之间很难接触到,即使有消费者对企业品牌投诉,其他消费者也看不到。所以,很多消费者在购买产品的时候,会以那些从传统媒体上能够看到的产品样式、LOGO 等作为购买依据。因此很多企业只要把形象工程搞好,在传统媒体上多做广告,一般就不会过得太差。

但是,到了移动互联网时代,社交媒体发达了,消费者之间即使不认识,依然可以通过社交媒体上其他消费者对产品和企业的评价来获得信息。

于是,企业的口碑变得非常重要,良好的口碑无疑是消费者购买的关键因素。苹果手机、小米手机销量之所以好就是因为它们口碑好! 消费者的口碑可以让一款产品迅速成为一种品牌。

得益于网络,消费者之间开始沟通,互通有无。网络让消费者之间产生了联结,他们在网络上的各种资讯中获得品牌的信息,不断交换彼此对品牌的看法。所以企业必须打进社交网络,官方微信、微博、WAP 站、官网等都是消费者了解企业资讯的第一站。企业需要一个交互营销策略让自身的品牌在搜索引擎关键字和自然搜索优化上取得最好的搜寻效果,让网上出现更多正面的口碑评价。

在移动互联网时代,消费者的角色发生了重大变化,消费者已经成为企业品牌设计的参与者、品牌塑造的推动者以及品牌推广的营销者,成为企业免费的营销员。营销从企业主导转为消费者主导,相比传统品牌塑造的重点在传统付费媒体和大众市场上,消费者现在更愿意通过自己搜索以及好友分享来决定购买哪个品牌,所以网络时代,只有良好品牌体验的品牌才能真正称之为品牌。

第三节　新品类激发品牌活力

一、新品类

(一)品类

"品类"这个词对于企业来说并不陌生,企业在推出一个产品时总会考虑到品类的问题。

品类指的是产品的分类,产品的种类。生活中充斥着的大大小小的产品都属于一个特定的品类。康师傅、统一、今麦郎等属于方便面这一品类;红塔山、中华、玉溪属于香烟这一品类;苹果、三星、华为、小米则属于手机这一品类……品类将囊括其内的产品同其他的产品明显地区分开来,不会让人混淆。

(二)品类先于品牌

乔治·米勒的"7原则"将人的心智分为7个格子间。每一个格子间代表不同的品类,每一个品类中都放着相关的品牌。可是,如果格子间都找不到,哪里谈得上格子间里的物品呢?

例如,海飞丝、清扬、潘婷同属于洗发水这个品类,它们是这个品类之下的不同品牌。若要再仔细分,海飞丝同清扬、霸王共属于去屑洗发水这个品类,而潘婷同飘柔、舒蕾又同属于亮泽柔顺洗发水这个品类。

对于宝洁公司和联合利华公司来说，它们在生产海飞丝和清扬这两个品牌的时候，只有先确定所要推出的产品属于哪个品类，再针对这个品类进行生产，推出海飞丝和清扬，市场上才会出现这两个洗发水品牌。它们不可能在品类没想好的情况下，根据一个随意的想象而去推出一个品牌。可以这样说，如果人类不存在头屑这种情况，在不知道头屑为何物的情况下，宝洁公司会推出去屑洗发水、海飞丝这个品牌会存活下来吗？也可以这样说，如果人类的身体有自动清洁头发的功能，也不会有洗发水这种品类的出现。那么无论是宝洁还是联合利华生产的洗发水品牌都不能在市场立足。所以，品类先于品牌而出现。

但通常情况下，企业的关注点往往更多地在品牌身上，而忽略了品类的作用。比如，消费者买了一瓶百事可乐，那么可能会有企业思考分析为什么消费者从可口可乐、百事可乐等可乐品牌中选择了百事，却很少会倒退一步思考为什么消费者从纯净水、果汁、绿茶等饮料品类中选择了碳酸饮料，而这往往是研究消费者需求偏好的关键因素。

不过，消费者习惯于用品牌表达自己所要的产品，不会用品类名称作为答案。这样确实很容易会让营销人员误以为消费者关注的只是产品的品牌。在这一错误的惯性思维引导下，营销人员在制定营销策略、设计宣传语时，往往会忽略品类，这对品牌形象的细化与传播极其不利。

王老吉的广告词"怕上火喝王老吉"可谓家喻户晓，而这句宣传语凭借精准的品牌定位也广受专业人士好评，但王老吉在任何宣传中都不忘加上"中国凉茶领导品牌"这一定位。因为"怕上火喝王老吉"仅仅表明了其使用价值，却未明确表明其品类，只听这句宣传语，消费者可能并不知道王老吉究竟是饮料还是药品。而加上"中国凉茶领导品牌"后则标明了王老吉属于凉茶品类，为消费者留下了更具体的印象。

（三）新品类来源于分化

市场阶段，企业强调市场细分，对产品市场和客户需求分类，以此为依据制定营销策略。而到了心智阶段，占据消费者心智成了最为关键的一步，这个时候，企业进行分类的不再是市场和消费者需求，而是消费者的心智。

心智阶段强调分化，因为分化更能创造新客户和新需求，给企业提供一个占据消费者心智的机会。

其实在现实生活中，人们无时无刻不在面临着品类分化，品类的分化也使整个商品市场不断繁荣和壮大。常喝的水被分化为天然水、纯净水、矿泉水；常吃的面包被分化为了全麦面包、夹心面包、营养面包，等等。这些都是品类分化的结果。

美国定位之父艾·里斯说："分化是商业界的原动力，分化的力量使得新品类不断涌现，从而促进了商业的发展。"

世界上第一台计算机，其功能仅仅是用于计算，不仅体型庞大，而且没有显示屏。但随后几十年，计算机的分化发展可谓是天翻地覆：体型缩小了，操作便捷了，添加了显示器后能够实现更多功能。如今，计算机不仅仅可以用于科研、办公，还可以用来看电视、听音乐、打游戏，成为一个多功能综合体。这就是分化的力量！

不过，对于分化的新品类，企业要慎重，需要明白一点：只要品类分化，新出现的品类和之前的品类将有所不同。这就需要营销者们重新定位新品类，将它同原有的品类区别开来，创造出吸引消费者的亮点。

二、新品类开创的模式类型

品牌依托于品类，对于企业来说，开创一个新品类，在其下创造一个新品牌，更容易进入消费者的心智中。品牌依附于品类，比如柯达曾经是相机行业的一个大品牌，说到柯达几乎无人不知，它生产的相机受到众多消费者的喜爱，它的胶卷是世界上最成功的胶卷品牌之一。1999 年,柯达位列全球最有价值品牌第 16 名。可是后来,随着数码相机时代的到来,数字相机这一品类的冰山渐渐开始融化,柯达这个品牌价值也是江河日下。2008 年,未被列入全球最有价值品牌的排名中。

企业可以通过以下几种方式开创新品类,如图 6-2 所示。

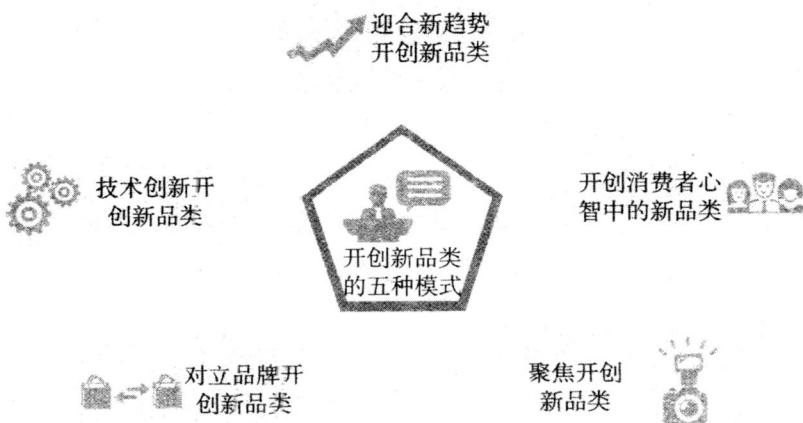

图 6-2 开创新品类的五种模式

(一)技术创新开创新品类

技术创新会诞生一种新品类。手机的发展从大哥大到 2G 手机再到现在的智能手机,是技术创新的结果,也正是技术的不断创新,这才出现了现代功能强大的智能手机。再比如柯达相机,它最终的消失,也是因为没有跟上时代的技术创新,没有被相机的新品类容纳其中最后失败的。

(二)迎合新趋势开创新品类

对于企业来说,能够适应新趋势,不断改变发展,才能赢得市场。企业应该积极地迎合新趋势创造新品类。比如,无氟冰箱、节能冰箱、抗菌冰箱都是迎合环保、节能、健康这样的新趋势而产生的冰箱新品类。再比如,现代化妆的草本、汉方要求,也是依据我国消费者对化妆品要求的新趋势而产生的新品类。

（三）开创消费者心智中的新品类

其实,生活中出现的产品几乎占据了所有品类。但是,有不少品牌虽然代表了一种品类,但是并没有占据消费者的心智。对于企业来说,要开创市场中有,但是消费者心智中没有的品类。比如,我国的果冻行业始于 20 世纪 80 年代,如晨光、东鹏等果冻品牌层出不穷。直到"喜之郎"出现,才开始垄断我国的果冻市场,成为我国果冻行业的第一名。其实,在喜之郎出现之前,果冻这种品类已经出现,并有了一定的市场。但是,多个果冻品牌并没有成功走入人们的心智,"喜之郎"提倡的"关味、健康、营养"满足了广大消费者的需求,很快便进入消费者的心智中。

（四）聚焦开创新品类

聚焦也是企业开创新品类的方法,通过聚焦的方式,更容易集中力量进入消费者的心智。比如多米诺是仅次于必胜客的第二比萨品牌。在发展中,多米诺采取聚焦策略,聚焦于宅送市场,开创了宅送比萨品类。

（五）对立品牌开创新品类

企业也可以在同自己对立的品牌中开创新品类。这样,可以吸引一些不喜欢原有品牌的消费者,形成自己的消费者群。在这里,很多企业都会利用这种方式开创新品类。比如,百事可乐针对可口可乐开创了属于年轻人的可乐新品类,联合利华针对宝洁的海飞丝推出的清扬男士去屑洗发水等。

开创一个新品类,更容易赢得客户心智。企业营销者对市场要足够敏感,有敏锐的观察力,利用上面几种方法开创新品类。

三、新品类推广的要点和误区

开创新品类不容易,它除了要求企业具有前瞻性和创造性之外,在进行新品类推广的时候也要把握住要点,避免误区,否则,很容易失败,给企业带来较大的损失。

(一)新品类推广的要点

企业在进行新品类推广的时候,要把握下面几个要点,如图6-3所示。

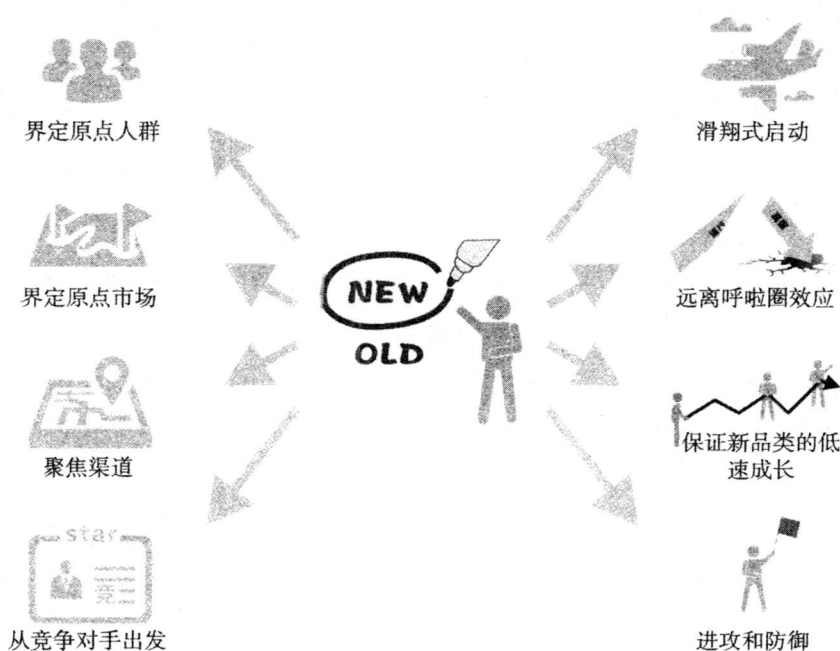

界定原点人群

界定原点市场

聚焦渠道

从竞争对手出发

NEW
OLD

滑翔式启动

远离呼啦圈效应

保证新品类的低速成长

进攻和防御

图 6-3　新品类推广要点

1.界定原点人群

界定原点人群是指企业在开创一个新品类的时候,要确定这个品类最先的消费者,也就是最容易切入的人群。这个消费者群最好是意见领袖,他们能够带动其他人的消费,对一定范围内的消费群体的消费产生影响和示范作用。比如,百事可乐在新推出的时候,就是把消费者聚焦在同可口可乐不同的"年轻一代",在口号和味道上也较为符合"年轻一代"的需求。

2.界定原点市场

企业在推广新品类的时候,要选择较容易立足的市场,也就是原点市场。这类市场要在新品类选择的目标市场中具有代表性,消费者的购买力、购买习惯、需求、接受程度等都要符合新品类的特点,这样才较容易向其他范围内的市场扩散。比如,我国的著名白酒品牌金六福,在开始时就将郑州作为原点市场向外扩散,郑州一直是我国白酒行业的重点市场,该市场容量大,消费者的消费能力强,对新品类的接受程度高。

3.聚焦渠道

不少新品类刚推出就淹没在产品大海中。对于企业来说,开创新品类的时候,一定要聚焦渠道,不要认为进入的渠道越多越好,网络越广越好,这样不利于企业集中资源,也不利于新品类的发展。比如,王老吉在发展最初就聚焦在火锅城、烧烤城;六个核桃在推出时就聚焦在三线以下的城市。

4.从竞争对手出发

企业开创新品类的时候,要确定自己的竞争对手,站在竞争对手旁边,它是企业客户的来源,让消费者做出选择。这也是为什么超市的货架上会放入不同品牌甚至不同品类产品的原因。

5.滑翔式启动

在推出新品类的时候,企业会面临两种选择:一种是厚积薄发,先缓慢发展,然后再迅速推广,就像是飞机滑翔一样;另一种是一开始就快速发展,火箭式启动。

不少企业在推出新品类的时候,会采取火箭式启动的方法。但是,这种启动方式并不利于企业的长足发展,具有很大的冒险性。比如,黄金酒作为保健礼品酒的新品类在推出市场的时候就投资了3亿元。最后,虽然勉强实现了7亿元的销售额,但是,只是从仓库到渠道来说的,后来,大量的广告给黄金酒带来了负面的影响,影响了黄金酒后续的发展。

对于企业来说,开创一个新品类最好的启动方式是飞机的滑翔式启动,即慢慢打出品牌,抢夺客户心智,再迅速推广,这样有利于产品的后续发展。农夫山泉推出天然水的时候,先是对外宣称纯净水的不好,并做各种实验,让消费者信服,然后告诉消费者,它不再生产纯净水,还水的营养。这种聪明的做法使得农夫山泉的天然水一入市场就热卖。

6. 远离"呼啦圈效应"

"呼啦圈效应"就是当一个新品类推出来的时候,消费者感觉很新鲜,给企业带来了丰厚的利润。可是,这种品类的生命周期很短暂。就像呼啦圈一样,撑不了多久就掉下去了。这样的品类就是一座根基不稳的冰山,很容易就会融化,更不容易在品类之下形成品牌。

7. 保证新品类的低速成长

对于一个有潜力的新品类,企业一定要让其低速成长。很多企业不理解,觉得有价值才更应该充分发展,让其快速占领客户的心智。其实不然!快速发展的品类很快就会出现"坡顶现象"。这样,很多品牌就卡死在上面,很难获得大发展。

很多品类开发和发展的过程很漫长。红牛、微软、沃尔玛等大品牌都是花了好几年的时间才做到一个 1 亿的销售额。而现在他们的销售额已经远远不止 1 亿。所以,企业在推广新品类的时候一定要沉住气。

8. 进攻和防御

在这一点上,农夫山泉做得很好。当它将纯净水发展到一定程度之后,为了将自己同娃哈哈这类纯净水中的强势品牌区分开来,向外界宣布不再做纯净水,而要做天然水。为什么?因为纯净水不好。还特定通过三个实验将纯净水不好的广告打在消费者面前。就这样,农夫山泉同娃哈哈区分开来,站到了同纯净水对立的品类上。

在饮用水上还有一个分类,就是矿泉水。可是,农夫山泉并没有对矿泉水进行进攻。它对自己天然水的品类实行防御政策,宣传自己的水是弱碱水,对人体健康有利,为了证明这一点,还给购买的顾客发送 pH 试纸。农夫山泉的这两招,将它的水做透了,建立在饮用水品类上的农夫山泉品牌也宣扬出去了。

(二)新品类推广的误区

案例一:

2002 年 6 月,宝洁公司推出激爽沐浴露。为此,宝洁公司前前后后共投入了将近 10 亿元,以吸引媒体和广大消费者的关注。当时,激爽作为沐浴露的新品类曾经进入我国沐浴露品牌前十名,占据全国 2% 的市场份额。然而,激爽后来的发展并不理想,销售额同大投资并不成正比。最后,迫于无奈,宝洁公司停止生产激爽沐浴露。

案例二:

2013 年 11 月 9 日,在庆祝恒大夺冠的庆典上,球员穿着印有"恒大冰泉"的球衣出现。至此,"恒大冰泉"横空出世,出现在全国人民的眼中。这个贴着"恒大"标签的矿泉水进入了矿泉水市场,宣称"要像做足球一样做到最好"。

为了将矿泉水业务做得和足球一样好,恒大集团如土豪般的大手笔烧钱投资。3 个月不到的时间,就投入了 13 个亿的广告费。

2013 年 5 月,恒大冰泉和 43 个国家签订了经销协议,同 41 个国家签订了分销协议,一处水源供应全球,恒大冰泉成为我国矿泉水出口全球的第一个品牌。

恒大冰泉把目标客户群定位为高端消费者,将其定价为 3.8 元/瓶(每瓶 350 毫升)。然而,恒大冰泉大投资并没有收到相应的回报。

由以下案例可以分析出,企业在推广新品类的时候要避免以下几个误区,如图 6-4 所示。

图 6-4　新品类推广的误区

1. 大规模的前期投入

无论是宝洁还是恒大冰泉,他们在推出新产品的时候,都犯了一个错误:大手笔投入。

宝洁投入将近 10 亿元,恒大冰泉投入 13 亿元。上亿元的投资对于企业来说是一个非常冒险的行为。如果推广成功,会收到大回报,但是,若稍不尽如人意,就很难补上大投入的空缺。

这是很多大企业都会面临的问题。一般来说,大企业推出一个新品牌或者新品类的时候,由于过于迷信大投入带来的大回报,再加上雄厚的资本实力,动辄就是千万元的广告投入。但是,由于没有准确把握市场,或者营销策略出现问题,损失也会很大。

其实,越是大企业越应该在前期投入的规模上慎重,要耐心等待,慢慢投放。

2. 选错竞争对手

竞争对手在企业推广新品类的时候很重要,它可以为新品类带来消费者和市场。但是,选择错误的竞争对手对企业推广新品类是致命的。

恒大冰泉在推出的时候,把自己定位在高档饮用水上,其竞争对手很明显是昆仑山这样的中高档饮用水。但是,在竞争对手的选择上,恒大冰泉并没有考虑好。虽然将自己定位在了高档水上,但是产品的包装外形上并没有站在高档水的行列上,也没有一个较为明显的竞争对手同其竞争。

3.错误的品牌策略

在推广新品类的时候,知名企业会在已有的新品牌基础上建立新品类。而这恰恰违背了推出新品牌的原则。消费者的心智对新名字更有吸引力。多年来,乐百氏推出了不少饮料、果汁、矿泉水,但是,进入消费者心智的却很少,因为他们都沿用了乐百氏原有品牌的名字,只有新起的品牌名字脉动是成功的。

4.过分地追求新奇

企业在开创一个新品类或者推出一个新品牌的时候,为了显示自己的独特性,往往会强调自己的与众不同。比如,农夫山泉在推出天然水的时候,会将其同纯净水相对比。然而,过分地追求新奇对于新品类来说并不是件好事。宝洁公司就犯了这样一个错误。在我国消费者的思想中,沐浴露最为主要的作用就是杀菌清洁,宝洁公司推出的激爽,过分地强调新奇和刺激,这远远地超出了国内消费者对沐浴露的要求,最终并没有改变广大消费者对沐浴露品牌的选择。

以上几个误区,营销者应该在营销活动中积极避免,这样才能促进新品类的成长和壮大。

第四节　移动互联网思维下的品牌重塑

一、品牌年轻态:品牌重塑的必要性

未来10年内,"90后"作为新一代的消费主体,将会影响整个行业的发展和企业的命运。面对这个推动移动互联网快速发展的关键人群,如何赢得他们的青睐与追捧是每一个企业进行品牌

重塑绕不开的重要命题。

对于大多数企业来说，现在已经到了不得不进行品牌重塑的时候——如果你不想在移动互联网时代被"90后"消费者遗弃的话。这不是危言耸听，因为移动互联网＋"90后"正在深刻地重新定义品牌价值，强力地推动企业的品牌重塑。

许多品牌的主要目标人群已经变成了"90后"，甚至是更年轻的"00后"，因为他们代表了新生代消费者的主要力量，他们逐步登台成为消费者的主力，代表了新经济和新的消费形态。他们很少关注报纸、电视，玩的都是高科技——从计算机到智能手机。获取信息的渠道多种多样，从社交媒体到QQ、微博、微信、陌陌的朋友圈。这个新生代群体个性张扬、魅力十足，传统状态下的被动接受早已经落伍了。我喜欢我所爱，我喜欢我乐意！我为消费而疯狂！

以下问题值得大家注意：

为什么当前的年轻人喜欢微信、海豚浏览器、美图秀秀这些产品，而对新浪微博、人人网这些原来风靡一时的品牌失去了兴趣？

为什么年轻人的首选智能机是小米、苹果，而诺基亚则被淘汰？

为什么耐克、阿迪达斯可以一直引领风尚，而李宁的"90后"战略却被年轻人忽视？

其答案很简单，就是成功的产品可以与时俱进地对品牌进行重塑，使品牌一直年轻化，并且可以不断地用流行的工具向目标消费者传达品牌的理念，使品牌价值得到保持，这样目标消费者会一直对品牌有一个高度的认知度，保持品牌忠诚。这是品牌适应时代、融合时代、具有生命力的表现，那些百年品牌无一不是这样的，如有近180年历史的宝洁。

对于大部分企业而言，进行品牌重塑都是很痛苦的。为了使品牌持久保持年轻态，就需要像鹰重生一样对品牌进行重新塑造。这就需要对当前"90后"的特点有一个准确的把握。要了解

"90后"，知道如何和他们进行沟通，怎么和他们建立起亲密的关系，这样才能使品牌重塑成功。

和"80后"相比，"90后"是互联网的原住民，他们呈现的是松圈主义、碎片化（他们喜爱的明星已经碎片化到任何一个明星都不能吸引这个群体的10%）、指尖上的一代。"90后"普遍具有追求时尚、张扬自我的特性。他们具有三重消费能力：一是有现时消费能力，在数码产品、服饰、快速消费品等方面消费能力惊人；二是"90后"是家庭消费的重要决策者及使用者，家里要买什么大件，他们有重要的表决权和一票否决权；最后他们是未来社会的中坚力量，在移动互联网应用领域已经超越"80后"。相信在未来的3～5年，他们在总的购买力、意见领袖的话语权、商业上的影响力会快速替代"80后"。

他们从出生后不久就开始接触互联网。和80后相比，90后对网络的依赖心理更加强烈，且他们掌握网络的应用技术也很熟练，可以说他们会随时与网络进行"链接"，即随时随地上网，生活高度依赖网络。他们平均每天花费18%的时间上网。对于90后来说，网络已经成为一种生活方式，而不再是单纯的工具。

随着移动互联网的发展，"90后"群体更将会是移动互联网快速发展的关键人群。据研究报告显示，受访的86%的"90后"都是通过手机上网，其次才是便携式计算机和台式计算机。面对日趋成熟的"90后"消费群体，企业需要对品牌进行重塑，为了赢得他们对品牌忠诚，就需要与他们进行深入沟通，这就需要企业找到合适的方式与年轻人进行沟通。面对极度推崇个性与自我的年轻消费者群体，传统的宣传媒介已经逐渐丧失了话语权。

要想打动"90后"，关键就是与90后进行互动体验。他们对于广告的信任度比以往任何一个群体都要低，这也是众多商家面对这块大蛋糕头疼不已的原因之一。因此，要想吸引"90后"，最好就是让他们参与到品牌中来，直接让他们体验企业的新产品和文化。

二、移动互联网时代打造品牌的要素

移动互联网之所以称之为一个时代，并不是因为它创造了更多的信息，而是因为它改变了信息和人的二元关系，让人成为信息的一部分，由此改变了人类社会的各种关系和结构，也因此引起整个社会商业模式的变迁。移动互联网的发展让信息变得更加透明化，消费者在选择产品时，会比以前拥有更多的自主选择权。消费者变了，营销环境变了，信息获取的方式变了，所以移动互联网时代品牌打造的方法也得变。

移动互联网时代，品牌打造的五大要素如图 6-5 所示。

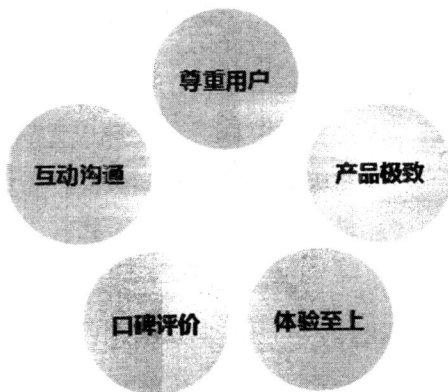

图 6-5　品牌打造五大要素

（一）尊重用户

在移动互联网时代，企业要想做好品牌塑造就需要以用户为核心，让用户参与产品创新和品牌传播的所有环节。所谓"消费者即生产者"，品牌传播就是在用户的良好体验和分享中完成的。尤其是"80后""90后"来说，关于产品他们希望能够参与产品的研发和设计环节，从而体现自己的独特性。因此，企业需要转换关注点，要从产品转向用户，从说服客户购买转变为让用户加深对产品的体验和感知。这也是经营产品到经营用户思维的转变。

360掌门人周鸿祎说，传统企业强调"客户是上帝"，这种经济关系是二维的，也就是商家只为付费的人提供服务。而在互联网经济中，凡是用你的产品或服务的人，就是"上帝"。因此，互联网经济崇尚的信条是"用户是上帝"。

在互联网时代，用户对一个产品能否成为品牌起着决定作用，也关系着品牌的生死和存活时间长短。这里的用户不再是产品的普通使用者，他们是最重要的用户，是那些参与到新产品设计中，对产品有影响力的用户，相当于小米手机里的"荣组儿"（荣誉开发小组成员）。

今天的营销已不是完全由品牌方主导的独角戏，不是以品牌方独尊的控制式营销，而是用户参与、用户发声、用户决策的模式。营销的成败不是企业说了算，而是用户说了算；产品不是企业说了算，也是用户说了算。以淘宝品牌七格格为例，它是一家网络原创服装品牌，拥有一支年轻设计师和专职搭配师的团队，规定每月最少推出 100～150 个新款，有上万名忠实粉丝和很多QQ群。每次店铺要上新款的时候，七格格首先会将新款设计图上传到店铺上，让网友对新款进行投票评选，并在 QQ 群中讨论，最终选出大家普遍喜欢的款式进行修改，然后再次上传到网站。经过几个回合才开始对衣服进行生产和上架。这种流程和传统的由大牌设计师引领时尚潮流的传统模式完全不一样，是一种生产方式的颠覆，甚至颠覆了大家对品牌的传统认知。在这种生产模式下，由消费者决定时装的款式和时尚走向。最重要的是消费者很享受这个过程。七格格就是采用这种双向沟通的模式，仅仅半年多，就从默默无闻一跃成为淘宝女装销售第 4 名。这就是尊重用户的力量，用户决定品牌成败的力量。

（二）产品极致

产品是企业经营的原点，归根结底企业所有的经营活动都是为了实现产品的销售，或者说产品被使用，与顾客发生连接。很多企业都很重视营销，重视炒作，重视明星效应，但这些都需要有产品作为支撑,不然也是玩个热闹,昙花一现。在互联网时代,如果企业不将关注的重点从营销转向产品,未来的日子一定不容乐观。

移动互联网时代,产品仍然是第一驱动力!企业的本质就是为消费者提供优质的产品和服务,提供良好的产品体验,因此产品极致是品牌经营的基石。没有品质的产品单纯依靠噱头炒作吸引眼球,到最后都是自取其辱,因为负面传播的力量会更大,反而让更多的人知道你不好。互联网时代讲究产品的"体验"和"极致",也就是说将产品做到极致,制造"让用户尖叫"的产品是互联网时代的不二法门。微信为什么能抢夺智能手机屏幕,为什么能在移动互联网时代胜出,靠的就是产品的极致和超爽体验,因为仅从功能上来说手机 QQ 已具备了绝大多数的功能。苹果手机品质好是极致,系统和应用爽是体验,所以苹果每次推出新产品都是坚持产品品质的极致和不断优化的用户体验,才获得了持续的成功。小米手机为了制造超爽的用户体验,考核的是用户尖叫值,下的最大的功夫就是高配低价。小米每新推出一代升级产品,都争取做到是当时业界首发的速度最快的配置,且价格做到行业最低(只有外资品牌的少一半)。记住,超低价也是产品的一种极致体验。

伟大的企业皆有伟大的产品,那些风光无限的企业,背后都有极致的产品作为支撑,不然只是空架子,经不起风吹雨打。苹果有 iPhone、iPod,谷歌有搜索和安卓,微软有 Windows,高通有骁龙芯片……国内的腾讯有 QQ 和微信,百度有全系搜索,360 有杀毒软件,小米有红米、小米 2S,阿里巴巴更是有一个极致体验的产品生态链(淘宝、天猫、支付宝)。有些是性价比高,有些是体验好,而有些是改变了人类的生活方式。诺基亚的产品在智能手机时代,在移动互联网时代不能适应时,庞大的商业帝国也轰然倒下。

客户第一次购买企业的产品,是刚性需求;第二次还购买,是因为第一次有美好体验;一生都购买,是因为对产品有了忠诚和信仰。因此,品牌营销的本质就是培养客户的消费信仰,增加客户对品牌的黏性和忠诚度。互联网思维就是把商业本质做到极致的思维。不管什么时代,商业的本质始终是用户和产品。

(三)体验至上

综观人类经济发展的历史,可以将其分为产品经济时代—服务经济时代—体验经济时代三个阶段。体验经济是以客户为中心的经济,它反映人类的消费行为和消费心理正在进入一种高级的形态。产品经济时代是以产品的生产为核心,所有企业均围绕产品布局,整个社会的生产和流通领域中产品被提到了一个核心的位置,消费者关注的重心也是产品。服务经济时代,各企业开始系统地拓展自己高效、有序的服务体系,并把它作为企业核心竞争力的重要组成部分。体验经济时代则是消费者更高层次的、升华的需求得到满足的时代,它已经超越了物质层面而上升到精神层面。

毫无疑问,目前已进入体验经济时代,人们对物质利益、产品的物理层面、功能层面、基本功效等都得到了满足。如今已从卖方市场转变为买方市场,消费者更注重人性化的消费体验。

马斯洛认为人的需求分为五个层次,人总是在满足了低层次需求之后,才将注意力转向更高层次的需求上。顾客一方面希望所生活的环境有一定程度的稳定、重复和熟悉,另一方面希望体验一些刺激和兴奋。马斯洛需求层次同经济发展三阶段的对接如图 6-6 所示。

图 6-6　马斯洛需求层次同经济发展三阶段的对接

需要指出的是,体验经济时代的体验不仅仅是形而上的,它需要得到产品和服务的支撑,是二者的有机结合,是二者的兼收并蓄,是融合二者的双向度时代的开启。

那么,体验经济时代,消费者的需求会有哪些变化呢?

第一,消费者的情感需求的比重增加,人们注重产品质量的同时,更加注重情感的愉悦和满足。

第二,从消费内容看,大众化的标准产品日渐失势,对个性化产品和服务的需求越来越高。

第三,人们不仅仅关注产品本身,更关注产品的消费过程、体验过程、体验环境。比如,不少人宁愿花高价去星巴克享受喝咖啡的感觉,而不愿意在办公室喝雀巢速溶咖啡。

第四,从接受产品的方式来看,消费者已不愿一味地接受厂家的产品,被厂家操控和诱导。他们喜欢参与产品的规划、设计和制造过程,去开发出与自己产生共鸣的"生活共感型"产品。

那营销策略应该怎么转变呢?

第一,确立"增加客户体验"的营销理念,进行"情感营销",给顾客的心理需求以满足。就像LV等奢侈品,很多女孩喜欢买,更多的不是出于实用考虑,而是为了追求心理满足(炫耀、身份彰显)。

第二,以创造并满足消费者个性化需求为营销重点。通式的产品和服务已经很难打动消费者,而创造并满足消费者的个性化需求成为提升顾客体验的重要手段。

第三,顾客参与要在营销策略中突出,要加强企业与顾客的互动,同时强化顾客对产品的情感诉求。

在以前,企业把产品卖给消费者后就不希望消费者再找自己。而在互联网时代,企业将产品卖给消费者,用户的体验才刚开始。如果企业的产品消费者体验感觉良好,用户就会主动帮企业进行宣传、推荐产品,这样形成口碑营销和粉丝群体。因此,企业除了提供有保障的产品与服务外,还需要给客户提供良好的体验,使用户的心理得到满足。在产品同质化的今天,产品胜出的决定性要素其实是用户体验。好的用户体验应该从细节开始，能够让用户有清晰的感知——这种感知要超出用户预期，给用户带来惊喜，并贯穿品牌与用户沟通的整个链条。

(四)口碑评价

移动互联网时代，那些具有良好口碑，积极与网民互动的企业会赢得更多的消费者。移动互联网使过去品牌依靠强势媒介与受众沟通的传播模式在根本上得到了改变。很多企业通过传统媒体天天强调"自己有多好，是这个专家，是那个领导者"，今天这种王婆卖瓜式的传统广告信息已经很难对消费者产生作用了。

在移动互联网时代，企业的产品和服务如果好得超出用户的预期，这样企业即使不花钱做广告宣传，消费者也会自动形成良好的口碑，主动为企业的产品和服务进行宣传，甚至有可能成为一个社会焦点，例如海底捞的服务、苹果手机的极致。

营销大师菲利普·科特勒曾指出：现代企业正从传统营销向口碑营销转变。号称"零号媒介"的口碑营销模式是当今世界最廉价的信息传播工具，也是可信度最高的宣传媒介。

从各个信息渠道来看，消费者对这些渠道的信任度依次为亲友推荐、专业人士推介、媒体的独立评论、各种形式的广告。由此可以看出，消费者对口碑的信任感很高，而对广告则是持谨慎的态度。购买决策不再限于广告信息，在社交化、互动化的传播环境中，用户越来越容易获取他人的体验经验，这些体验经验正在成为决定购买的关键因素，从而给产品大范围地快速"口碑传播"提供了良好土壤。从这方面看，产品口碑变得越来越重要，也就是产品本身的使用体验正在变得越来越重要。

(五)互动沟通

小米的成功为许多正在做微博营销的公司提供了启发：只有和用户建立了真正的互动，才能变成有效的营销。微博的精髓在于互动,而不是单向的展示。单向的展示是门户做的事情,那属于十年之前的玩法,现在该到淡出的时候了。因为人们对于信息的互动性要求越来越强烈,不再是看到一个简单的信息就可以信任,而是希望与之互动的欲望更加强烈了。

在传统媒体时代,最大的弊端不是创意,而是缺乏互动。观众很难与传统媒体的广告直接互动,更不要说分享了,即便是电视购物也不能解决这个问题。保持互动最简单的手段就是更新,越新鲜的信息越容易产生互动,因为好奇心!所以称传统媒体下的传播是单一传播,是不能产生互动的传播。当互联网流行起来后,发现这是一种可以互动的媒体,可以直接给对方留言,从而能获得对方的反馈,还会引来其他网友的讨论。所以网络媒体发展速度非常快,越互动人们越愿意待在里面,越互动越有感觉,越互动速度越快。

不能产生互动的网络营销是"营销网络",只有能产生互动的网络营销才能广泛营销。其实,很多企业所做网络营销都是"营销网络",并非"网络营销"。所以读到这里的读者应该自查一下自己的公司,在做网络营销时是否关注了互动,还是在玩命地帮百度等互联网广告公司挣钱。移动互联网送给大家两大礼物,一个是创造,另一个就是互动。互动在网络上还有延展性,我和你互动被网友看到,会引发网友和你互动,而和你互动的网友多了,你的营销就得到了放大,甚至产生二次传播和广泛传播。网络营销不成功的原因绝大多数是因为缺少与网友的互动。

当移动互联网来临的时候,人们发现这就是一个互动的时代,这种全面互动的时代也给营销传播带来了不一样的传播方式,因此互动是移动互联网时代最重要的营销传播要素。

"用户、产品、体验、口碑、互动"这五大要素有严格的逻辑顺序和螺旋上升的闭环效应。只有让用户参与和主导才能做出让用户满意的好产品。有好产品才有好体验,有好体验才有好口碑。有了好口碑才有互动传播的基础,便能激发更多的用户参与到产品设计中来。由此形成了良性的循环，形成通顺的逻辑链条，也形成了移动互联网时代品牌打造的五大要素。

第七章　品牌资产及资产评估

在企业的品牌竞争中,品牌资产起到了十分重要的作用。企业在激烈的市场竞争中需要建立起自己强势的品牌资产,来应对市场风险。

第一节　品牌资产的内涵

一、品牌资产的定义

一直以来,品牌资产的内涵和外延都比较有争议,可以从财务会计、消费者与品牌的关系和市场品牌力三个不同的角度描述品牌资产的概念。

(一)财务会计视角的品牌资产

从财务会计的角度来看,品牌资产主要表现为品牌在市场上给产品价格或销售额所带来的增值,并最终反映为公司财务报表或金融市场的价值增值。在测度上,品牌资产是品牌引起的价格上升和销售额增加带来的增值在其持续年度现金流的折现值。其实质意义在于方便计算企业的无形资产,以便向企业投资者或者股东提交财务报表,为企业并购、合资等商业活动提供企业价值的依据。财务会计视角下来看,从本质上品牌资产是无形资产,一个强势品牌可以看作是一个拥有巨大价值的可交易资产。如美国食品和烟草巨人菲利普·莫里斯公司以 129 亿美元购买卡夫品牌,该价格是卡夫有形资产价值的 4 倍。

品牌资产的财务会计概念模型主要可用于:(1)向企业的投

资者或股东提交财务报告,对他们将企业的经营绩效进行说明;(2)方便企业进行业资金募集;(3)帮助企业做出并购决策。品牌资产在财务会计角度被货币化了,其现金流的折现也为品牌资产评估和品牌运作提供了依据。

(二)消费者视角的品牌资产

这一概念最早是由美国学者凯勒提出的,也可以叫作基于顾客的品牌资产(custome-based brand equity)。消费者视角的品牌资产主要表现为消费者与品牌之间的关系,它是以消费者对品牌的认知、认同和忠诚为基础而得以存在的,品牌资产的高低程度由消费者与品牌的关系来决定。如果一个品牌不能对消费者产生任何价值和影响,那么对于投资者、生产商或零售商而言,它也是没有任何意义的。由此来看,品牌如何更好地与消费者之间建立联系,品牌的内涵和意义被消费者的理解程度如何等是品牌资产的核心内容。大卫・艾可将品牌资产分为五个方面,即品牌知名度、品牌联想、品牌认知质量、品牌忠诚度和其他专有资产等,就是从消费者视角出发,对品牌与消费者的关系进行了突显。

消费者视角的品牌资产是从品牌资产的来源角度对品牌资产的积累进行了强调,品牌资产可以从以下五个方面入手来进行积累:第一,加大品牌知名度的提升,消费者了解一个品牌是喜爱这个品牌的前提,只有有了多方面的了解,消费者才会准确地对品牌的内涵和意义有充分的理解和尊重,才会爱上这个品牌。这是品牌资产积累的第一步。第二,建立品牌与消费者需求之间的联系,使品牌能够充分满足消费者的需要。只要当消费者有这类产品的需要时,就会在脑海中自动出现该品牌的形象。第三,品牌的产品功能和绩效必须满足消费者的要求。第四,品牌要与竞争对手做出明显区分,且与竞争对手相比,要有自己的独特优势。第五,品牌要在情感上与其终端消费者建立联系。唯有如此,品牌经理才能根据品牌所处的位置做出合适的战略部署,来保持和提高消费者的忠诚度。

（三）品牌力视角的品牌资产

品牌力是知名度、美誉度和诚信度的有机统一，是指消费者对某个品牌形成的概念对其购买决策的影响程度。品牌力由四个要素构成：一是品牌商品，二是品牌文化，三是品牌传播，四是品牌延伸。品牌力是这四个要素的共同作用而成的。一个品牌想要在消费者心中有重要的位置，就需要不断提升品牌商品的竞争力，要有鲜明的品牌文化，做好强有力的品牌传播，对品牌进行正确的延伸。

品牌资产在这一视角下来看，一个强势的品牌其品牌力就会强劲，它是顺应品牌不断扩张和成长而提出的，从而将品牌资产和品牌成长战略两者联系起来。从市场出发来看，品牌力指的是品牌进行开拓、占领市场并取得利润的能力。品牌的市场占有率、品牌忠诚度和全球领导力也是世界品牌实验室评估企业品牌资产的三个关键因素。

品牌力视角的品牌资产与财务会计视角的品牌资产的最大不同在于：品牌交易是财务会计的品牌资产的着眼点，是短期内利益的具体体现；而品牌力视角的品牌资产则是为了创造持久的、差异化的品牌优势，品牌的长远发展潜力是其研究的重心，品牌力视角的品牌资产试图利用市场占有率、品牌忠诚度和全球领导力三个指标把消费者忠诚度和消费者的行为、企业文化和品牌延伸、渠道成员与差别化优势联系起来。

二、品牌资产的价值

公司资产最有价值的资产就是品牌资产，品牌资产是一种无形资产，它的价值可以分为为消费者提供价值和为企业提供价值两个大类。

（一）为消费者提供价值

品牌资产为消费者提供的价值主要表现如下：

第一,通过品牌名称、品牌标志物的认知作用,可以使消费者更容易理解有关品牌的海量信息。例如,中国移动旗下的"动感地带"品牌象征着年轻一代的流行与时尚,这个品牌是与年轻、独立、个性等特征联系在一起的。

第二,基于消费者过去的使用经验或对品牌及其特征的熟识程度,品牌资产能够增强消费者的购买信心。例如相比选择一些不知名品牌的手机,选择诺基亚手机的消费者会更有信心,诺基亚会使他们感到安全和放心。

第三,品牌认知度和品牌联想能够提高消费者使用商品的满意度,从而产生品牌忠诚。例如,宝马能够给驾驶者带来非同一般的感受。

(二)为企业提供价值

品牌资产能够通过以下方面增加企业的边际资金流量,从而增加企业的价值:

第一,品牌资产有助于品牌忠诚的培养。当消费者对某一品牌有较高的忠诚度时,会在之后比较长的一个时间段内,当有需要时就会不断重复购买同一品牌的产品。这样企业就算没有在促销方面花费费用,也可以得到较丰厚的利润。

第二,品牌资产可以增强吸引新顾客或留住老顾客的营销计划的效果。例如想让消费者尝试新产品,如果该品牌是消费者熟悉的品牌,或者企业无须打消消费者对品牌质量的疑惑时,促销的效果会更好些。

第三,由品牌体现出来的质量有助于促进该品牌产品的溢价销售。从实质上看,由品牌体现的质量是消费者对企业的产品或服务的一种感性认识:它主要是消费者在长期的生活体验中得到的关于品牌产品的特征、性能的大量信息而受到的影响。在生活中,如果消费者经常听到或者看到某品牌产品在质量或服务方面有问题,那么消费者就不会对该品牌产生认同,他们就会认为该品牌产品质量会很差,因此,售价也应当比同类产品低。相反,如果消费者经常听到的是品牌产品好的报道,那么消费者就会认为该品牌产品好,服务也会好,就会有一个较高的心理接受价格。这种较高的心理价格就是溢价,也就是产品的内在价值要比实际的价格要低。比如当人们在购买有名的珠宝时,就会相信产品是高质量的,就会付出相应的高价格。

第四,品牌资产为企业通过品牌延伸达到增长的目的提供了平台。高知名度的品牌有助于企业产品线的扩展。因为社会对此类品牌有很高的认同,在这种情况下,企业推出的新产品消费者也会更容易接受。例如日化行业的宝洁品牌,迄今为止已经延伸至多种产品,并为企业开拓了商业空间。

第五,品牌资产能够在分销渠道中起到杠杆作用。当消费者对品牌名称进行识别并产生好的品牌联想时,就会大大提高交易的确定性。因此,企业在进行品牌营销时,拥有高品牌资产的品牌不仅能够在面市时获得优势,还能够产生协同作用。

第六,品牌资产为企业提高了竞争对手进入本市场的门槛,这就提高了企业的竞争优势。当一个品牌拥有较高的知名度时,由此体现出来的质量以及品牌认知是竞争对手进入目标市场时需要跨越的障碍。当这种障碍难以逾越时,就有效地保护了企业产品的市场领域。例如汰渍洗衣粉适用于家庭洗涤那些难洗的衣物,对于既定的细分市场而言,这一品牌联想就占尽了先机。其他品牌就会发现很难在"难洗的衣物"这一细分市场上与汰渍洗衣粉竞争。

三、品牌资产的特征

(一)品牌资产的价值以无形资产为主

一个品牌的资产是由其有形的资产和无形的资产共同组合而成的,不过,对一个品牌资产价值的高低起决定性作用的往往并不是其有形的资产部分,而是其无形的资产部分。因此,品牌资产的价值自然就是以其所拥有的无形资产为主。

品牌无形资产的价值高低主要由以下若干变量决定：企业或品牌的管理体制是否先进、品牌管理人员的经验是否丰富、品牌产品的销售机构或网络是否健全、广告的创意及其传播是否优秀、企业或品牌的信誉是否值得消费者信赖、企业或品牌所倡导的文化是否能够被公众所认同、品牌产品的品质是否优异、企业的财务管理制度是否规范等。企业在长期的营销与传播活动中，采用各种方法和策略对这些变量要素予以整合与有效管理，并通过品牌知名度、品质认知度、品牌联想、品牌忠诚度和其他相关资产的形式将品牌的无形资产予以体现。

对于一个企业而言，其所拥有的品牌资产价值越高，其在市场上的竞争优势就体现得越充分；反之，一个品牌在市场上所拥有的竞争优势越大，同样也就越能够促进其品牌资产价值的提高。不过，由于品牌资产价值的无形性的特征，在很大程度上也增加了人们对这种无形资产难以直观把握的难度，并直接导致我国许多企业对品牌资产还没有给予应有的重视，甚至还没有把品牌的无形资产提到与有形资产相同的高度来认识。

（二）品牌资产具有非稳定性

品牌资产既包含品牌的有形资产，又包含品牌的无形资产。因此，品牌资产就不完全像企业的有形资产那样，其资产价值主要由产品的生产过程所构成。在这一过程中，该资产价值必将随着产品生成后其生产设备的损耗而不断减少。品牌资产的价值是随着企业科技与创新工作的展开，在长期而有效的经营管理过程中，通过与有效资产相结合的方法，从无到有、从小到大、从劣到优逐步培养、积累而成的。所以，品牌资产的价值就具有非稳定性的特征。这种非稳定性一方面可以表现为品牌资产价值由少到多、不断增值的过程，另一方面也可以表现为品牌资产价值由多到少、不断贬值的过程。

（三）品牌资产价值难以精确评估

目前，品牌资产价值的概念及其重要性已经被一些业内人士所认识,但是企业界现在更为关心的是品牌资产尤其是品牌的无形资产究竟应该如何计量的问题。事实上,对于品牌资产的价值计量不太可能做到精确,而只能是个概估,这也是在涉及品牌资产价值的问题上,很少使用"计算"一词,而是使用"评估"一词的原因。

导致品牌资产价值难以做到精确计算的原因主要有以下几个方面:一是品牌资产评估是一项全新而又复杂的技术,需要专业机构采用专业的评估方法对品牌资产价值予以综合评估,而目前还没有哪一种专业的评估方法可以将品牌资产价值计算得更为精确,只能是个概估;二是品牌的无形资产是由消费者的主观判断形成的,而消费者对品牌的知名度、品牌联想、品牌忠诚等主观判断不太可能精确量化;三是反映品牌资产价值的获利性受许多不易计量的因素影响,如品牌建设的投资强度、品牌产品的市场占有率、品牌产品所属的行业及其结构、品牌产品所属的市场竞争的激烈程度等。

(四)品牌资产价值可以体现企业在市场上的地位

品牌资产的实质是企业通过品牌这个特殊的载体与目标消费者进行沟通并努力建立起一种双方相互认同的关系,这种关系的互动、和谐和稳定在很大程度上决定了品牌的资产价值。企业与目标消费者之间要想建立长期友好的关系,就需要不间断地针对目标消费者开展相应的传播活动。从某种意义上说,品牌资产尤其是品牌的无形资产主要是由企业不间断地开展品牌传播活动所逐步积累并形成的。当然,企业的这些传播活动本身也包含了企业丰富的传播技巧、优秀的传播创意和巧妙的传播策略等,这些抽象的智力成果自然也就构成了品牌资产的一部分。因此,品牌资产的大小是各种传播与营销策略的综合作用的结果,在很大程度上反映了企业经营管理的总体水平。

四、品牌资产的构成

1991 年,大卫·艾克在综合前人研究成果的基础上,提炼出品牌资产的五星概念模型,即认为品牌资产由品牌知名度、品牌认知度、品牌联想、品牌忠诚度和其他资产五个部分所组成,如图7-1 所示。

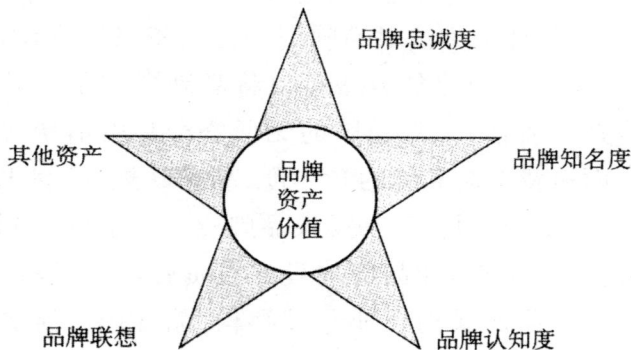

图 7-1 大卫·艾克提出的品牌资产价值的五星模型

(一)品牌知名度

品牌知名度是指消费者对一个品牌的知晓程度。品牌知名度可以分为四个阶段:第一阶段是无知名度,第二阶段是提示知名度,第三阶段是第一未提示知名度,第四阶段是第一提示知名度。不同的品牌由于其传播的强度不同,就会有不同的知名度。

一个新产品在最初上市时,通常在消费者心中是没有知名度的状态;随着企业对品牌不断进行营销与传播,使得品牌在一些消费者心中留下了不太清楚的印象,这些消费者如果能在其他人的提醒下回忆起该品牌,在这种情况下,这个品牌就是处于第二阶段提示知名度阶段;随着时间的加深和消费者对品牌的了解,就算没有别人进行提示,消费者也可以主动记起该品牌,此时品牌就进入第三阶段,在最后阶段,随着品牌的成长,逐渐成长为强势的品牌,成为该行业的"领头羊"时,消费者就会在进行购买此类产品时第一个提及该品牌,这个时候,品牌就进入第四阶段,这也是市场知名度最佳的阶段。

品牌知名度成为品牌资产价值的重要构成要素的原因就是品牌知名度有两方面的重要作用。一是品牌知名度可以提高品牌的影响力。品牌知名度的高低会在很大程度上影响消费者对品牌产品的选择判断,进而影响品牌产品的预期收益。二是品牌知名度可以对竞争品牌的知名度起到抑制作用,这可以降低竞争品牌对消费者的影响力,间接地提升了自身品牌在消费者心目中的地位和影响力。

(二)品牌认知度

品牌认知度是指消费者在对某品牌产品的相关信息进行比较全面深入的分析之后,或者在实际的使用、消费之后,对品牌产品的品质、功能、外观、服务甚至价格等所形成的整体印象和判断。品牌认知并不是企业自身对产品在生产与制造过程中的一种认识和判断,而是消费者站在消费或使用者的角度对品牌产品所形成的认知和判断。消费者对品牌认知所形成的整体印象有可能是积极的,也有可能是消极的。

品牌认知度的价值主要有三个方面的体现:第一,有助于促进消费者的购买决策。一般情况下,消费者在选购耐用商品之前会花一定的时间主动通过各种媒体搜寻相关品牌产品的资讯。在产品同质化日益严重的今天,消费者所搜寻的品牌产品信息可能难以形成太大的差异。此时,消费者只能依靠自身对某品牌产品的认知来决定选择购买哪一个品牌的产品。第二,有助于形成品牌差异化的定位。努力在激烈的市场竞争中形成品牌差异化,是企业开展营销与传播活动的目的之一。不同的品牌在长期的营销与传播活动过程中,由于其所采取的策略不同,在消费者心目中所形成的品牌认知各有不同。这种认知一旦形成并得以巩固,实际上也就在消费者的心目中初步形成品牌差异化的心理定位。也就是说,提高消费者的品牌认知度有助于企业形成品牌差异化的定位。第三,有助于建立高端品牌形象。国内外许多强势品牌通过长期的、不间断的营销与传播活动的积累,在消费者的心目中形成了高档、时尚、高品质、高性能的品牌认知。消费者对品牌的这一认知,事实上已经表明消费者为购买强势品牌的产品,愿意付出更高的心理价位,这也是这些强势品牌能够卖到较高价位的原因。同时,由于大多数消费者并不是品牌或产品消费方面的专家,自身难以辨识品牌产品的品质,而只能通过品牌加以识别,这就使得强势品牌通过贴牌生产的产品也能顺利实现高价销售。

(三)品牌联想

品牌联想是指当某一品牌出现在消费者视线内后,从消费者的记忆中可以引发出的关于该品牌的任何想法,如对该品牌的感觉、评价,该品牌在消费者心中的定位,其有没有对该品牌有过体验经历等。这些想法会形成一定的意义,组合成各不相同的品牌形象,从而影响消费者是否要购买该品牌的决策。品牌联想是任何与品牌记忆相联结的事物,是消费者对品牌的想法、感受及期望等一连串的集合,可反映出品牌的人格或产品的认知。消费者通过对不同品牌产生不同的联想,使品牌间的差异化得以通过抽象的感觉和判断加以体现。

凯勒(Keller,1993)在进行品牌形象衡量时以不同的品牌联想构面为基础将品牌联想的内涵分为属性联想、利益联想和态度联想三种类型。属性联想指消费者在对该品牌进行联想时指向于品牌商品或服务的描述性方面的特点。利益联想是指消费者在对某品牌产品产生联想的过程中,其联想主要指向该品牌产品能够为消费者提供哪些利益。品牌态度联想指的是消费者对品牌的一个整体性的评价,这是消费者是否进行购买行为的基础。品牌态度联想和品牌产品的品质、品牌传播理念、品牌功能利益、品牌经验利益以及品牌象征利益之间均存在着正相关性。

企业通过各种努力使消费者对本品牌产生积极的或正面的、

有利于品牌市场发展的联想,从而为品牌或企业创造品牌资产价值。具体而言,这些价值主要有两个方面的表现:第一,有助于促进消费者的购买决策。消费者对品牌的联想主要有两种表现形式:一是理性的联想;二是感性的联想。理性的联想有助于向消费者提供购买某品牌产品的理由;感性的联想则有助于在情感上打动消费者并导致其形成对某品牌产品的购买决策。二是有助于消费者对品牌利益点的记忆。当消费者面对琳琅满目、令人眼花缭乱的众多商品难以做出选择决策时,他的脑海里所存储的对某些品牌的联想将有助于其做出品牌购买的决策。

(四)品牌忠诚度

品牌忠诚在品牌资产构成要素中是最具价值的要素。它指的是消费者在进行购买同一类物品时,对一个品牌多次表现出来的偏爱行为反应。而且消费者的这种购买行为反应并不会受到消费情境和营销传播的影响而改变。构成一个消费者对某品牌保持一种忠诚行为的原因固然与该品牌的确能性品质有关,但是更重要的则是消费者与品牌产品之间的情感因素。品牌忠诚有两方面体现:一是品牌忠诚包括行为忠诚和情感忠诚,二是顾客忠诚和品牌忠诚并不相同。

对于企业来说,品牌忠诚的价值主要体现在以下方面:一是降低营销成本,增加企业利润;二是形成市场竞争的进入壁垒;三是促进销售渠道的畅通;四是吸引新的消费者。

(五)其他资产

其他资产也是品牌资产的重要构成部分,它指的是附在品牌上与品牌有紧密相连的关系,有助于提升品牌增值力的且不容易被归类的特殊性的资产,例如商标、产品专利等。比如,可口可乐公司所津津乐道并引以为傲的"7X"配方即是一种专有技术。正是"7X"配方的独有性和专属性,使得可口可乐品牌具有无可比拟的资产价值。

第二节　品牌资产的提升

品牌资产的提升是多方位的,本节从品牌资产构成要素进行分析,就品牌知名度、品牌认知度、品牌联想和品牌忠诚等方面来进行探讨。

一、品牌知名度提升方法

(一)制造"第一"与"独特"

在信息化时代,人的记忆是有限的,人们往往对"第一"情有独钟,记忆深刻,而对第二以下却不感兴趣。例如,当有人问你世界上最高的山峰是哪一座时,你会快速答出珠穆朗玛峰,第二你就不一定能答出。所以在塑造品牌知名度的过程中,要抓住"第一"做文章,比如第一个入市、第一个具有环保功能、第一个提倡24 小时服务等。在许多产品中,最知名的总是那些最先进入人们心目中的品牌。当竞争对手已经捷足先登或十分强大时,企业就要注重策划,创造一个"与众不同"的特点,利用这个特点给出其品牌的定位。例如"白加黑"感冒片,"白天服白片不瞌睡,晚上服黑片睡得香"在一大堆感冒药中脱颖而出。

(二)利用名人效应

名人效应可以帮助树立品牌知名度。例如,在 1936 年的柏林奥林匹克运动会上,美国运动员欧文斯独得四枚金牌,他所穿的"阿迪达斯"运动鞋随即一夜走俏,"阿迪达斯"也从此成为世界名牌。

(三)巧妙利用广告策划

策划的广告词、广告曲简洁易懂、容易记忆、诱人心动。"钻石恒久远,一颗永流传"不但为感情依托的群体找到了感情承载体,其容易记忆的词句、优美的语韵也为人们送来了酣畅淋漓的感觉,使人心动。电视广告场景的设计中巧妙地利用悬念等,也会让消费者快速记住品牌,并产生品牌联想。

(四)利用非传统方式进行宣传

一些汽车企业在大型商场、候机楼,甚至公共广场摆展位,只展车不卖车,让潜在的客户了解产品,了解公司实力,提高产品和品牌的知名度。

二、品牌认知度提升方法

品质的认知在品牌资产中可算是一种长期的资产,也是品牌资产的重要组成部分,对它的建立和维护也就需要较高的能力、花费较长的时间及较大的成本。提高品质认知度的策略有以下几个方面。

(一)保证高品质

首先要提高产品品质和服务的能力,这是提高品质认知的第一步。如果产品品质本身存在缺陷,那么就无法使顾客信服。获得高品质的通常做法是:

1.对品质的承诺

对品质的追求是长期的、无所不在的。企业应把对品质的追求放在首要位置,动员全体员工付诸实际行动。质量是产品的生命,卓越的品质是企业对消费者的承诺,是企业赢得消费者认同的基本要素。

2.追求品质文化

任何商品的生产制造都无不带有文化的痕迹,都反映着特定的文化氛围。同时,文化的追求是产品由单一物理用途向更高层次需求满足的转变。品质文化包括产品质量、组织文化、行为准则、象征符号和价值的内容。

3.重视消费者参与

在传统市场营销中,消费者由于信息接收的不对称性,始终处于被动的弱者地位,企业决定消费者的消费方式和消费内容。市场的发展决定了企业必须关注消费者的方方面面,消费者在市场活动中的决定地位增强。重视消费者参与,就在于充分发挥消费者的积极性,充分体现以消费者为中心的市场营销战略。

4.确定具体标准

品质不是一句空洞的口号,它是企业的生命线。为达到管理和生产的真正品质,企业需要确定品质的具体标准,详尽规划,以对企业发展提供真正帮助。企业可通过 ISO 9000 国际质量认证等方式,提高企业的整体质量水准。

5.发挥员工积极性

人是企业最宝贵的财富,是企业实施一切市场营销活动的主体。充分调动和发挥员工的积极性,让员工真正关心企业的方方面面,用自己的工作促动企业的发展,尤其是要发挥员工的创造性,把品质建设落到实处。

(二)设计认知信号

品牌产品只有良好品质是远远不够的,品牌需要将这种品质转化成为消费者认知的品质。通过对多数情况分析来看,人们并没有一个客观的标准和可靠的途径来对品牌产品的品质进行判断,消费者在对品牌产品进行判断时通常会以产品或服务本身的象征符号为判断依据。由此来看,品牌为了提高消费者对品牌的认知度,需要对品牌产品的设计、服务环境和水准、广告的水平以及品牌名称标志等方面进行良好的设计,商家要有创意设计,尤其是在品牌的包装设计方面更要进行创造性的设计。

（三）价格暗示

关于品质价格可以起到重要的暗示作用。通常人们都会认为一分钱一分货，一个产品价格高的话其品质自然就会好，尤其是当消费者没有能力对一种产品的品质进行评估时，产品的价格就是消费者对产品进行品质判断的重要依据。产品的类别不同，对消费者的暗示作用也会有所差异，相对来说，难以评估的产品更容易对消费者进行价格暗示。

（四）有效使用广告、产品说明书

品牌可以有效利用广告和产品说明书来提高消费者对品牌产品的认知度。在进行广告时，要将产品真实的品质和具有创意的广告结合起来。而产品说明书也要具有实际意义，将产品或服务进行有效的说明，这样可以大大提高消费者对品牌产品或服务的信任度，进而提高品牌的认知度。

【案例】太太口服液的广告宣传

1988 年，现任深圳太太药业集团公司总经理的朱保国，以 6 万元的价格从河南新乡中医院一位老中医手中购买了一中医处方，在以后的四年里他到处筹措资金，决定生产一种叫"太太口服液"的保健品。1993 年 10 月 1 日起，深圳人猛然发现三位高贵典雅、婀娜多姿的"洋太太"铺天盖地般闯进了他们的视野，朱保国精心策划的太太口服液品牌形象宣传在深圳全面打响。然后在广告宣传开始后的三个月，"太太口服液"正式上市，"她们"一进入市场即被抢购一空。同年底，公司产值突破 3000 万元大关，"太太口服液"这一品牌的知名度、美誉度、信任度、追随度也极大提高。究其原因，正是好的品牌及产品借助了成功的广告宣传。

（五）完善的服务系统

一个品牌拥有良好服务的话就会给消费者一种高品质的感觉，就可以让消费者对该品牌产生信任。此外，品牌拥有完善的服务还可以使品牌产生高溢价，提高品牌的营销能力。当前，各大品牌的产品趋于同质化，因此，完善的服务系统有助于提升品牌的认知度。

三、品牌联想提升方法

（一）讲述品牌故事

故事比广告更容易打动人心，它具有情感性，和广告相比，品牌更容易触动消费者的情感体验和相关联想。品牌故事就是要将该品牌在成长过程中的素材提炼出来，向消费者进行思想传导。可以说，每一个品牌背后都会有一个动人的故事，主要看这个故事怎么来讲述更容易打动人心。一个企业在塑造品牌的时候，可以通过讲述品牌故事的方式来赢得消费者的心，提升品牌联想。没有故事就没有品牌。

（二）借助品牌代言人

在当前来看，品牌代言人是品牌最好的载体。品牌代言人就是品牌用契约的形式指定一个或几个人在特定的时期内来向消费者进行品牌形象的宣传。品牌代言人通常会选择名人，这主要是因为名人的知名度高，有众多的人关注，消费者都对名人有崇拜心理。因此，借助名人进行品牌代言，讲述品牌故事其传播效果会更好。

（三）建立品牌感动

品牌感动的建立可以更加打动消费者，使消费者在内心形成对品牌深刻的印象。比如著名石油公司雪佛龙，为了在消费者心中塑造一个"环保、亲近自然"形象,曾拍摄了一个非常具有打动人心的形象广告。在广告中,其情感诉求表达很真实明确:当早晨明亮的太阳在西怀俄明升起时,奇异好斗的松鸡跳起了美丽独特的求偶之舞。这是生命的开始,但如果在这一生命孕育的过程中有异类侵入松鸡的孵育领地,小松鸡的孵化就会受到中断。因此,铺设输油管道的人们为了保护小松鸡的出生停止了建设,雪佛龙企业为了这几只小松鸡,将商业计划进行了搁置。这是一种对生命的尊重,是对大自然的热爱。当消费者看到这一广告时,会自然而然地被感动。这种感动加深了消费者对雪佛龙想要树立的环保形象的认知,此外还使得社会大众将其对环保的需求与雪佛龙联系起来,从而会更加认同雪佛龙品牌。

四、品牌忠诚提升方法

一个品牌想要成功,就需要不断增加顾客价值,满足消费者的需求,进而提升消费者对品牌的忠诚度。企业品牌忠诚度的提升可以从以下方面入手。

(一)提高并保持产品或服务质量

品牌忠诚最基本的前提就是品牌产品或服务质量要高。企业品牌培养消费者品牌忠诚最有效的方法就是其产品质量过硬,比竞争对手的产品质量或服务高,同时又被广大消费者知晓。消费者在选择品牌产品时,最主要的原因就是因为消费者相信该品牌承诺的产品质量。这种品牌承诺使消费者在进行购买行为时规避了因为未知而带来的风险。由此来看,品牌就是为产品质量和消费者的利益做保障。好的品牌就等于好的产品品质,在进行购买品牌产品时,消费者会信任品牌,也愿意为此掏钱。但是如果企业的品牌产品和服务不能做到始终如一,就会使消费者对该品牌产生怀疑,进而就会放弃该品牌,选择其他好的品牌。

（二）产品价格合理并保持稳定

消费者在购买产品时，通常会一看质量，二看价格。因此，想要提升品牌的忠诚度企业就要为产品制定一个合理的价格。第一，产品的价格要在合理范围内。如果价格太高消费者无法接受，即使是名牌消费者也不会选择购买它的产品。第二，产品的价格在要消费者的预期范围内。第三，产品价格制定好以后，要保持相对长时间的稳定。这样才不会让消费者心理发生改变。一个企业想要经营好品牌，就要注重和恪守其对消费者的承诺，既不能不时地为了利润而对产品进行提价，也不能为了销量而经常降价。企业不能为了眼前利益而对价格进行变动，更不应该牺牲对消费者的品牌承诺。为了尽可能地提升消费者对品牌的忠诚，就需要有一个合理且稳定的产品价格。

（三）完善服务体系，提供优质服务

一个企业能否提供完善的服务体系，是消费者能否保持品牌忠诚的一个关键因素。在产品日益同质化的今天，服务体系是区分企业品牌的一个重要因素。消费者购买产品，其真正购买的其实是企业品牌的服务。在构建和提升消费者品牌忠诚度的服务策略中，主要有以下几点：一是要提供一体化服务，即不仅要在消费者购买产品前做好服务，还要做好售中、售后服务以及金融支持服务等；二是在进行服务时要做好精细化；三是做好补救服务措施，这主要是因为企业品牌的服务是由人来进行的，就难免会在服务上出现失服，因此需要企业及时做好补救服务，来消除消费者对企业的不良影响。这也是企业品牌能够重新获得消费者品牌忠诚的强大武器。

【案例】IBM 的服务品牌

美国 IBM 公司为何能成为世界计算机业的巨子？IBM 的品牌可以成为价值百亿的世界名牌？该公司的副经理罗杰斯提出：

"IBM 是以顾客市场为导向,绝非技术"。该公司的口号是"IBM 就是最佳服务"。他们以服务为企业经营的最高准则,为客户提供优质、完善的服务,公司规定,"对任何抱怨或疑难,必须在 24 小时之内给予解决"。

美国人大都记得纽约城大停电事故,华尔街停顿,纽约和美国证券交易所都关闭了。银行、公司一片混乱。IBM 纽约分部紧急动员,每一个人都忘我地投入工作,争取把客户的损失减少到最低程度。在 25 小时的停电期间,户外的气温达华氏 95 度左右,空调、电梯、照明都停止了。而 IBM 的工作人员却不辞劳苦地为顾客服务,他们攀登过的大楼包括有 100 多层的世界贸易中心大楼。

还有一次,位于亚特兰大的兰尼公司使用的 IBM 主机发生了故障,IBM 公司在 12 小时之内请来 8 位专家,其中 4 位来自欧洲,一位来自加拿大,一位从拉丁美洲赶来,他们及时地为客户排除了故障。

IBM 就是这样不惜代价,为用户提供优势的服务直到用户满意为止。正是这些优势的服务使 IBM 的产品名扬四海,使 IBM 的用户遍及五洲,使 IBM 这一品牌 100 多年来长盛不衰。

(四)塑造稳定的品牌个性,创建良好的品牌形象

通常来看,消费者对品牌忠诚,除了品牌能够满足消费者的使用价值外,还因为品牌带有强烈的情感。日本最大的企业形象设计公司兰得社曾经做出评价:虽然日本的松下电器和日立电器在产品的质量和价格方面相差不大,消费者却更喜欢买松下电器的原因就是因为松下电器具有良好的品牌形象。与产品价值和质量比较来看,品牌形象是软件,良好的品牌形象的树立不是一朝一夕可以形成的,它需要企业做出长时间的、全方位的努力。企业如果做出有损企业形象的事情,就算是微小的失误,也不利于消费者品牌忠诚度的提升,甚至有可能导致消费者进行品牌转换。因此,企业在做好品牌定位的时候,就需要塑造企业良好的

品牌形象。这样才能使品牌个性鲜明,赢得消费者的喜爱和品牌忠诚。

(五)提高人员素质

企业员工素质的高低对于企业有重要的影响,它会影响到企业创造顾客价值的高低,进而影响到消费者的品牌忠诚。这主要是因为:第一,企业的产品和服务都需要由人来创造,一个高素质的人才能创造出高品质的产品和服务;第二,企业员工在和消费者进行交流时,员工的言谈举止如何都会影响到消费者的消费体验和利益。消费者的利益既包括物质上的也含有情感上的,高素质的员工会给消费者带来良好的购买体验,使消费者身心都很高兴,这就提高了消费者的情感利益,如此,就会使得消费者愿意购买企业品牌产品,获得消费者品牌忠诚。

(六)强化与顾客的沟通

沟通是企业与消费者之间的桥梁。沟通是信息提供者一方向另一方信息接受者提供信息来影响接受者的态度和行为的活动,信息接受者可以是一个也可以是多个受众。在当前市场经济条件下,企业最应当关注的就是企业和目标消费者之间的说服性的沟通。企业需要将品牌信息有效地传达给消费者,并应当在消费者心中唤起购买的意念,使消费者不断进行购买的决策。由此可以看出,品牌忠诚也是信息有效沟通的最终结果。

第三节　品牌资产评估的方法和意义

一、品牌资产评估的意义

品牌资产是企业重要的无形资产,这种附加的价值来源于品牌对消费者的吸引力和感召力,在市场竞争中发挥着越来越大的作用。

(一)品牌资产评估可以加深对品牌资产的认识

品牌资产作为一种无形资产,不像厂房、机器设备,难以从直观上把握,由此使人们对它有一种神秘感和抽象感。消除这种感觉,除了应对品牌资产的构成、来源等有清楚了解外,还需要从数量上对品牌资产的大小作出估计。不管何种资产,如果缺乏数量上的界定,将对人们的认识和了解造成影响,从而导致在使用过程中不知道如何操作,使企业对品牌资产的把握流于空洞。

【案例】

湖北采花茶业公司通过省商标所,从银行获得 800 万元贷款。这是湖北省首例用商标质押取得的贷款。

"采花""署天"茶叶商标,是湖北省著名商标,湖北采花茶业公司因急需巨资购设备、扩规模,于去年底,对两个商标进行了评估。

商标被评估价值为 3000 万元后,公司便与担保和银行方面签订了相关协议,并到国家商标局取得了商标专用权质押登记证书。

(二)品牌资产评估可以更全面地反映企业的经营业绩

品牌资产既是过去经营成果的沉淀,又联系着未来,它的价值在于能够为企业创造未来收益。在今天,品牌等无形资产在企业资产中的比重不断上升,甚至超过有形资产的情况下,仍然单一地用传统财务报表反映企业经营情况,是不全面的。进行品牌资产评估,把品牌资产的价值增减纳入会计报表,能更全面、更真实地反映企业经营业绩。尽管目前很少有企业把公司的品牌资产纳入企业的会计报表,人们在利用品牌资产来衡量经营业绩时更多的是在企业内部纵向进行。主要原因是品牌资产自身具有一些较复杂和抽象的特点,学术界对如何衡量和评估品牌资产还存在很多争议,很难确定一个人们公认的测评程序。不过随着人们对品牌资产的认识更进一步深入,很有可能制定出一个相对稳定和科学的测评系统。

(三)品牌资产评估便于企业间品牌资产的交易

品牌本身是可以转让的,因此在企业间发生兼并、收购或租赁时,交易双方对品牌资产的评估必然非常重视。如果被兼并、被收购或被租赁企业的价值在评估时,品牌资产作为无形资产的重要部分被疏漏或低估,无疑会损害股东的利益。这也是当今品牌资产评的方法研究的一个重要促进因素。

另外,对各公司品牌资产评估结果的排名,无疑是对公司品牌的一种激励或鞭策,优秀公司的品牌资产也会得到升值。北京名牌资产评估事务所从 1995 年开始对中国最有价值品牌进行了跟踪评价,评价结果每年都在《中国质量万里行》杂志上公开发表,它的排名结果会对中国的消费者产生重要的影响。

二、品牌资产评估的方法

对现有的品牌资产进行量化评估,首先需要对品牌资产进行概念上的界定。由于目前在学术界对品牌资产的理解和认识存在一定的争议,导致品牌资产评估产生了多种模型和各种不同的方法。正如美国的 W. D. 韦尔(W. D. Wells)所言,"对品牌资产的研究好像盲人摸象,不同的人出于不同的目的和受个人背景的局限,赋予其不同的含义并采用不同的评估方法"。

目前存在的各种品牌资产评估方法,多是广告公司、市场研究公司、品牌资产专业机构根据各自对品牌资产的不同理解,设计出的不同品牌资产概念模型。大体来讲,较为被接受的品牌资产量化评估理论有两类:会计方法和市场基础评价法。会计方法着重于使用客观财务数据,通过相关的会计报表、档案、文件等,体现出品牌资产的交易价值。市场基础评价法则是基于消费者调查、股市业绩考察等统计数据,通过识别相关参数,用一定的模型来计算,体现品牌资产的内在价值。这两大类方法体现了从不同的角度来看待品牌资产的内涵,具体到操作层面,又受到不同的评估目的的影响,例如,并购财务的需要、品牌管理的需要、市场竞争及战略的需要等。

(一)会计方法

1.历史成本法

历史成本法是评估企业品牌资产最直接的方法,其直接依据是企业品牌资产的购置或开发的全部原始价值。最直接的做法是计算对该品牌的投资,包括设计、创意、广告、促销、研究、开发、分销、商标注册,甚至专属于创建该品牌的专利申请费等一系列开支等。例如,宝洁公司为了得到"潘婷"这个亲和力极强的名字,聘请各路专家历时数年,耗费巨资,从众多候选名字中经反复斟酌才得以确定,而推广这个名字的费用更高。

一个成功的品牌,其成功的原因是多方面的,从这个角度来看可以说很难计算出品牌的真正成本。因为已经把这些费用计入了产品成本或期间费用,而如何将这些费用与其他费用进行区分是很难的一件事情,并且没有考察投资的质量和成果。就算能够将这些区分开来,用此方法也无法反映品牌当前的价值。用历史成本法对品牌资产进行计算的话,会对一些失败或不成功的品牌资产进行高估。

2.重置成本法

重置成本法是按品牌的现实重新开发成本,减去其各项损耗价值来确定品牌价值的方法。重置成本可以看作第三方购买品牌所愿意出的价格,它相当于重新建立一个在品牌影响与品牌效益方面可以替代原有品牌的全新品牌所需付出的总费用。其计算公式为:

品牌评估价值＝品牌重置成本×成新率

按来源,品牌可能是自创或外购的。两者重置成本的构成是不同的。企业自创品牌由于财会制度的制约,一般没有品牌账面价值,所以只能按照现时费用的标准估算其重置的价格总额。外购品牌的重置成本一般以可靠品牌的账面价值为论据,用物价指数计算,公式为:

$$品牌重置成本＝品牌账面原值×(评估时物价指数÷品牌购置时物价指数)$$

成新率是反映品牌的现行价值与全新状态重置价值的比率。一般采用专家鉴定法剩余经济寿命预测法。按剩余经济寿命预测的公式为:

$$品牌成新率＝\frac{剩余使用年限}{已使用年限＋剩余使用年限}×100\%$$

这里需要注意的是,品牌原则上不受使用年限的限制,但品牌估计实践或品牌交易中常常受到年限折旧因素的制约,不过它不同于技术类无形资产的年限折旧因素。前者主要是经济性贬值(外部经济环境变化)和形象性贬值(品牌形象落伍)的影响,后者主要是功能性贬值(技术落后)的影响。

3.股票价格法

股票价格法就是以当前上市公司的股票市值为计算依据,将有形资产从企业的整体资产中剥离出来,之后再从无形资产中剥离出品牌资产。其计算步骤如下:

第一,计算出公司的总市值。

$$公司总市值＝股价×股数$$

第二,计算公司的无形资产。

$$公司无形资产＝公司总市值－有形资产$$

第三,将无形资产分解为品牌资产和非品牌资产,并对影响各品牌资产的因素进行确定分析,建立它们之间的函数关系。

第四,建立影响无形资产的各因素同公司整个股市价值之间的数量模型,由此可以分析出各因素对股市价值的贡献率,进一步算出各因素对无形资产的贡献率。

第五,由以上步骤可以得出品牌资产在整个无形资产中所占的比例,最后乘以无形资产就可以算出品牌总资产。

股票价格法适用范围比较单一,它通常对只有一个品牌的企业来说才适用。且股票价格法比较困难,其主要是公司市值与影响无形资产各因素间的模型难以建立,它需要以大量的统计数据为基础且需要极复杂的数学计算,因此其实用性不高。此外,股票价格法还需要在股市健全的情况下,股票价格才能对公司的经营情况有一个真实的反映。

【案例】房产评估一下高估了400万?

一场关于一家评估公司是否违反《房地产估价规范》而高估了房地产价格的听证会在某省建设厅8楼会议室里举行。听证的双方包括评估机构某省A房地产评估有限公司和调查方四川省建设监察总队。听证会上,调查方省建设监察总队陈述了相关材料。2005年4月,A评估公司接受某市国泰贸易有限公司(以下简称国泰公司)委托,对位于某市大街101号第5栋、43号第2栋、第3栋、第6栋两处房地产进行价格评估。

出让方委托评估:468万多。2005年8月1日,A公司作出评估单价为10081.00元/平方米,总价为468.48万元。据此,国泰公司以A公司所出评估报告为依据,同拆迁公司进行赔偿谈判,于2006年初达成赔偿价格180万元(含1077.945平方米商业用土地)。

拆迁方委托评估:不到64万。拆迁方委托该市正和房地产评估公司(三级评估资质,评估总价为63.9713万元)、该市中级人民法院委托省义正房地产评估咨询有限公司(二级评估资质,评估总价为64.1140万元)评估。由于与A公司的评估结果相差太大,2005年12月21日,该市规划和建设局委托房地产估价专家委员会对A公司的评估报告进行评估鉴定。

2005年12月30日,该市房地产估价专家委员会做出鉴定,结论为A公司存在估价方法采用比较法、所选取的可比实例不当、个别因素单项修正超过 20％等问题,违反了《房地产估价规范》相关条款。2006 年 8 月 3 日,省建设厅房管处将案件相关材料移送省建设监察总队。9 月 5 日,对 A 公司发出行政处罚告知书,9 月 7 日,A 公司提出书面听证申请。

A 公司的意见:"我们的评估完全不违反《房地产估价规范》,完全按照估价规程来做的,做出的评估价格也能经得起市场的检验。"按照现在的市场价格,市一级商业地段的铺面价格已经达到了 22000～28000 元每平方米,国泰公司委托评估的两处房屋也处于一级商业地段,而他们评估出来的单价为 10081.00 平方米。如果通过听证后还是被实施处罚,他们将申请行政复议,如果还是不行,不排除走法律程序的可能。

A 公司运用的是最佳利用原则,而拆迁方运用的是个别因素单项修正超过限额的规定。可见房地产评估是个复杂过程,涉及方面很多。同一处房屋评估方法不同,评估结果不同。房屋评估价值是市场价值,与地理位置、周边环境因素、配套设施、间距、朝向、结构有关。比如:(1)位置比较好的房屋,即使房龄很长、很破旧,但是评估价值很高。(2)市中心、区中心、重点学校附近的房屋,即使房屋房龄很长,周边环境好,配套设施齐全,房屋评估价格很高,甚至有的地区旧房的市场价值大于该区域内新开发的商品房价值。

(二)市场基础评估法

市场基础评估法可以说是对传统会计学方法的挑战,因为财务指标的不足使得会计方法无法对品牌资产做出一个比较准确的评估,这主要是因为品牌投资是长期性的,而财务指标如销售量、成本分析等指标是则是短期的,两者从根本上来看不在同一个历史时间段。

1.溢价法

溢价法主要是通过计算溢价来评估品牌价值的方法。溢价就是消费者愿意为使用一个品牌额外付出的货币。溢价可以通过对消费者进行调查而得到。比如,为了想得到"两面针"品牌的溢出价格,可以向消费者询问同一产品在使用该品牌和不使用该品牌产品时原意花的钱数,两面针的品牌溢价就是两者的差额。然后再用溢价乘以当年该品牌产品的销量,两者的乘积就是两面针品牌当年创造的价值。再用当年价值除以行业平均投资报酬率,就可以算出该品牌的总价值。仍以"两面针"为例,若该品牌溢出价格为每支 0.20 元,当年产品销售量为 1.5 亿支,而行业平均投资利润率为 10%,则"两面针"品牌总价值为:0.20×1.5÷10%=3 亿元。

需要说明的是,由于不同的年份,企业产品的销量会受到多方面因素的影响而有较大的变动,因此可以以过去 3～5 年的年均销售量和行业平均投资利润率为基数来进行计算。

2.消费者偏好法

消费者偏好法就是通过对消费者进行市场调查了解消费者在使用一项产品时用与不用品牌的情况下消费者对产品的态度之间的差别,然后将产品的市场份额与这种差别联系起来对品牌价值进行评估的方法。消费者偏好法可以确定某一年度或某一时期该品牌所创造的利润,再用该利润除以该时期行业平均投资利润率,就可以得到品牌资产总价值。

需要说明的是,消费者偏好法是比较困难的,因为关于消费者偏好或品牌态度与市场份额的依存关系是很难确定的。也就是说当消费者的品牌态度差别每增加一个点,产品的市场销量会有多大的变化不太清楚。这就需要按时间将产品所在行业各主要品牌的有关数据进行系统性的收集,包括品牌的市场份额、消费者对各品牌的购买意向两个方面的数据。在此基础上创建经验模型,从而建立起购买意向与市场份额两个变量的经验关系。由此可以看出,总体上用此方法进行品牌资产评估花费的时间会长,费用也会比较高。

3.英特品牌集团法

英特品牌公司是世界上最早对品牌资产评估进行研究的机构。它凭借着高超而严谨的技术建立起品牌资产评估模型,因此具有很强的权威性。英特品牌资产评估模型在建立时将主客观情况进行了全面的考虑。客观的数据包括市场占有率、产品销售量以及利润状况;主观判断是确定品牌强度。两者的结合成了英特品牌资产模型的计算公式:

$$V = P \times S$$

式中,V ——品牌价值;P ——品牌带来的净利润;S ——品牌强度倍数。

(1)品牌带来的纯利润 P 的计算

计算品牌纯利润,首先需要确定该特定行业的资本产出率,品牌销售额乘以行业资本产出率就得到了该品牌经营所需要的资本额,即:

品牌经营资本额＝品牌销售额×行业资本产出率

根据需要假设或者估计该品牌产品在没有品牌时的资本净利润率,再乘以品牌资本额就得到了无品牌产品净利润。

品牌资本额减去无品牌产品利润就得到了品牌税前利润。用公式表示为:

品牌税前利润＝品牌资本额×(1－无品牌产品净利润率)

考虑到品牌价值受整个经济或整个行业短期波动的影响,对品牌税前利润取加权。这里采用最近两年税前利润的加权平均值。最近一年的权重是上一年的 2 倍,计算方法为:

$$加权品牌税前利润 = \frac{当年收益 \times 2 + 上年收益 \times 1}{2 + 1}$$

品牌净利润 ＝ 加权品牌税前利润×(1－品牌母公司所在国的税率)

(2)品牌强度倍数 S 的计算

按模型分析,品牌强度主要由七个方面的因素来决定,每个因素在其中占不同的权重,详细情况如表7-1所示。

表 7-1　英特品牌公司的品牌强度评价因素表

评价因素	含　义	权重/%
领导力(leadership)	品牌的市场地位	25
稳定力(stability)	品牌维护消费者特权的能力	15
市场力(market)	品牌所处市场的成长和稳定情况	10
国际力(internationality)	品牌穿越地理文化边界的能力	25
趋势力(trend)	品牌对行业发展方向的影响力	10
支持力(support)	品牌所获的持续投资和重点支持程度	10
保护力(protection)	品牌的合法性和受保护的程度	5

英特品牌公司的品牌价值评估方法分下面三个步骤：

(1)确定影响品牌价值的 80～100 个参数,并对这些参数打分,然后综合处理各种参数合并成表示品牌实力的上述七个指标类别,给出每个指标类别的得分值。它们在品牌竞争中所占权重由其在品牌竞争中所起作用大小来决定。

(2)分解公司品牌获得的利润,一旦由品牌获得的利润额得到确认,再对非品牌商品可能产生的利润额进行分析,进一步可以计算出与品牌有关的净利润额。

(3)以品牌强度为依据对倍数进行推算,再乘以当期品牌净利润额,最终算出品牌的价值。

用此方法其中倍数是最为关键的参数,通常来看,其数值范围在 6～20 之间,用以表示品牌可能的获利年限。品牌的市场信誉越高,就会越受到市场欢迎,品牌可预期的获利年限越长,则乘以净利润的倍数就越高,其品牌价值就会相应地增高。

4.北京名牌资产评估事务所的评估方法

北京名牌资产评估事务所的品牌资产评估方法是中国目前唯一的由民间机构主持的品牌资产价值评估系统。就目前国内品牌资产价值评估领域的研究现状而言,这无疑是一个适合中国国情、适用于多个不同行业的品牌资产价值评估系统。该评估体系是以英特品牌评估模型的七个影响品牌强度因子作为基本框架,考虑全球著名品牌的六大特征:可观的市场占有率、可观的超常创利能力、较强的出口能力、较强的法律保护能力、超常的国际化能力和有力的企业支持,然后将这些特征因素转化为三个评估指标:品牌的市场占有能力(M)、品牌的超值创利能力(S)和品牌的发展潜力(D)。这三个指标被分别给予不同的权重,分别为 4,4,2(不同的行业略作调整)。这样,一个品牌的综合资产价值可简单表述为 $P=M+S+D$。在这个评估公式里,关键的指标是销售收入、利润额和潜力因素。

M 部分,是取企业的销售收入作为评估指标;S 部分,是取利润额作为评估指标,借鉴了一般商标评估中的收益法;D 部分,也是以利润为基本指标,借鉴了世界上最有价值品牌评价方法中的利润倍数法,利润既可以反映品牌在市场中的竞争状况,同时也可以反映出企业的经营状况,据此可以评估出品牌持续发展的能力。

总之,品牌资产价值的构成主要是不可辨认的无形资产,它和企业的商誉价值是一体的,因此,这就使得企业的品牌资产无法做到精确评估。所以,无论采用何种评估方法,其对品牌资产和的评估都只能说是比较合理的。品牌资产是由多方面的因素构成的,因此,对品牌资产从不同的角度进行评估也自有其合理性,这也是评估品牌资产方法多样性的基础,不过,在具体对品牌进行评估时,选择使用什么样的评估方法,应该根据评估的目的而确定。

第八章　品牌危机管理

　　建立一个品牌,常常要耗费巨大的资源,但是由于受到企业外部环境的变化、竞争对手的侵害甚至是来自企业自身问题的影响,好不容易建立起来的品牌又会功亏一篑。

　　因此,在对品牌进行管理的过程中,需要对品牌维护、品牌危机处理和品牌保护进一步重视起来。

第一节　品牌维护

　　所谓的品牌维护,是指企业针对外部环境的相应变化给品牌带来的影响所进行的维护品牌形象、保持品牌的市场地位和品牌价值的一系列活动的统称。

一、品牌维护的必要性

　　作为企业的重要资产来说,品牌的市场竞争力和品牌的价值都是来之不易的。但是市场和消费者的需求并不是静止的状态,而是快速的变化,由于大多数的品牌缺乏必要的品牌维护,所以在市场竞争中屡屡受到淘汰。因此,企业需要对品牌进行不断的维护。

(一)避免品牌老化

　　所谓的品牌老化,是指企业的品牌在竞争市场过程中出现的一些品牌失落现象,如品牌知名度、品牌美誉度下降以及销售、市场占有率降低等。任何一个品牌,都会存在品牌老化的可能性,尤其是当下如此竞争激烈的市场,适当地对品牌进行维护,是防止品牌老化的重要手段。

（二）保持和增强品牌的生命力

从一定意义上来说，消费者的需求决定品牌的生命力强弱。如果品牌能够针对消费者不断变化的需求予以满足，那么，这个品牌在竞争市场上生命力会显得旺盛强大。不断地对品牌进行维护，对于满足市场和消费者的需求是很有必要的。

（三）预防和化解危机

随着市场风云变幻莫测、消费者维权意识的不断增强，品牌受到的威胁也是多种多样。品牌应该预测到危机的来临，备有应对策略，否则会面临极大的危险。这就要求对于品牌产品或服务的质量不断进行相关的提升，有效地对内部原因造成的品牌危机进行预防，同时使得品牌的核心价值增强，进行理性的品牌延伸和品牌扩张，有利于降低危机发生后的波及风险。

（四）抵御竞争品牌

在竞争市场中，企业品牌的价值受到来自竞争品牌市场表现的影响。因此，对品牌不断地进行维护，不但可以在竞争市场中保持竞争力，而且，对于假冒品牌也会起到一定的抵御作用。

二、品牌维护的基本内容

企业的主要职责就是对品牌进行维护，与此同时，还少不了政府和消费者这两大股重要的力量。关于企业对品牌进行维护，主要有以下三方面。

（一）产品保证

核心产品、形式产品和附加产品构成了产品。其中核心产品是功能的需求满足；形式产品是指产品的实物状态，如愉悦人心的包装设计；附加产品是指消费者在购得产品时所获得的附加利益,如完善的售后服务。

满足消费者的需求是任何产品质量设计的一个出发点,与此同时还要考虑到产品的安全性、耐用性、实用性、新颖性。

1.安全性

对于消费者来说,他们对产品最起码的要求就是必须安全可靠。

因此,安全性能是否良好,和产品的市场发展前景以及品牌的形象有着直接的关系。特别是对于那些可能会造成重大安全问题的产品,如汽车、家用热水器等,这可以说是最为至关重要的一点。

2.耐用性

至于结实耐用,这是对产品质量本身的一个基本要求,一种产品如果能够被长期地、无故障地使用,会更容易得到消费者的认可和青睐。

当然,从现在的消费观念来看,耐用性并不一定适合时尚消费者的市场发展趋势。例如,在前几年甚至前几十年,耐穿是人们对服装的最基本要求。而现如今,却不是这样了,在这个日新月异的时代,人们会为了时尚、潮流,对某些服装不再是耐用的要求,而是赶潮流,穿一两次就不再穿了。

因此,这样看来,耐用性变得无足轻重了。

3.实用性

所谓的实用性,就是完全从消费者的需求出发,对于产品的局部性能进行适当的调节,以增加产品对消费者的有用性。有些产品虽说本身融入了许多高科技的相关成分,功能齐全,独特新颖,在一定程度上来说还极为方便,但是多数的消费者并不需要那么多的功能,他们会认为只需要具备最基本的功能就足够了,而永远不可能尽其功能以致用。

4. 新颖性

严格来说,在产品质量的范畴里,产品的新颖性并不属于其中,但是从市场竞争的角度来看,产品具有新颖的功能往往能使产品质量有一定的提高。如日本三洋电器企业发明了能进行自动关闭的磁性冰箱门,由于原来的冰箱门都是在外面用插销插上,结果儿童钻进冰箱而外面被插上的悲剧多次发生。磁性冰箱门的使用解决了这一安全问题,使冰箱更方便使用,更灵活美观。

随着人们生活水平的不断提高,对美的追求也越来越丰富、越来越强烈。针对这一特征,企业对产品的设计、包装加以改进应该考虑周全,以更好地适应甚至引导消费者不断改变的审美观,使产品在消费者心目中始终保持美好、新颖的形象,也使品牌在消费者心目中固化。

(二)质量管理

品牌维护的根基就是"质量第一"。"以质取胜"是永不过时的真理。对于企业来说,在有关于制定质量发展的目标上,要做到切实可行,针对国际国内的先进标准积极采用,使得产品高质量、高档次,从而在市场上提高名牌产品占有率,突出品牌形象。

企业的质量管理,具体来说是指为使消费者的需要得到满足,运用系统的理论和方法对质量问题进行深入研究,组织全体职工参与并综合运用各种科学手段和方法,对产品的设计、制造、销售和使用等全过程进行的相关质量管理活动。

(三)广告宣传

在关于企业形象塑造、企业知名度提升、品牌的推广和维护等方面,广告宣传起到了不可低估的作用。在很多企业发展的过程中,广告能在较短时间内将品牌信息传递给消费者。用合理的费用开支和渠道,选择有效的广告创意并进行发布,能够使得品牌形象在消费者心目中不断重复出现,引导消费者在选择中建立品牌偏好,逐步形成品牌忠诚。

通过用广告作为重要手段来引导消费者,下面需要着重强调的几点是:

(1)不断对品牌声誉进行强化。无论是来自公众舆论的集体效力还是来自专家学者的权威效力,对品牌声誉的树立和强化都能起到很大的作用。

(2)对广告宣传力度适度加大,使产品有形而且"有声"。通过广告的形式对产品销售起到促进作用,再通过产品销售使得品牌市场地位得到提升。

(3)把注重品牌形象的关注点转移到重点介绍产品的功能上来。因为同类产品现象太多,不同产品可能具有同种功能或类似功能,因此,不能只重视产品的广告而对品牌的宣传力度减弱。

与此同时,还有一些其他的用于品牌日常维护的宣传方式:

(1)赠送样品。为消费者免费提供一些可以使用的样品,赠送给他们,这样一来,可以使得消费者在进行亲身体验的时候认识并注意到该产品和品牌,也能够让企业对自己的产品有一个充分的了解,知道是否能较好地满足消费者的需求。

(2)促销。当然,为了更多地吸引消费者,或是促使一些原有的消费者进行重复消费,利用相关的打折、附送纪念品等刺激性手段也是企业进行促销的一种完美手段,现在,这已成为了企业一种最常用的营销方式。

但这种方法需要注意的是,不适合频繁地使用;否则,对于品牌的形象会造成一定程度的损害。许多行销专家认为,促销活动属于一种短期行为,它并不是像广告那样能让消费者建立起品牌忠诚。

(3)公关活动。所谓的公关活动,具体指的是:采用公众宣传的方法手段,来提高品牌的知名度,以赞助的名义来提高品牌的美誉度等。

公关与广告不能混为一谈,他们之间的定义也有所不同。广告是人们"买我",公关是让人们"爱我"。二者相比之下,公关比广告有更高的可信度,但是公众必须对公关活动宣传的品牌有一定印象才行,所以公关活动是创建品牌之后高浓度的后续步骤之一。这样看来,广告和公关配合使用,还会收到意想不到的效果。

(4)业务会议和贸易展览。企业可以通过业务会议和贸易展览的相关活动,针对自己的产品和品牌向中间商进行合理地宣传,以此招揽新老顾客,为其介绍新产品或新品牌。

(5)寻求权威支持。为了使产品相应增加可信度,企业可以采取寻求官方或民间有关组织或权威个人的认可和支持的方式,这样,消费者进行购买产品的安全感会更强一些。得到了来自消费大众的信任,那么品牌形象自然可以获得广泛的支持。

对于企业而言,针对品牌的常规维护会是一个漫漫长期的过程,这就要求企业需要从每一个相关的细节做起,日积月累,才能在人们心中树立起牢固的品牌形象。

三、品牌维护的相关策略

想要对强势品牌进行快速地创建,那么,在平时品牌发展过程中就要对品牌不断地进行细致入微的维护,对品牌进行相对的关心和保护。可以说,品牌维护对品牌的成功以及维持强势品牌的地位起着至关重要的作用。但是如何着手品牌维护、又需要做哪些方面的维护、维护品牌的任务交由谁来完成呢?

(一)关心和维护品牌

可以说,品牌能够与其正常生命周期做相应的抗争。但是,前提是要重视并看护好品牌,如果疏于看护,那就不会是这番情形了。因此,在品牌发展过程中,必须时刻保持警惕。

确保品牌平台不受到损害是对品牌进行维护的一个基础。这就要确保在开展与品牌个性和核心价值相关的每一项活动时,都要前后一致,不能不吻合,要合适得体,而且在维持品牌的定位上不能有任何妥协。

尽可能地向顾客提供最好的品牌体验是整个工作的首要目

的。在针对管理和维护品牌的作用中,宣传战略是最为突出、重要的一点,许多企业因对品牌的忽视最终出现败走麦城的现象,不仅如此,还对自己的形象为何不尽如人意感到百思不解。

(二)建设强大的企业品牌和行为

除了上述所讲到的有关对品牌进行维护的策略之外,还需要补充说明的就是要使得组成强势品牌的各个方面变得更加丰富,不断地对品牌资产进行相关的累计,使品牌价值提升,丰富品牌的识别特征,针对品牌个性不断做出有关的诠释。

除此之外,进行品牌维护的另外一个重要方面,那就是品牌的拥有者是否有能力建立一种独特的品牌文化,来真正地体现广告所宣传的品牌个性和品牌定位,这也是个关键。对于从事服务行业的企业而言,这更是非常重要的问题,因为在服务行业中,顾客与品牌的接触显得更密切,更具个性化。

然而,要想让企业成为公众注意的一个焦点,形成强大的企业品牌形象,企业必须采取相对应的措施,利用合理的手段,围绕品牌个性建立一个完整的品牌文化。近期,企业文化似乎成了一个最平常的话题,特别是在中国,之所以这样,是因为现在很多的企业都在试图向现代工作的方式慢慢靠拢,调整相应的管理风格,进行合理的改变。

除此之外,还会有很多的企业甚至请了相关的专家,针对复杂的培训和组织发展计划进行调整,以对当前的企业文化有一个更好的影响,并且在以后的发展中能够有卓越性的提高。有的人会说,企业文化就是企业做事的方法,其实不然,那只是企业文化呈现的一个形态而已。

对新的企业文化开始建立或是对现有的文化做出改变,企业的着手点是通过建立若干企业价值并把它们作为员工应遵循的行为指南。而树立品牌,也就是让品牌拥有一种独特的个性,这是一种最成功的途径。其中的个性,其实是对品牌真正代表的内容所做的一个总结。如果建立了某些个性特点之后,生成了品牌平台,那对消费者未必不是一件好事,这样他们会更容易做出选择,受到吸引。在这里需要注意的是,个性特点一旦成了品牌的构成要素,企业文化就需要注意要体现同一性。这样一来,个性特点就得承担与企业价值相同的作用了。

(三)定义品牌价值

企业通过对企业品牌的个性特点进行相关的选择利用,然后让大家对这些存在的特点都有所了解,在一定程度上,还是远远不够的。这就需要在以下的两个层次上对这些个性特点进行更为仔细的定义。

1.在全体公民范围内加以普遍定义

在全体公民的范围内加以普遍定义,这样的举措会使得雇员对于这些个性特点有一个更为详细的全面了解,面对实现组织的远景和相关使命,在此,企业需要做的就是,让全体雇员知道企业的个性、这些个性存在的原因以及定义中提到的行为对品牌的至关重要性,缺一不可。

2.在个人的层次上加以定义

个性特点之所以必须在个人的层次上加以定义,是因为企业树立属于自己的品牌,而在做任何一件事的过程中都得体现出企业的个性特点是其关键。这样一来,也就意味着要求企业的上上下下,不论是首席执行官还是基层的每个雇员,在进行相关的工作时必须尽最大的努力体现出这种个性。

探其原因,很简单,对于雇员来说,他可能对新企业个性和有关的描述有了一定的认识,但是,这些对于他的工作究竟意味着什么,才是他真正想去搞清楚、弄明白的。归根结底,最重要的是顾客是通过雇员来对品牌进行详细体验的。

这样就必须确保员工对企业品牌的个性特点不能只做到了解每个特点的内容就行了,还需要在此基础上知道把这些特点如何体现在工作之中。

这项工作相对来说有一定的难度,不论是针对人事管理、员工培养还是培训等,都有着非比寻常的意义。企业如果在这方面做得比较优秀,那么结果可想而知,会是一种可观的状态。而员工是否会接受以个性为基础的价值,答案是肯定的。通过让员工对品牌的个性进行相关的了解,使得员工有方向感,这是区别于其他培训不能提供的一点。

(四)建立品牌个性战略

产品品牌有自己的整套战略。如果一家企业想建立自己的企业品牌,也得有这样的战略。当然,企业的战略应该建立在品牌基础之上。这样就会发现,让企业的各个分支部门提出他们是如何实现其品牌价值的短期和中期计划,将是一个最有效的办法。

因此,就需要各个分支部门为此出谋划策,最终上报到上级管理层并说明针对他们的计划具体实施的方法。所谓的计划不能含糊,而是要有清晰的方向,有具体的时间安排和详细的完成标准。长期这样执行,员工就会对于这种计划制定养成习惯,这对企业品牌的建立是有一定的好处的,企业也容易掌控局面,各个部门也会体会到这样做的优势,如此一来,按照品牌的要求相对应的给大家的工作进行明确的定义就会更容易了。

如果主要的品牌价值或是个性特点具备创新,那么,企业就应该确保产品和服务相对应的具备创新,如吉列企业规定其年销售额的 40% 以上要来自于过去三年中推出的产品,而 3M 企业则将这一比例定为 25%。[①]

具有这类价值的部分企业,如杜邦,它鼓励所有的雇员都参与到创新培训当中,也许会有人为此而纳闷杜邦的这个做法,但是我们最终得到的答案是:他们相信任何一个人都有创新的想法

---

① 钟伟.品牌营销策划与管理[M].北京:科学出版社,2009,第220页.

和思想,可以想出一些独特而新颖并附有创意的主意。

(五)品牌重新定位

在品牌不断地进行发展过程中,由于社会环境以及市场环境等多面的不断变化,会对其造成一定的影响,所以,必须适当地对品牌定位进行调整,这同时也是进行品牌维护的一个重要方面。就品牌维护过程中的品牌定位而言,其实是进行了重新定位。除非企业是以一个全新的状态出现,因为在这之前,人们已经大体形成了对它的一个判断。

换句话说,就是由于这个企业或是产品在之前的市场上已经树立了其自身具体的形象,而唯一的区别就是好、坏或是介于好和坏之间。这一点对于许多企业来说,对它们确切的形象并没有多少认识,但是再次对这一形象加以确定是一个关键点所在。对于企业目前的具体情况,企业自己应该有一个深入、充分的了解,只有这样,才能对自己定的目标有所追求。重新定位的时机包括以下四种。

1.企业或品牌形象模糊

这种情况下,人们会对品牌形象的感受较弱,甚至是在认识上容易造成模糊不清,混淆混乱、不能进行分辨。如果在前期,对品牌没有做到明确的定位,那么就会很容易出现这种情况。在中国现有的一些企业中,这种情况最为常见。当对品牌进行了相关审查后,得出的结果,却是因为在针对顾客的喜好吸引方面,它与其他品牌几乎没有什么区别,没有新颖独创之地,反而接近相似、雷同,因此失去了创新点所在。

如果出现这种情况,企业应随时作出反应,对品牌进行重新定位,让自己的品牌具有区别于其他品牌的地方,有自己的独特个性,与众不同。

2.竞争逼近或抢占了品牌地位

如今,只要是取得了一定成功业绩的品牌,都会不可避免地面临这种威胁。甚至,有的时候情况发展过于速度而让企业应接不暇。如在美国,面对日本牌凌志汽车在市场的出现,宝马企业不由大吃一惊,还有就是在中国畅销的摩托罗拉,而后也受到了来自诺基亚的正面挑战。

在消费品的类别中,每天都存在这样的危险,时刻都在上演。这就要求,企业对自己的现有产品需要不断进行创新,通过不断推出新产品,来使自己的地盘更加稳固。举世闻名的快递企业——联邦快递,在发现亚洲的其他企业在效仿自己之后,马上做出了应对措施,以快速服务为出发点,并展开了很大力度的宣传,指出即使条件再恶劣,他们都会准确无误地进行交货。这个举动,因为与产品相关的属性,加倍地体现出了企业的个性,在快递业中独树一帜。①

3. 企业推出新的品牌个性

在推出新品牌价值、个性特点或是进行自我复兴时之前,企业需要制定实施详细、周全的重新定位计划。私有化和放宽限制的实施,不得不使许多政府机构对其价值及文化进行一定程度上的改变。这一点对于企业来说,具有挑战性,因为原有的品牌价值在观众的心中已根深蒂固,而要针对原有的产品进行重新定位,就需要企业有极大的毅力,同时还需要一种完全不同于原有的品牌文化与顾客的体验做后盾。

当然,对品牌进行重新包装也需要有一个新定位,就像新加坡的拉菲尔斯酒店进行全面发行时,它必须是一个发行后的实体重新定位,还要在同时保留传统文化的价值。

在一番巨变之后,它成功地保留了一间作家房,虽然其位置或设计装潢有了改变,但是整体来说,酒店供应完全和原来一样,依旧是原秘方的"新加坡斯林酒",很好地做到了兼收并蓄。

---

① 钟伟.品牌营销策划与管理[M].北京:科学出版社,2009,第221页.

4.企业转向新的目标顾客群

品牌要想在以后有更开阔的市场,继续长远发展,就应该在目前细分市场的基础上再增加新的细分市场。当然,这个过程难免会有一定的风险,但是需要企业有一个心理准备,那就是可能会对品牌现有的顾客基础造成冷落的现象出现。

例如,一本非常著名的女性杂志品牌,现有的读者群范围在25—40岁的女性,如果它想再进行细分一下,将顾客的基础扩展至18—25岁的女性范围之间,但是同时又不能确保新的群体有着与25—40岁的女性不同的兴趣和态度,这就相当于给重新定位增加了一定的难度。因此,针对该品牌应该进行怎样程度的改变,是一个需要认真去考虑的问题。

根据上述例子可以得出结论,时刻牢记企业是为改进人们对品牌的现有认识才对品牌进行了一个重新定位。但是,重新定位的前提是必须使顾客在原来的基础上获得更好的品牌体验,无论采取何种措施,这才是重中之重。

【案例】联想品牌标识切换致客户信

尊敬的客户:您好!

首先感谢您对联想集团的一贯关心与支持! 十九年来,联想品牌从无到有、从小到大,成熟为今天这样一个知名的民族品牌,得益于您的深切信赖和不懈支持,在此我们谨向您表示衷心的感谢!

作为联想多年的品牌标识,"联想 LEGEND"与众多联想客户和伙伴建立了深厚的感情;今天,我们怀着激动的心情通知您:从 2003年 4月 28日起,联想集团全面切换品牌标识,在国内正式采用"lenovo联想"作为联想集团品牌标识,在海外采用"lenovo"作为联想集团品牌标识。

进入 21世纪,联想确立了"高科技的联想、服务的联想、国际化的联想"的发展目标。 国际化是联想既定的发展方向,联想要国际化,首先需要一个可以在世界上畅通无阻的、受人喜爱的英文品牌,但 LEGEND 这个英文品牌名称在国外很多国家已经被注册。所以我们设计了新品牌标识,为国际化的战略部署提前作好准备。

LENOVO(读法是 ler'nouvou)这个新的英文名称,是在继承已有品牌资产的基础上的发展与升华。"LE"代表联想过去的英文名称"Legend";"NOVO"是一个很有渊源的拉丁词根,代表"新意,创新";整个品牌名称的寓意为"创新的联想"。

经过系统的品牌提炼和发展,我们将联想品牌赋予四大重要特性:诚信,创新有活力,优质专业服务和容易。这代表着我们对广大客户、合作伙伴的郑重承诺。我们诚意为您营造一个更丰富、更舒适、更容易的生活空间,更广阔、更便捷、更自由的商务体验。

联想集团有限公司
2003 年 4 月 28 日

(六)品牌检索、审查

市场,永远在不停地进行千变万化,而品牌也是一样,需要在短短的时间内推出新的发明,不能停留在一个时间之内静止不变,否则会遭到其无情的淘汰。

因此,对于品牌来说,要想维持一个跟得上市场变化的规律,作为一个强势品牌长期立足于市场发展的不败之地,就必须不断地对自身进行时刻的审查,以此来做出一系列不适合的调整,使品牌个性更为清晰。而在针对品牌维护的过程中,一个最基本的方法就是品牌审查。

审查内容有以下三点。

(1)对品牌与消费者之间的关系进行相应的诊断。

(2)对品牌与竞争品的关系进行诊断。

(3)对品牌资产进行相关的调查。

品牌维护是对快速创建强势品牌的一个坚强保证,在品牌发展过程中,品牌维护也是一个必不可少的步骤,也是一个品牌长足发展的基础,它对于中国企业走品牌化道路有着深远的指导意义。因此,品牌的经营者要有正确的态度去对待。

第二节 品牌危机的处理

危机面前,企业不能自乱手脚,需要正视危机、临危不乱,在此基础上,采取灵活有效的应对措施,合理控制局势的扩展,掌握具体发展情况。

一、危机处理的原则

关于危机处理的原则,科特勒认为:最关键的因素就是让客户看到企业的真诚和迅速的反应。他认为顾客形成负面的印象深浅取决于企业对品牌危机做出反应的时间。同时,科特勒认为快速的反应必须是真诚的。企业越是真诚,顾客对企业形成的负面印象可能就越小。[①]

针对品牌危机处理,国内学者也提出了类似的原则。具体归纳为以下原则。

(一)快速反应原则

对于企业来说,危机的危害性极大。危机发生的时候,企业必须快速做出反应,及时进行控制,及时地与公众、媒体等方面进行相关沟通,尽量把猜测、怀疑降到最小的程度,否则会对企业的生死存亡造成威胁。

加拿大的一个化学企业的唐纳德·斯蒂芬认为:"危机发生的第一个 24 小时至关重要,如果你未能很快地行动起来并已经准备好把事态告知公众,你就可能被认为有罪,直到你能证明自

---

① 黄静.品牌营销[M].北京:北京大学出版社,2014,第160页.

己是清白的为止。"①

（二）真诚原则

危机发生以后，面对突如其来的问题，要去勇敢地面对，不能选择逃避。但是，在传媒业逐步发达的过程中，任何隐瞒和逃避的想法都会遭到阻碍。

因此，在面对问题的时候，就要求企业应该实事求是地进行与之相关的解决措施，不要试图去隐瞒和逃避其中的责任，尤其是不能用谎言去欺骗消费者和媒体，否则，消费者和媒体会形成对立面，加重危机感。

（三）积极主动原则

危机发生以后，企业应该第一时间做出反应，主动承担责任，保持积极的态度去解决处理。企业的态度积极，主动去处理危机，会给公众留下一个负责任的好形象，这样一来，容易得到公众的谅解，解决危机的速度也会加快，阻碍减少；如果企业一味推卸责任，会把原本的矛盾激化，危机升级。

（四）重视客户利益原则

危机发生的关键，就是引发危机的事件损害到了客户以及社会公众的利益。因此，想要摆脱危机，就必须分清主次点，客户和公众的利益要放在首位。

具体来说，对客户和社会公众的利益进行保护，其实就是对企业自身进行保护，可以说此举是对企业长远利益的一种保护方法，所以，有了客户和社会公众的利益，企业的利益才会存在。

（五）统一口径原则

危机发生时，企业处在社会舆论的风口浪尖上，成了万众瞩目

① 黄静.品牌营销［M］.北京：北京大学出版社，2014，第161页.

的焦点,它的一切行动都被公众密切关注。而且,企业在对危机事件进行处理的时候,应该做到内部协调一致,不能人云亦云,否则会让别人感觉企业没有合理的秩序,最终让公众误认为是企业缺乏信任的力度,从而使危机再次升级,给企业造成不可估量的损失。

这就需要企业内部统一意见,正确对待公众和媒体的意见,及时给予准确的处理措施。

(六)全员参与原则

企业,作为一个有机的系统,各个环节都是紧密地联系在一起的,不能孤立开来。当品牌危机爆发之后,企业的各个环节都会不同程度地受到多多少少的波及,社会舆论的关注点也会相应地扩散到企业的方方面面。

这个时候,作为企业的员工来说,不能置之不顾,应该积极进行参与,协助企业度过危机。企业在处理危机的过程中,应该把危机的性质与影响度表述清楚,让员工有一个深刻的认识,明白如何去合理地处理危机。

二、危机处理的一般措施

关于品牌危机,任何企业都会发生,它是一个不定性的事件,所以每个企业都应认真对待品牌危机,同时,也得注意在应对品牌危机过程中出现的"马太效应";[①]一般来说,与知名度小的中小企业相比起来,一些知名度大的企业很少会担心品牌危机的发生,因为在品牌危机爆发时,那些知名度小的中小企业更容易中途废止,不过这并不代表大企业可以视而不见品牌危机的发生。于是就需要,大企业和中小企业持正确的态度对待品牌危机。当品牌危机发生以后,企业不要手忙脚乱,保持冷静的状态下,考虑应对危机的策略,企业采取的一般措施有:

---

① 黄静.品牌营销[M].北京:北京大学出版社,2014,第162页.

(一)成立危机小组,全面控制品牌危机的蔓延

当企业出现品牌危机时,不能任之扩散,而是要在第一时间出击,组织相关的专家成立危机处理小组,然后对爆发危机事件进行深入的调查,根据危机的影响范围,做出相关的评估,制订有关计划,对危机事件的扩散进行控制。

危机处理小组需进行的任务:

(1)对危机事件的发生有一个全面的掌握,为企业下一步的行动做好支持的基础。

(2)把对外信息的传播工作组织到位,及时向相关的利益人进行信息通报。

(3)针对危机事件,第一时间采取相关措施,与受害人进行前期接触等。

(二)迅速实施适当的危机处理策略

针对危机的发展趋势,企业应该对消费者保持负责任的态度,主动地承担起对其相关的责任与损失,做出一些处理,如回收产品、停销。

(三)做好危机沟通

在处理危机事件时,危机沟通是一项必不可少的环节。沟通到位会把公众进一步的猜疑及时消除,还能避免一些片面报道现象发生,但是,如果缺少了沟通,无异于给危机事件雪上加霜。

危机沟通针对的是受害者、媒体、内部员工、上级部门和其他公众。

1.针对受害者的危机沟通

进行危机沟通时,必须要分清楚重点,把与受害者的沟通放在第一位。

(1)企业根据受害者所遭到的影响程度,耐心倾听受害者的意见,主动承担应负的责任,让受害者感到来自企业真切的歉意。

（2）确立危机责任方面的相应赔偿方案。

（3）把受害者的损失降低到最小化。

2. 针对媒体的危机沟通

媒体，是对危机事件进行传播的一个主要渠道之一，因此，企业应与媒体之间的工作主动配合，把自己处理危机的具体情况适时地向媒体通告。当然就要求企业与媒体进行沟通的过程中，有几点需要注意：

（1）用一个声音说话，避免众口不一。

（2）保证向媒体提供的信息准确无误，把企业的立场和态度对外公开，防止报道失真。

（3）在事情还没有调查清楚之前，不轻易地表示赞成或反对的态度。

（4）当媒体发表了与事实相反的报道时，企业应尽快向媒体进行更正声明，指出失真的地方，并提供真实资料。

通常情况下，召开新闻发布会是企业与媒体之间沟通的一个最为有效的形式，同时也向公众展示了一个积极主动、愿意承担责任的企业形象。

3. 针对内部员工的危机沟通

无论何种类型的危机，对于企业内部的员工、股东以及员工的家属，都会或多或少地造成一定的影响。这个时候，企业就需要处理好内部公众之间的关系，否则会出现整个企业人心涣散、流言四起，最终使陷入危机的企业内外交困，无暇应对。

因此，在面临危机时刻，企业应该对企业内部之间的关系有一个恰当的处理。首先，应该让员工知道关于危机发生的来龙去脉，与此同时，还要让大家知道，面对危机，企业会采取相应的措施去解决，不会置之不顾，稳定军心；其次，搜集员工提出的一些建议，解答他们所产生的疑惑。

4.针对上级部门的危机沟通

危机发生以后,要把相关的事态发展情况及时地向上级部门进行汇报,在此期间,与上级部门保持密切联系,以获得来自上级部门的强力支持。

5.针对其他利益相关者的危机沟通

针对其他利益相关者进行危机沟通,这里的其他利益者主要包括企业合作伙伴、金融界、社区公众、社会机构、政府部门。企业生存发展离不开他们的鼎力支持。

所以,危机在爆发之后,企业应就此次危机事件与他们做好进一步的协调与沟通,避免他们对企业造成误会,做出一些与企业生产相违背的事情,影响企业的行动能力。适当的沟通,能够解决不必要的误会,并获得他们的积极支持。

三、品牌危机后续管理

对企业来说,出现危机是正常的,但是如果出现之后,企业却认识不到危机的严重性,不去总结危机中出现的得与失,一些需要注意的细节也不重视,最终会酿成悲剧。长久下去,即使当时的危机处理了,可时隔不久,这种危机还可能卷土重来,到那个时候,就没有挽回公众信任的余地了。

因此,对于品牌危机的后续管理,企业不能掉以轻心,而需要高度密切关注。遗留问题处理和滞后效应处理,是危机后续管理的主要内容。

(一)遗留问题处理

1.对内措施

首先,在本次危机发生过程中,企业要对具体的发生原因、预防和相应的处理措施的执行情况,进行一个全面系统的深入调查分析,把有关危机管理工作中存在的问题根源找出来。

其次,就危机中存在的一些突出问题进行整改,完善企业品牌危机预警系统,防止类似事件的再次发生。

最后,对企业组织内部应加强适当的沟通力度,针对此次的危机始末、产生危害以及企业采取的相应措施,都应该让员工有一个具体的了解,并借此机会对员工进行相关方面的教育,治愈他们受到本次危机影响的创伤,得到他们的一致认可,使企业迅速恢复。

2. 对外措施

企业要加强对外传播与沟通,及时地把针对危机处理的相关进展情况向媒体、社会公众及时进行通报,并声明愿意承担道义上的责任,以此来重新赢得社会公众的信任。

(二)滞后效应处理

品牌危机一旦发生,即使是企业在本次危机处理中的表现较为妥当、完美,公众的心智也会因为危机所带来的相关影响产生一定的冲击力,这种阴影的退却度可能在很长一段时间内都会存在于客户头脑中。

正确地帮助公众快速地把这段记忆忘却,重新建立起公众对企业的信心,是本阶段企业工作的一个重点。比如,企业可以通过推出一项新的服务,或是开发一种新产品,来向企业利益相关者和社会公众传达企业恢复的信号,唤起他们对企业的好感。

【案例】刷单事件回顾

央视 3.15 报道称,在淘宝网、大众点评和美丽说等电商平台上,部分商户存在刷单现象。只要商家支付商品的本金和刷客的佣金,刷手们就能按照商家的要求完成刷单和刷信誉的任务。

据央视报道,在淘宝上,即使没有真实货品的淘宝店也能有高信誉。只要支付给"刷客"千元佣金,便可在三天内立马升级为蓝钻,拥有 200 多条好评。即使店内没有一件真实商品,也可通过网上的"代发空包"服务,将一件件并不真实存在的包裹签收。

针对央视的报道,阿里巴巴做出了积极打击刷单的以下回应。

首先,感谢央视曝光互联网刷单这一灰黑产业,让更多的人了解和抵制这一毒瘤。

其次,虽然淘宝打击刷单一直处于高压态势,技术不断升级,但刷手通过 QQ 群、QT 语音群、微信群、空包网、YY 语音聊天室、黑快递完成隐蔽而庞大的刷单产业链,利用平台没有执法权的无奈,如同一条肥硕的蚂蟥紧紧地吸附在电商平台及网络世界。

再次,我们呼吁并强烈希望国家有关执法司法部门严厉打击上述环节中的灰黑产业从业者,形成司法判例和有效的打击力度及震慑态势,净化社会诚信环境。

最后,我们也希望给各种刷单行为和组织提供刷单温床和基地的有关平台企业,共同行动起来,齐心协力,共同打击,让灰黑势力失去庇护的平台,共同净化我们的网络和生活。

第三节　品牌保护

对于品牌来说,特别是对于知名品牌而言,很容易受到一些来自不利于自身发展的条件影响,像被侵权或者是受到不正当竞争行为渠道的损害,以致最终造成品牌的无形资产流失、品牌的价值降低等现象。

因此,对于每个品牌的所有者来说,都应该树立起品牌保护的意识。

一、品牌的经营保护

所谓的品牌经营保护,顾名思义,就是经营企业的相关者在进行具体的营销过程中采取的一系列针对品牌形象所进行的维护活动。品牌自身性质的不同,所面临的外部和内部环境也会有所区别,如此一来,那些相关的自然经营者所采取的相关保护活动也会不同。但是,不论是何种形式的保护,都得围绕以下几点来进行。

(一)以市场为中心,全面满足消费者需求

对于品牌经营者来说,消费者是企业品牌经营过程中的主要角色,因为对于企业来说,他们围绕的中心是市场,也就是以组合消费者的集中需求为中心。在对消费者的需求进行组合的过程中,就应该明白一点,对品牌的经营保护离不开来自消费者的兴趣与偏好,这两者之间有着密切的联系、相辅相成。由于消费者的"口味"又是千变万化,众口不一,所以品牌就需要根据消费者的变化做不断的调整,跟上市场的步伐。

大家熟知的每一个知名品牌,都在为了满足消费者不同的需求而进行变化。例如,可口可乐的口味、柯达的新型号、海尔的空调品种,都在随着市场趋势的走向进行着不同程度上的变化。

而有的品牌始终不肯防微杜渐,对市场的变化莫衷一是,最终结果可想而知,必然遭到市场无情的淘汰。这就很好地证明了中国品牌"各领风骚三五年"的缘由了,"大前门""凤凰"香烟已被人们深深遗忘;而曾经风靡一时的"巴斯"石英钟也惨遭淘汰。

市场有自身的运行规律,无论是中国品牌还是世界品牌,只要在运行过程中违反了市场变化的规律,那么企业经营就会受到一定的影响,最终以失败告终。

关于李维斯,大家都会想起的一个熟悉的不能再熟悉的潮流牛仔服装品牌,在 20 世纪 80 年代中期,一度风靡全球,掀起了一股牛仔热潮。而李维斯企业因为销售额猛涨,在仅一年的时间内

股票狂升 100 多倍,市值由每股 2.53 美元上涨到每股 262 美元,创造了举世闻名的"李维斯神话"。

然而,市场上没有永远英雄的品牌,由于李维斯品牌没有抓住其主要消费者即 14～19 岁年轻人的心理,没有创新的想法,跟不上市场的趋势变化,依然故步自封,导致它在 20 世纪 90 年代,销售额逐步下滑,开始走向没落的道路。1997 年,李维斯企业被迫关闭了设在欧美地区的 29 家工厂,据有关数据得知,内部调整裁员将近达到 1.6 万人,紧接着,1998 年,李维斯企业的销售额又比之前下降了 13%。① 从上述这个事件中可以很清楚地看出,最终使得李维斯品牌形成没落的重要原因,多半是因为它思想没有创新点,没有从年轻顾客的心理变化规律方面去琢磨考虑,忽视了流行时尚里最为主要的因素所在,没有考虑到消费者偏好的变化而导致的。

以市场为中心,完全满足消费者的需求。针对这一点,满足消费者的需求,就要求品牌经营者们在市场监察系统方面,建立完善的系统机制,对消费者的需求变化要有随时的调查了解,只有了解了消费者的需求以及变化,才能针对自己的品牌做出相应的改变,使品牌在市场竞争中立于不被淘汰之地,对自己的品牌保护工作做到完整而有效率。

(二)苦炼内功,维持高品牌的形象

质量,可以称得上是品牌的一个灵魂,品牌的质量相对高了,所拥有的市场份额也会较高,彼此是相互对应的。就算一个品牌的知名度再高,如果在质量方面出现了较为严重的问题,那么这个品牌的形象会随之受到影响,最终受到一定的损伤。

举例来说,向北青的豪门啤酒,在 20 世纪 90 年代初风靡一时,然而,在与河北、山东等省份的某些酒厂进行合作生产后,由于在质量管理方面没有做到严格的控制,继而在高档啤酒的形象

---

① 钟伟.品牌营销策划与管理[M].北京:科学出版社,2009,第 231 页.

上出现了问题,这一问题严重地影响到了它的形象,充斥市场的大量劣质豪门仅仅数日就令豪门啤酒风光不再。

(三)严格管理,锻造强势品牌

对企业品牌的经营保护,就需要企业以严谨的态度对企业的品牌进行全方位的严格管理,其中,竞争力是品牌必须保持的并且应该适时提升,当品牌的活力和生命历程显得更强大时,那么,离市场上的强势品牌就不远了。

(四)实施"差异化"策略,进行品牌再定位

关于品牌在市场上的定位,即使在最初比较顺应市场的趋势,但是发展过程中,随着消费趋势的不断变化与消费者不断增长的需求,就不得不对品牌进行重新定位或者是实行差异化的策略。

国内的饮料农夫山泉,起先在瓶装水的市场上可以说是毫无竞争压力,十分畅销,但是到了后来,除了受到来自娃哈哈和乐百氏两大品牌的压制之外,还受到各地区域品牌的蚕食,在这样恶劣的环境下,农夫山泉并没有放弃,而是深入思考、进行相关的调查和取证,抓住了一点最关键的因素,因为人们在饮用纯净水时,总会考虑到一个关于安全的因素,而喝了纯净水之后,是否对自己的健康有益,是人们长期以来首要关注的焦点。针对这一公众焦点,他们相对应地提出了"天然健康"让人自然而然就会放心的概念,然后在此概念的基础上,使用一些外在的表现手段,去针对"天然水"的概念进行深层次的锻造,对"千岛湖水下 80 米的天然水"做了有效的、深度的宣传,也正是由于他们观察细致、顺应民意,实施了品牌差异化的策略,对原有的品牌进行了创新的再定位,使得农夫山泉在短短的时间内迅速崛起,一跃成为国内瓶装水市场上的三强之一。

(五)不断创新,锻造企业活力

创新,是一个企业品牌的灵魂,也是企业的活力之源。要想

让企业的品牌具有无穷的生命力和内在的动力,就需要不断地对品牌进行创新。

在进行相关的企业经营保护过程中,最有效的一个策略就是发展和壮大企业的品牌。创新属于系统性工程,由观念创新、技术创新、质量创新、市场创新等组成。

(六)保持品牌的独立性

近年来,许多较高知名度的品牌从市场上无故消失,其实这是有一定原因的。究其原因之后发现,很多企业在对外资引进的过程中,过分地考虑眼前利益,被金钱冲昏了头脑,忽略了品牌自身应有的独立性,以及市场经济观念不足、市场经验严重缺乏,最终使得经营保护失败。

例如:苏州电视机厂"孔雀"就是一个很好的例子。由于盲目地引进外资,与飞利浦进行合资,没有考虑到自己的品牌独立性,在合作不久之后,从原本是一个企业形象火遍全国的品牌,销量不菲,到最后却被飞利浦霸占市场,自己的牌子不再被使用,最终落得被冷落的下场,"孔雀"就此再也不开屏了。

当然,能把外资和技术吸引进来是一件好事,考虑到需要大量的资金和相关的技术,但是凡事有利就会相伴随一定的弊端,因此应该提高警惕,对于引资要深思熟虑,否则就会像"孔雀"牌电视机一样,把自己的品牌资产葬送。从发达国家对发展中国家实施的经济战略来看,可以发现,发达国家采用输出产品、输出资本和输出品牌这三种手段中,对他们最有利的就是输出品牌。因此,就这一点来说,应该有一个慎重的态度和清晰的认识。

企业要想使品牌保持独立性,对品牌实施相应的保护策略,最根本的办法有两点:

(1)不断地发展自己,使自己变得日益强壮。首先相应地扩大现有的规模,走规模经济之路;其次,在品牌细节上进行调整,从产品质量、品种、生产成本及销售渠道下功夫,积极地开拓并迅速占领市场,使得品牌的知名度被提高。

（2）"联合抗衡"。顾名思义就是国内企业团结一心进行联合，以知名的企业为中心，以名牌产品为依托，携手组织跨地区、跨行业的大企业集团，为捍卫国家民族品牌的最后一块阵地而努力。

（七）运用品牌延伸策略主动进攻

21世纪，品牌纵横，而品牌业之间的竞争成了企业最具代表的一个竞争武器。品牌，涵盖了产品的具体概念，当然也是消费者心目中认可了的一种形象。

话说回来，企业处于这个变化不一的市场之中，要想有自己的一席之地，进一步发展寻求更大的空间从而进行品牌延伸和品牌扩张也是必不可少的。品牌延伸和品牌扩张，具有一定的优势，可以节约宣传费用，吸引原有的品牌忠诚者。[①]

1.品牌延伸的优势

品牌延伸，是一种针对品牌进行开发利用的常用策略。很多著名企业，在采用了品牌延伸之后，在市场竞争中获得了一定的优势，有了属于自己的地盘。

2.品牌延伸的陷阱

但是近几年来，在我国经济生活中，有这种现象出现：一些企业在发展初期，推出了一项新的产品，在一定程度上取得了很好的效益，很快就在市场中占有了一席之地；但是，在实施品牌延伸之后，结果却让人出乎意料，非但没有得到好的效益，反而把品牌的优势也失去了，甚至导致企业破产最终倒闭。有人说，品牌延伸其实就是布满了鲜花的陷阱。关于品牌陷阱，主要有：

（1）一损俱损效应

实施品牌延伸，应该在实施过程中小心谨慎，因为在此过程

---

① 钟伟.品牌营销策划与管理[M].北京:科学出版社,2009,第234页.

中,只要有一个产品经营受到相应的挫伤,整个品牌就会发生连锁反应,严重的话还会导致整个品牌受到全盘否定。

（2）品牌的心理冲突

品牌延伸的前提,当然是要根据品牌的具体情况来进行实施,因为有一些产品适合品牌延伸,而有一些产品却恰恰相反。就比如,海尔集团如果推出海尔牌的避孕套,而杜蕾斯则推出白色家电,那将会是天下的滑稽之事。所以,符合消费者的心理,是企业进行品牌的一个首要条件。

（3）忽视差异

因为消费者是一个广大群体,因此他们的需求也是多层次的,存在相对较大的差异性。针对这种情况,企业应该有所思悟,不能把品牌以统一品牌进行延伸,缺少差异化的设计,在市场上会丧失部分市场额。除此之外,品牌延伸还带有一定的负面效应,如品牌淡化、与产品形象背离的效应等。

不管怎样,从整体上来讲,品牌延伸都属于对品牌保护的一个较好的实施策略,因为进攻就是最好的品牌保护,只要企业对品牌延伸的重要因素有一定的把握,在这个基础之上,再结合自身的实际情况科学的运筹,一定会有新的起色。

二、品牌延伸理论的实践指导意义

品牌延伸理论提示品牌延伸中可能存在的问题,并指出了品牌延伸可能的方向,它对品牌延伸实践有很强的指导意义。人们认为品牌延伸理论至少有以下实践指导意义。

（一）延伸的匹配性原则

品牌延伸的匹配性是指导品牌延伸的第一原则,违背这一原则的品牌延伸,必然会出现两种结果,要么导致延伸产品的失败,要么损害品牌权益。

(二)延伸的匹配性表现的多样性原则

品牌延伸候选产品的寻找,要突破产品的相似性和技术的相通性。这两点是匹配性的表现,但不仅仅这两个方面,还表现在许多其他方面。如产品的互补性、目标市场的相同性、情感性利益的共同性等与产品性能无关的品牌特性。

(三)延伸的市场研究原则

品牌延伸从心理学上讲有三个假设:

(1)假设品牌的积极有利的联想和要素会有效转移到新产品之中去。

(2)品牌的负面影响不会传给延伸产品。

(3)在品牌延伸的过程中,关于品牌的正面联想,不会变成负面效应。

但品牌延伸研究表明,情况并非始终如此,它们只是做出相关的假设而已。因此,延伸之前的市场调研是必不可少的。通过市场研究,就是要验证这三个假设的正确性。如高露洁是牙膏品牌,当延伸到口香糖产品上去时,市场测试表明他们联想到了药味。这种联想对牙膏是正面效应,但口香糖却有负面效应。又如娃哈哈纯净水会令人联想起开心大笑的娃娃,这对果奶、AD 钙奶是正面的,但对纯净水是负面的。

因此,广告应当渲染纯净水的清纯、甜美,弱化娃哈哈的字面意义,防止品牌的某些因素传入延伸产品。

(四)延伸的大目标小步子原则

品牌延伸的匹配性原则,要求延伸产品与典型产品要有相似性。因此,一次性跨度太大容易导致失败。所以,品牌延伸要从"小"开始,先迈出小小的一步,既让消费者容易接受又大大降低品牌与特定产品之间的黏合度,从而为品牌今后的进一步延伸奠定基础。海尔是这个策略,娃哈哈也是这个策略,从而使品牌延伸的路子越走越宽,可以延伸的领域也越来越大。

三、品牌的自我保护

品牌经营者总是想努力把品牌的知名度提高,却不知道,品牌的知名度越高,跟随而来的假冒伪劣数量就会相应增多,与此同时,技术失窃的风险也就随之而增加,至于品牌之间的相互斗争现象也是越来越普遍。因此,要想使品牌健康地成长,品牌经营者必须注意自我保护。

(一)让消费者识别品牌

如今,假货像雨后春笋迅速成长,遍布到了世界各个角落,这给企业品牌沉重一击。在这个关键时刻,企业不能坐以待毙,而是除了受到政府提供的保护以外,还要有所行动,主动出击,做好全面防范工作,全力保护自身品牌不陷入被动状态。

针对这种现象,企业品牌的相关经营者应对专业防伪技术进行积极的开发和应用。之所以让那些制假者有空而钻,能够轻易地进行仿冒,是因为有些品牌和包装的技术含量过低,这也是有些品牌的假冒伪劣产品屡禁不止的一个重要原因。所以,想要有效地保护企业品牌,在防伪技术方面必须有高技术含量。

(二)控制品牌机密

当今世界,信息存在于各个世界的角落,显现出了一种至关重要性,掌握了信息的人就相当于掌握了主动权。因为,当今世界发展的关键就是借助信息来完成的。因此,对于信息来说,比资产显得更为重要。

在和平的年代,获取经济情报已经成为商业间谍的一项主要任务。而企业对于这个现实的情况,不能坐以待毙,应该采取相应的措施,严厉打击商业间谍,对一些重要的信息进行整顿,防止品牌机密丢失。

（三）避免互相杀戮

经济的迅速发展和市场的空前繁荣,使得品牌之间的竞争形势变得越来越严峻。竞争虽然是一种无可避免的自然局面,但是,在竞争过程中,应该以正当的手段进行合理的竞争,而不是品牌之间的无情杀戮。

四、品牌的法律保护

（一）法律保护

1.立法保护

立法保护,是通过制定和颁布有利于品牌保护的法律来对品牌实施相关的保护。根据立法的重点来看有两种类型:

（1）鼓励性立法,通过从正面提倡、鼓励和促进品牌发展和名牌战略的法律对品牌进行保护,这些法律主要是从正面积极引导、扶持和促进产品质量的提高。

（2）惩罚性立法,就是对破坏品牌正常运行机制的一切违法犯罪活动进行相关的惩罚和打击的法律。

这两种类型的立法,既有区别又互相联系,两者密不可分,两者属于相辅相成的关系。

2.司法保护

司法保护,就是以现有制定的法律作为依据,对品牌进行保护,同时对假冒加大打击力度的一种司法行为。

实施司法保护的机关是司法机关,根据制定的司法程序,以法律为准则,以事实为依据,为保护知名品牌产品的名誉对假冒伪劣的违法犯罪行为进行法律制裁,是其主要的一种方式。

（二）品牌的商标保护

对品牌商标的保护,包括以下几种途径:

（1）想要对商标进行全面保护,一个首要的措施,就是取得商标的专用权。而所谓的商标专用权,就是通过某些特定的形式或是相关的手续之后,取得了一个国家或地区的商标法律所赋予的商标权利。而在通过合理的利用商标专用权基础上,能够使品牌得到更加全面的保护。

（2）维护商标的权益,在某种角度来说,也是对品牌进行保护的一种重要手段。

（3）对商标的相关设计要做到严谨,避免造成失误。

（4）对商标的形式要颇为关注。

（三）运用法律武器参与打击

1.提高认识,立足打假

假冒伪劣现象是一种比较长久而且不易在短时间内清除的公害,它的持久性以及存在性比想象中的要顽固很多,它不会因为简单的谈论就马上销声匿迹。所以,针对打击假冒伪劣的工作来说,这也必将是一场长期的战斗,需要企业经营者有思想准备,与假冒伪劣抗争到底。

2.多投入人力、物力打假

南玉溪卷烟厂生产的红塔山牌香烟,被称为是中国的"万宝路",它的销量一直呈不错的趋势运行,并深深受到广大消费者的欢迎。但是,全国除了西藏、新疆地区以外,假冒的红塔山牌香烟在其他各地都开始被陆续发现。仅 1992 年 1~11 月,该厂用于打假的费用就高达 500 万元。所以,这个事例就在一定程度上证明了一个问题,要专注地与打假抗战到底,大量的投入资金是其执行过程中必要的一个手段。

3.成立打假办,有组织的进行打假

可以说,假冒伪劣就像是身体里存在的毒瘤一样,遍布在市场的每一个角落。所以,要想彻底地清除掉这颗毒瘤,就需要有专门的人员去负责打假的相关事宜,缺少了这一重要的环节,效果可想而知。

针对这一点,我国有很多的知名企业都能感同身受,从此事件中吸取到了不少的教训,为了能给假冒组织以沉重的一击,他们也都纷纷想出了相对应的打假策略,成立了专门的打假机构。此外,对打假人员进行专业化的培训,这一打假举措,广泛应用后收到了不错的成效。

企业在管理知名商标时,也必须加之谨慎,制定严密的管理计划,建立适用于商标的有关制度,更为重要的是应该把商标管理放到全面质量管理之中。在商标使用、标志印刷、出入库以及废次标志的销毁等环节加强严格管理。当然,企业进行管理的前提,就是企业必须先有一个清晰、明确、具体的计划,成立专门的商标管理机构。在此基础之上,再调配相关的管理人员,使品牌有一批坚实的捍卫者。

除此之外,对消费者也要有相对的措施,对他们进行关于品牌知识的普及,让他们适当地了解正宗的产品,与消费者结成联盟,配合有关部门的打假行动,最终组成一个强大不受干扰的社会监督和防护体系。

参考文献

［1］黄静.品牌营销［M］.北京：北京大学出版社,2014.

［2］生奇志.品牌策划管理［M］.北京：清华大学出版社,2014.

［3］张明立,冯宁.品牌管理［M］.北京：清华大学出版社；北京交通大学出版社,2010.

［4］杨明刚.品牌与策划［M］.上海：上海人民出版社,2016.

［5］程宇宁.品牌策划与管理［M］.北京：中国人民大学出版社,2014.

［6］朱立.品牌管理［M］.北京：高等教育出版社,2015.

［7］余明阳,杨芳平.品牌学教程［M］.上海：复旦大学出版社,2009.

［8］毛鹏.互联网＋营销［M］.北京：中国工信出版集团,人民邮电出版社,2016.

［9］庞守林.品牌管理［M］.北京：清华大学出版社,2010.

［10］陈永芳.精准营销［M］.北京：中国财富出版社,2015.

［11］钟伟.品牌营销策划与管理［M］.北京：科学出版社,2009.

［12］翁向东.本土品牌战略［M］.杭州：浙江人民出版社,2002.

［13］乔春洋.品牌定位［M］.广州：中山大学出版社,2005.

［14］何佳讯.品牌形象策划——透视品牌经营［M］.上海：复旦大学出版社,2000.

［15］郭洪.品牌营销学［M］.成都：西南财经大学出版社,2006.

［16］张世贤.现代品牌战略［M］.北京：经济管理出版

社,2007.

[17] 杨海军,袁建.品牌学案例教程[M].上海:复旦大学出版社,2009.

[18] 李光斗.品牌竞争力[M].北京:中国人民大学出版社,2004.

[19] 王永龙.21世纪品牌运营方略[M].北京:人民邮电出版社,2003.

[20] 陆娟.现代企业品牌发展战略[M].南京:南京大学出版社,2002.

[21] 郑宗成,汪德宏,姚承纲.品牌知行[M].广州:中山大学出版社,2004.

[22] 余明阳,朱纪达,肖俊崧.品牌传播学[M].上海:上海交通大学出版社,2005.

[23] 林坚,杨安义.传媒造势[M].北京:北京邮电大学出版社,2000.

[24] 韩光军.品牌策划[M].北京:经济管理出版社,1997.

[25] (美)大卫·艾克.管理品牌资产[M].北京:机械工业出版社,2006.

[26] (美)菲利普·科特勒.营销管理[M].上海:上海人民出版社,2003.

[27] (英)西尔维·拉弗雷.现代品牌管理[M].北京:中国人民大学出版社,2012.

[28] (美)凯文·莱恩·凯勒.战略品牌管理[M].北京:中国人民大学出版社,2009.

[29] (法)让·波德里亚.消费社会[M].南京:南京大学出版社,2001.

[30] (美)马丁·林斯特龙.品牌洗脑[M].北京:中信出版社,2013.

[31] (美)道格拉斯·霍尔特,道格拉斯·卡梅隆.文化战略——以创新的意识形态构建独特的文化品牌[M].北京:商务

印书馆,2013.

[32]（美）埃里克·乔基姆塞勒等著品牌管理[M].北京:中国人民大学出版社,2001.

[33]李桂华,卢宏亮.供应商品牌溢出价值、品牌关系质量与采购商重复购买意向:基于采购商视角[J].南开管理评论,2010(04).

[34]于春玲,王海忠,赵平,林冉.品牌忠诚驱动因素的区域差异分析[J].中国工业经济,2005(12).

[35]明安香.第四媒体正显英雄本色[J].对外大传播.2004(08).

[36]万正峰,刘云华.西方的顾客忠诚研究及实践启示[J].当代财经,2003(02).

[37]吴水龙,刘长琳,卢泰宏.品牌体验对品牌忠诚的影响:品牌社区的中介作用[J].商业经济与管理,2009(07).

[38]卢泰宏.品牌资产评估的模型与方法[J].中山大学学报(社会科学版),2002(03).

[39]卢泰宏,周志民.基于品牌关系的品牌理论:研究模型及展望[J].商业经济与管理,2003(02).

[40]张维迎.品牌价值与中国企业的国际化战略[J].中外管理导报,2002(06).